CONFIANCE ET DROIT PUBLIC

Logiques Juridiques

Fondée par Gérard Marcou

Dirigée par Jean-Claude Némery et Thomas Perroud

Le droit n'est pas seulement un savoir, il est d'abord un ensemble de rapports et pratiques que l'on rencontre dans presque toutes les formes de sociétés. C'est pourquoi il a toujours donné lieu à la fois à une littérature de juristes professionnels, produisant le savoir juridique, et à une littérature sur le droit, produite par des philosophes, des sociologues ou des économistes notamment.

Parce que le domaine du droit s'étend sans cesse et rend de plus en plus souvent nécessaire le recours au savoir juridique spécialisé, même dans des matières où il n'avait jadis qu'une importance secondaire, les ouvrages juridiques à caractère professionnel ou pédagogique dominent l'édition, et ils tendent à réduire la recherche en droit à sa seule dimension positive. À l'inverse de cette tendance, la collection « Logiques juridiques » des éditions L'Harmattan est ouverte à toutes les approches du droit. Tout en publiant aussi des ouvrages à vocation professionnelle ou pédagogique, elle se fixe avant tout pour but de contribuer à la publication et à la diffusion des recherches en droit, ainsi qu'au dialogue scientifique sur le droit. Comme son nom l'indique, elle se veut plurielle.

Dernières parutions

Yaya DIALLO, *Les sûretés et garanties réelles dans les procédures collectives,* 2019.

Sangoné THIAM, *Droits de la défense et enquête policière*, 2019.

Georges-Philippe ZAKHOUR, *Les investissements étrangers, Droit application et tribunal compétent*, 2019.

Rachid EL BAZZIM, *Conseil de la concurrence au Maroc*, 2019.

Bienvenu OKIEMY, *L'OMC, une ingénierie juridique et commerciale à reconfigurer*, 2019.

Didier JAMOT, *Annuaire des engagements internationaux ayant fait l'objet d'une loi d'autorisation sous la Ve République*, 2019.

Sotirios LYTRAS, *Le phénomène disciplinaire dans le droit public héllenique contemporain,* 2019.

Massimo VOGLIOTTI, *Pour une nouvelle éducation juridique*, 2018.

Claire AGUILON, *Justice constitutionnelle et subsidiarité. L'apport de l'expérience canadienne pour la construction européenne*, 2018.

Jackeline Patricia CESPEDES ARTEAGA, *La contribution de la CJUE dans la construction du droit de la Communauté andine*, 2018.

Michaël MARTINEZ, *Le train de vie en droit privé*, 2018.

Hafedh BOUAZIZ, *La conversion des actes juridiques,* 2018.

Sous la direction
de Catherine Teitgen-Colly et Olivier Renaudie

CONFIANCE ET DROIT PUBLIC

L'Harmattan

5-7, rue de l'Ecole-Polytechnique, 75005 Paris

www.editions-harmattan.fr

ISBN : 978-2-343-17667-3
EAN : 9782343176673

SOMMAIRE

« Avant-propos »

Jean-Loup Lacoeuilhe,
Président de l'Association des juristes de contentieux public (AJCP)

Le mot « confiance » est assurément dans l'air du temps, comme en témoigne son omniprésence dans l'actualité législative : par exemple la loi pour la confiance dans la vie politique en 2017, la loi du 10 août 2018 pour un État au service d'une société de confiance ou encore, plus récemment, le projet de loi pour une école de la confiance déposé le 5 décembre 2018. Si le terme est utilisé fréquemment dans le langage courant, la confiance peut laisser perplexe quant à sa consistance juridique. Rappelons qu'elle renvoie à un sentiment, celui d'une personne qui se fie à une autre, de laquelle il est impossible d'imaginer la tromperie, la trahison ou encore l'incompétence. Ce sentiment, cela peut être aussi celui d'assurance et de sécurité, inspiré par une situation économique ou politique[1].

En confrontant confiance et droit public, le colloque du 14 septembre 2018[2] organisé par l'AJCP, dont est issu cet ouvrage collectif, se donnait pour objectif de montrer que la confiance est une notion présente, ne serait-ce qu'implicitement, dans la sphère juridique et, plus encore, que sa place y est de plus en plus importante. À ce titre, il semblait essentiel de tenter de cerner celle-ci plus précisément dans le champ du droit public, d'en identifier les enjeux et de s'interroger sur sa portée contentieuse. C'est le pari relevé par les contributeurs au présent ouvrage : qu'ils en soient chaleureusement remerciés.

---

[1] Sur ce point, voir la contribution de Jean-Marie Pontier, qui figure dans le présent ouvrage.

[2] *Confiance et droit public*, 14 septembre 2018, Université Paris I Panthéon-Sorbonne.

Ce colloque fût également un moment spécial pour l'histoire du Master 2 'Contentieux public' et ce, à plus d'un titre. D'abord, il a permis de conclure l'année de la plus belle des manières. Ensuite, il a marqué la transition entre deux promotions. Enfin, il a permis de rendre hommage à Madame le Professeur Catherine Teitgen-Colly, qui a tant fait pour ce Master et que l'ensemble des promotions successives tient à remercier pour son action. Nul doute que le nouveau directeur du Master 2, le Professeur Olivier Renaudie, saura tout à la fois s'inscrire dans la continuité du travail accompli et impulser un nouvel élan. Nous les remercions tous les deux chaleureusement pour leur aide dans la conception et l'organisation de cette manifestation scientifique.

Enfin, pour terminer, qu'il me soit permis de remercier mes camarades et amis de l'AJCP, Mélanie Laporte, Laetitia Domenech, Jules Dietsch, Suzanne Rousseau, Sarah Henni et Adrien Vella.

Longue vie à l'AJCP et longue vie au Master 2 'Contentieux public' !...

« Introduction »

Catherine Teitgen-Colly,
Professeur émérite de l'Ecole de droit de la Sorbonne, ancienne directrice du Master 2 'Contentieux public'

Confiance et droit public, le thème retenu pour le colloque annuel organisé par l'Association des juristes de contentieux public (AJCP) dans le cadre du Master 'Contentieux public' de l'Université Paris1 Panthéon-Sorbonne rend compte une nouvelle fois du souci d'ouvrir la réflexion au-delà de la pure technique contentieuse sur une question au cœur de l'action publique. C'est donc d'abord pour le choix de ce thème mais, au-delà, pour l'énergie déployée dans la conception de cette journée et sa réalisation pratique, que doit être félicitée et remerciée l'AJCP et tout particulièrement son bureau.

Confiance et droit public. Le sujet est incontestablement d'actualité. Il suffit pour s'en convaincre de relever la multiplication des références à la confiance dans les intitulés mêmes des lois comme celles du 21 juin 2004 sur « la confiance dans l'économie numérique » et du 26 juillet 2005 pour « la confiance et la modernisation de l'économie » ou encore, plus récemment, les deux lois du 15 septembre 2017 pour « la confiance dans la vie politique » où la référence à la confiance est clairement assumée par le rejet de la préférence exprimée par la commission des lois du Sénat en faveur d'un autre intitulé - « pour la régulation de la vie publique » - jugé plus sobre et conforme à leur contenu, et celle du 10 août 2018 « pour un Etat au service d'une société de confiance ». Objet même de ces dernières lois, la confiance est au cœur du discours politique puisque celles-ci entendent répondre dans la foulée de l'élection présidentielle de 2017 à la promesse de campagne d'Emmanuel Macron, de créer « un choc de confiance ». C'est encore à la confiance que fait appel l'actuel projet de loi déposé le 5 décembre 2018 « pour une école de la confiance ».

Que la confiance devienne ainsi le maître-mot du discours, tant politique que juridique, ne peut tout à fait surprendre au regard de la multiplication des scandales politico-financiers et notamment de l'éclatement au cœur même de la campagne présidentielle de 2017 de « l'affaire Fillon» exigeant le retrait de ce dernier de la compétition électorale, ou encore des soupçons, d'une part, de recours à des emplois fictifs d'assistants parlementaires pesant sur trois ministres, et non des moindres - la ministre des armées Sylvie Goulard, la ministre des affaires européennes, Marielle de Sarnez, et le Garde des sceaux lui-même, François Bayrou, qui venait en juin 2017 - ironie de l'histoire - de déposer au Sénat les projets de loi sur la confiance dans la vie politique – d'autre part, de montages financiers de la part du ministre de la cohésion des territoires, Richard Ferrand, dans le cadre de sa présidence des Mutuelles de Bretagne, conduisant le premier gouvernement d'Édouard Philippe à la démission. Au même moment, Marine le Pen, présidente du Front national, était mise en examen pour l'emploi présumé fictif d'assistants parlementaires au Parlement européen entre 2012 et 2017, mise en examen étendue ensuite à plus d'une dizaine d'élus ou ex-élus de ce parti et accompagnée de la saisie d'une partie de l'aide publique versée par le Parlement européen au Rassemblement national, qui a succédé au Front national, en remboursement des sept millions d'euros alors indument perçus par ce dernier.

Posée avec une brûlante actualité à propos de la vie politique lors des élections de 2017, puis élargie en 2018 à l'action publique, la question de la confiance dans les élus et l'administration n'est pas véritablement nouvelle. Des scandales politico-financiers ponctuels ont de tout temps émaillé la vie politique, que l'on songe pour s'en tenir à la IIIe République au scandale des décorations, à celui de Panama ou à l'affaire Stavisky, tandis que plus tôt dans l'histoire, précisément dès la constitution de l'Etat en France, Philippe le Bel entendait par sa Grande ordonnance de 1303 prévenir et sanctionner d'« éventuelles complaisances » des officiers du Roi, notamment avec leur parentèle. La question de la confiance dans l'Etat ne s'est pourtant véritablement posée que de manière récente en France dans le contexte politico-économique nouveau qui fut celui des années 80. La Ve République se caractérisait en effet jusque-là, selon la conception gaulliste, par la pénétration de la haute administration dans le champ politique et son association au pouvoir politique. Dans cette « République des fonctionnaires »[3], les hauts fonctionnaires se donnaient alors corps et âmes à la grandeur de la France en satisfaisant le cas échéant leur désir de mobilité au sein de l'appareil d'Etat en l'investissant très largement par leur passage en cabinet ministériel, l'exercice de fonctions ministérielles ou de fonctions dans le secteur économique para-public. Alors que la fonction publique constituait pour de Gaulle comme pour Pompidou « un service, une charge, un sacerdoce : servir est un 'honneur', une 'vocation' ; le service de l'Etat suppose essentiellement de 'l'abnégation' – abnégation dont la fonction publique tire sa 'noblesse' – du dévouement, du désintéressement », les « années Giscard » marquent un tournant décisif : « la grande cause du service public » ne consiste plus simplement à servir l'Etat, mais pour ce dernier « à résoudre les problèmes réels de notre temps » ou encore à « répondre aux aspirations des français »[4].

Une logique nouvelle se dessine, qui n'est « ni de sacerdoce, ni de subordination, mais d'initiative et d'efficacité ». Les hauts fonctionnaires des grands corps sont alors recherchés par les industriels pour la compétence qu'ils ont déployée et l'expérience acquise au service de l'Etat dans le cadre de la planification économique de l'après-guerre qui a permis la modernisation de l'appareil productif français. Ils investissent le secteur privé par des départs massifs principalement vers le secteur bancaire et financier, la communication de masse, mais aussi les assurances, les transports et l'aménagement du territoire. Alors même que la haute fonction publique reste fermée, son accès demeurant réservé à l'élite des grandes écoles, et qu'elle est étrangère par sa culture au monde économique, ce pantouflage permet l'emprise de l'Etat sur la vie économique mais la symbiose des pouvoirs administratif, politique et économique qui s'opère menace la traditionnelle indépendance

---

[3] Quermonne (Jean-Louis), « Politisation de l'administration ou fonctionnarisation de la politique ? » *in* de Baecque (Antoine) et Quermonne (Jean-Louis), dir., *L'administration et la politique sous la Ve République,* Presses de la FNSP, 1981.

[4] Lochak (Danièle), « Les conceptions de la fonction publique chez les trois premiers présidents de la Ve République » in *Administration et politique, Problèmes politiques et sociaux,* La Documentation française, 1981, n° 429, p. 19.

fonctionnelle des hauts fonctionnaires. La place faite à cette administration gestionnaire et entrepreneuriale exerçant de hautes responsabilités économiques dans le secteur privé soulève au-delà une question nouvelle d'ordre déontologique, celle du risque de la voir user à des fins privées de l'autorité et de l'influence, c'est-à-dire du pouvoir que procure une position publique élevée et, vice-versa, d'influer sur les affaires publiques par une position éminente exercée dans le secteur privé ; risque en bref d'une confusion désormais possible des intérêts publics et privés. Au-delà de l'essor du pantouflage, le cumul des mandats politiques tant nationaux que locaux par des élus dont l'appétit est aiguisé par une décentralisation venue renforcer les pouvoirs locaux notamment dans le domaine économique, de l'aménagement du territoire et de la construction, se conjugue au développement des pratiques d'intéressement (notamment des ingénieurs des grands corps et des architectes de l'Etat) à la réalisation de grands travaux et ouvrages publics, qui ouvrent la porte non seulement à des abus mais aussi à « une tentation structurelle permanente »[5].

Les premières « affaires » qui éclatent dans les années 80 – affaires des « fausses factures de Marseille », du « bureau d'études Urba », du « Carrefour du développement », des « HLM de Paris », du marché de l'eau à Lyon… – rendent compte d'emplois fictifs, de fausses factures, de commissions occultes, de bureaux d'études qui n'en sont pas, de fraude fiscale…. Ces « affaires » qui portent souvent sur l'attribution des marchés publics et se multiplient en un temps où la compétition électorale suscite des besoins de financement des partis politiques d'une ampleur nouvelle en raison du changement d'échelle des campagnes électorales, confirment la réalité des « liaisons dangereuses » du public et du privé. Décrivant l'ampleur du mal, à savoir « une corruption rampante » à tous les niveaux de l'Etat et résultant notamment des liens tissés entre « fonctions publiques [et] intérêts privés », Yves Meny[6] relève pourtant la non-perception comme tels des conflits d'intérêt que leurs bénéficiaires minimisent, voire légitiment en mettant en avant l'intérêt politique de ces pratiques – la défense de la démocratie par le financement des partis politiques –

[5] Mény (Yves) *La corruption de la République*, Fayard, 1992.
[6] *Op. cit.*

ou leur efficacité économique ou sociale – la défense des exportations françaises, le maintien de l'emploi. La substitution de l'expression euphemisée des « affaires » à celle de « scandales politico-financiers » est à cet égard significative comme la réélection à divers mandats de ceux qui sont pourtant poursuivis ou condamnés pour corruption. La notion de corruption pourtant systémique est ainsi « escamotée » alors même que la France se distingue, au regard des valeurs qui lui sont prêtées, par son très mauvais classement international en la matière.

L'accumulation des affaires dans un climat économique détérioré a toutefois eu raison de la relative indifférence de l'opinion publique. Perçue comme le privilège de la classe politique et d'élites en complète rupture avec l'idéal d'égalité et de justice de la République, cette corruption a fait éclater la confiance dans un système démocratique dont la légitimité s'est vue peu à peu minée. En témoignent une abstention de plus en plus marquée aux élections, une suspicion à l'égard de la classe politique dans son ensemble, un rejet des partis traditionnels, la montée du populisme, soit une défiance qui vise de manière générale l'action publique et dont le mouvement des « gilets jaunes » s'est depuis fait l'écho.

Si le voile s'est donc levé, des réponses multiples et empiriques ont pourtant été tentées pour restaurer la confiance au cœur du contrat social qui fonde toute démocratie. Plus d'une trentaine de lois s'y sont attachées depuis les années 80, à un rythme qui n'a cessé de s'accélérer. Elles concernent la vie politique proprement dite par l'encadrement du financement des partis politiques, des campagnes électorales, du cumul des mandats, l'énoncé de nouvelles incompatibilités et de nouvelles obligations pour les élus, l'institution d'autorités de contrôle – le coup d'envoi étant donné par la loi du 11 mars 1988 relative à la transparence financière de la vie politique qui institue notamment un financement public des partis et la Commission pour la transparence financière de la vie politique (CTFVP) chargée de veiller aux situations potentielles de conflits d'intérêts par le contrôle de la situation patrimoniale de certains responsables politiques. Elle sera complétée par la loi du 15 janvier 1990 relative à la clarification du financement des activités politiques qui crée notamment la Commission nationale des comptes de campagne et des financements politiques (CNCCFP), puis la loi du

19 janvier 1995 relative au financement de la vie politique et aux déclarations de patrimoine, et celle du 11 avril 2003 relative notamment à l'aide publique aux partis politiques. Au-delà de cette préoccupation d'ordre constitutionnel de bon fonctionnement de la vie politique, c'est plus largement la confiance dans l'action publique qu'ont voulu restaurer des lois comme la loi du 3 janvier 1991 relative à la transparence et à la régularité des procédures de marché et la loi du 29 janvier 1993 (dite loi Sapin 1) relative à la prévention de la corruption et à la transparence de la vie économique et des procédures publiques qui encadre notamment l'urbanisme commercial et les délégations de service public et institue des commissions de déontologie dans les trois fonctions publiques. Les situations de conflits d'intérêts ont pourtant perduré faute d'effectivité du contrôle administratif destiné à les prévenir et du dispositif pénal visant à les réprimer, de même que le clientélisme politique ou des abus divers dans les nominations au tour extérieur. D'où l'affirmation d'« un besoin de déontologie » qui s'exprime fortement dans les années 2000 en France, et plus largement au niveau international comme le montre la convention des Nations-Unies contre la corruption du 31 octobre 2003, dite « convention de Mérida », dont l'article 8 stipule que « chaque Etat s'efforce d'appliquer dans le cadre de ses propres systèmes institutionnel et juridique des codes ou normes de conduite pour l'exercice correct, honorable et adéquat des fonctions publiques » et leur fait obligation d' « encourage[r] notamment l'intégrité, l'honnêteté et la responsabilité chez ses agents publics, conformément aux principes fondamentaux de son système juridique » (art.8-1).

Le rapport *Pour une nouvelle déontologie de la vie publique* comme le rapport *Pour un renouveau démocratique* remis, à leur demande successive aux Présidents de la République Nicolas Sarkozy et François Hollande, pour le premier en janvier 2011 par la Commission de réflexion pour la prévention des conflits dans la vie publique présidée par Jean -Marc Sauvé et pour le second en novembre 2012 par la Commission de rénovation et de déontologie de la vie politique présidée par Lionel Jospin, montrent l'importance de cette question qu'a confirmée la place centrale du thème de l'Etat impartial dans la campagne présidentielle de 2012. Le tournant déontologique attendu s'est accéléré avec « l'affaire Cahuzac » du nom du ministre délégué au budget poursuivi en janvier 2013 pour blanchiment d'argent et fraude fiscale. Une avalanche de textes s'en est suivi, à commencer par les lois, organique et ordinaire, du 11 octobre 2013 relative à la transparence de la vie publique instaurant de nouvelles obligations pour les responsables publics (candidat, à l'élection présidentielle, membres du Gouvernement, parlementaires, membres des cabinets et hauts fonctionnaires…) et instituant la Haute Autorité pour la transparence de la vie publique(HATVP) qui, succédant à la CTFVP, s'est vu appelée à apprécier les situations de conflit d'intérêts désormais définis par cette loi, tandis que dans la foulée, la loi du 6 décembre 2013 renforçait la lutte contre la fraude fiscale. C'est à nouveau une invitation à « Renouer la confiance publique », que le président de la Haute autorité adressait dans le bilan en janvier 2015 de sa première année d'activité en formulant à cet effet toute une série de recommandations.

Le rappel dans la loi des obligations déontologiques des agents publics, « sans lesquelles il n'y a pas de confiance »[7], s'est affirmée comme une nécessité dont témoigne l'introduction par la loi du 20 avril 2016 relative à la déontologie et aux droits et obligations des fonctionnaires d'un nouveau chapitre IV dans le statut de la fonction publique de 1983 intitulé « Des obligations et de la déontologie ». Aux termes de son article 25, « le fonctionnaire exerce ses fonctions avec dignité, impartialité, intégrité et probité », étant par ailleurs rappelé qu'il est également tenu dans cet exercice à « une obligation de neutralité » ainsi qu'au « respect du principe de laïcité » et doit traiter « de façon égale toutes les personnes et respecte[r] leur liberté de conscience ». La loi définit par ailleurs l'obligation de probité comme interdisant notamment toute situation de conflit d'intérêts, c'est à dire selon une définition largement reprise de la loi précitée de 2013, « toute situation d'interférence entre un intérêt public et des intérêts publics ou privés qui est de nature à influencer ou paraitre influencer l'exercice indépendant, impartial et objectif [des] fonctions », et enrichit les dispositions visant à les prévenir. Ces dispositions qui s'appliquent aux magistrats ont été inscrites, s'agissant des juges administratifs, dans le code de justice administrative (art. L 131-2) et ont été étendues aux autorités

---

[7] Vigouroux (Christian), *Déontologie des fonctions publiques*, 2e éd. Dalloz, 2012.

administratives ou publiques indépendantes par la loi du 20 janvier 2017 portant statut de ces dernières.

La confiance des destinataires de l'action publique est également recherchée par la loi qui ne s'en tient plus aux seules « relations entre l'administration et les usagers » pour reprendre ici la formule qui fut celle du décret du 28 novembre 1983 qui énonçait des garanties en faveur des administrés face à l'administration, dans la ligne de la protection déjà reconnue par les lois du 17 juillet 1978 et du 11 juillet 1979 (droit d'accès aux documents administratifs et obligation de motivation des décisions individuelles défavorables), mais restait toutefois très en retrait de la politique de « nouvelle citoyenneté des fonctionnaires et des usagers des services publics » annoncée à l'issue du changement politique de 1981. La loi du 12 avril 2000 relative aux droits des citoyens dans leurs relations avec les administrations (DCRA) a pour sa part franchi un pas dont son intitulé rend compte en substituant à la relation verticale administration – administré, l'affirmation des « droits des citoyens » vis-à-vis des administrations, celles-ci étant appelées à devenir plus accessibles par la mise en œuvre des principes de transparence administrative et financière et le développement de services publics de proximité. La « démocratie administrative » ou la « citoyenneté administrative » ont ainsi peu à peu fait leur chemin. Dans le cadre du « choc de simplification » des relations entre l'administration et les citoyens annoncé par le président Hollande en mars 2013, la codification plusieurs fois différée des dispositions législatives et des règles jurisprudentielles relatives aux procédures administratives s'est concrétisée par l'adoption en octobre 2015 du code relatif aux relations entre le public et les administrations (CRDPA) visant à améliorer la sécurité juridique et, comme la loi d'habilitation y invitait le gouvernement, à « faciliter le dialogue entre les administrations et les citoyens ». La loi du 9 déc. 2016 relative à la transparence, à la lutte contre la corruption et à la modernisation de la vie économique, dite « Sapin 2 » a visé de son côté à faire de la France « une République exemplaire en portant la législation française aux meilleurs standards européens et internationaux dans la lutte contre la corruption » par divers instruments nouveaux (création de l'agence française anticorruption (AFA), encadrement des représentants d'intérêts, inéligibilité pour manquement à la probité…) tandis que la loi du 6 mars 2017 a porté cette même exigence à l'égard des élus en renforçant les obligations comptables des partis politiques et des candidats.

Par les deux lois, organique et ordinaire, « pour la confiance dans la vie politique » adoptées dès le 15 septembre 2017, Emmanuel Macron a manifesté à son tour sa volonté de poursuivre immédiatement dans la recherche de l'exemplarité des élus, et a au-delà préconisé une « nouvelle culture de l'action publique » par la loi du 10 août 2018 au titre évocateur « *pour un État au service d'une société de confiance* ». L'administration est ainsi appelée à être « une administration de conseil et de service » qui tout à la fois «accompagne », « s'engage » et « dialogue » et dont les relations avec les destinataires de l'action publique doivent se simplifier et se fluidifier. En bref, l'administration ne se définit plus par rapport à la société par sa verticalité et son unilatéralité, elle n'est plus en surplomb mais dans une relation plus égalitaire faite notamment de confiance et de « bienveillance ». Cette relation nouvelle se traduit par la simplification de multiples formalités et l'allégement des normes juridiques instituant des obligations et contrôles divers perçus comme autant d'entraves et source de lourdeurs administratives. Elle se concrétise au-delà d'une part, par la reconnaissance générale aux usagers d'un « droit à régularisation en cas d'erreur », droit jusque-là réservé à l'administration et au juge administratif sous certaines conditions, voire à certains usagers mais dans des domaines circonscrits (fiscal et douanier ou encore social), d'autre part, par la sécurisation de leur situation juridique par le renforcement de leur droit à information mais aussi et surtout par la reconnaissance d' « un droit au contrôle et à l'opposabilité de ce contrôle » à l'administration, qui constitue un droit nouveau de de portée générale faisant de l'administré « un acteur » du contrôle. L'affirmation de ces droits nouveaux qui viennent enrichir ceux déjà reconnus aux usagers (ou plus largement aux destinataires de l'action publique) rend compte du recentrement de la relation administration-usagers sur ces derniers et confirme le mouvement de « subjectivisation » du droit public.

Ces appels récurrents à la confiance suscitent au moins deux séries d'observations, d'ordre politique et d'ordre juridique. En premier lieu, comme le montre à l'envi les lois s'attachant à la promouvoir et dont la multiplication témoigne chaque fois de leur insuffisance mais non de leur inutilité, la confiance ne se décrète pas et peine à se rétablir une fois qu'elle est trahie. Par ailleurs, l'invitation à la confiance implique à tout le moins de n'être pas contredite par des invitations contradictoires à la suspicion, à la défiance ou à la méfiance, comme notamment le droit des étrangers en fournit l'illustration, même à l'égard des demandeurs d'asile toujours suspectés d'être des faux-demandeurs, des fraudeurs, voire des terroristes en puissance. En second lieu, le développement des droits subjectifs des destinataires de l'action publique ne s'accompagne pas en France de la consécration d'un principe juridique de confiance légitime alors pourtant qu'ils en constituent des éléments consubstantiels. Le Conseil d'Etat s'y montre résolument opposé soutenu par une partie de la doctrine[8]. Reste que sa résistance a dû céder en cas d'application du droit de l'Union à la situation dont il a à connaitre car il ne peut alors ignorer le principe de confiance légitime que ce dernier consacre. Par ailleurs, s'il l'écarte en dehors de cette hypothèse[9] et s'en tient alors au respect d'un principe de sécurité juridique[10] qui, reposant sur la qualité de la loi (son accessibilité, sa clarté et son intelligibilité), ainsi que sa prévisibilité selon la définition qu'il en a donnée[11], en constitue la face objective (alors que la confiance légitime reposant sur la prise en considération des attentes des particuliers en est la face subjective), il prend néanmoins en compte les « espérances légitimes » que la convention européenne des droits de l'homme protège[12], suivi en cela par le Conseil constitutionnel, qui fonde quant à lui leur protection sur l'article 16 de la DDHC[13]. A l'instar de ces juges qui n'ont pas franchi le pas en consacrant le du principe de confiance légitime, le législateur

---

[8] Norbert Foulquier y voit « le dernier avatar de la dégénérescence de la puissance publique », en ce qu'il permet à des particuliers d'exiger un certain comportement des personnes publiques (dont par exemple la mise en place d'un régime transitoire en cas de modification des normes juridiques) au nom de la protection de leurs intérêts personnels ; intérêts qui s'avèrent en réalité être essentiellement ceux des entreprises, qui font du principe de confiance légitime « le prolongement de la dévalorisation néolibérale de la puissance publique » (*Les droits subjectifs des administrés*, Dalloz, 2003, p. 508-509).

[9] CE, 9 mai 2001, *Entr. Freymuth,* n° 210944.

[10] CE, Ass. 24 mai 2006, *Soc. KPMG,* n° 288460.

[11] Conseil d'Etat, *Sécurité juridique et complexité du droit, Rapport public 2006, La Documentation française, 2006.*

[12] CE, 19 novembre 2008, *Société Getecom*, n° 292948.

[13] Décision n° 2013-682 DC, 19 décembre 2013.

s'en abstient en l'état et ce alors même qu'il a reconnu d'importants droits subjectifs nouveaux aux administrés en 2008. Qui plus est, il ne les met pas en exergue en les réunissant en tête du code des relations du public avec l'administration comme c'est le cas pour les principes directeurs du procès administratif qui figurent dans le Titre préliminaire du Code de justice administrative.

L'on mesure à ces brèves remarques toute l'importance du sujet retenu et l'étendue des questions qu'il soulève. Il convient donc de remercier ceux qui par leur intervention vont contribuer à éclairer la réflexion en explicitant d'abord cette notion pour en préciser la signification, les origines, la place dans la Constitution, enfin ses liens avec la déontologie. Ils en dévoileront ensuite les enjeux au regard de la notion d'intérêt général et de la responsabilité de la puissance publique, ainsi qu'en matière de fonction publique, de contrôle administratif des collectivités territoriales et de traitement des données personnelles. Ils s'attacheront, enfin, à apprécier la portée de cette notion dans le contentieux contractuel à travers notamment le principe de loyauté, puis celui de l'urbanisme, ainsi que dans le contentieux médical à propos de la personne de confiance, avant de s'interroger sur la question plus transversale, et au cœur de ces contentieux, de la confiance dans la justice administrative qui va bien au-delà de sa seule impartialité.

PREMIERE PARTIE :

LA NOTION

« Réflexions sur la signification de la confiance »

Jean-Marie Pontier,
Professeur émérite à l'université d'Aix-Marseille

« En toi j'ai mis ma confiance (…) tu es ma seule espérance ». Cette formule est tirée d'un hymne religieux très ancien du christianisme. La formule est significative à un double point de vue.

Elle signifie d'abord que la confiance la plus grande que l'on peut avoir est celle que l'on peut placer en Dieu. Il ne s'agit pas de la confiance dans *les* dieux, mais de celle mise dans un dieu qui le Dieu unique. En effet, dans les religions qualifiées de polythéistes, la question de la confiance n'apparaît jamais[1], il faut honorer les dieux parce que, sinon, ces derniers vont se venger sur les humains. Pour que l'on puisse parler de confiance, il faut un seul Dieu, un Dieu personnel, c'est celui que l'on trouve dans le judaïsme et le christianisme. Dans cette conception la confiance est absolue (même si les hommes peuvent de temps à autre au cours de l'histoire éprouver des doutes) parce que, par définition, Dieu ne peut pas décevoir.

Cet hymne est significatif à un second point de vue. Le pouvoir politique, pour se faire respecter, a besoin du religieux et du sacré. La Révolution française de 1789, qui est très anticléricale[2], n'a pas pour autant désacralisé, elle a substitué un sacré à un autre, la Nation prenant la place du roi[3]. Et la Nation pourra exiger plus de sacrifices

---

[1] D'une certaine manière cela vaut mieux, car les dieux ne sont pas « fiables », ils peuvent changer d'avis rapidement, et ils présentent, notamment dans la mythologie grecque (puis romaine) tous les défauts des humains.

[2] Au point de s'en prendre non seulement aux personnes mais également aux choses, notamment aux sculptures et à l'architecture. L'une des illustrations de ce vandalisme révolutionnaire est la décapitation des rois de pierres de la galerie de la façade de Notre-Dame de Paris (les révolutionnaires ayant d'ailleurs confondu les rois du « livre des rois » de la Bible, représentés sur cette galerie des rois, avec les rois de France).

[3] Cela a très bien été montré par Claude Lefort dans son article « Permanence du théologico-politique ? » (*Le temps de la réflexion*, Gallimard, 1981, p. 13-60).

de la part des citoyens que ne pouvait en demander le roi à ses sujets, parce que, à la différence du roi, qui est une personne humaine avec toutes ses faiblesses, la Nation n'a pas ces dernières, elle peut être un absolu[4].

Ces considérations préliminaires sont essentielles parce que nous verrons que la légitimité du pouvoir est, d'une manière ou d'une autre, liée à un certain sacré, et que les dirigeants des sociétés contemporaines sont toujours en quête d'une légitimation qui emprunte au sacré.

Qu'est-ce que la confiance ? Ce n'est pas une notion philosophique, même si l'on trouve sur internet le terme de confiance lié à celui de philosophie : le dictionnaire philosophique de Lalande, qui fait autorité, ne fait aucune référence à la confiance. En revanche les sociologues ont beaucoup parlé de la confiance, mais il ne faut pas réduire la confiance au seul champ de la sociologie, elle comporte inévitablement une dimension « morale », même en prenant la précaution de mettre ce terme entre guillemets.

L'étymologie peut nous aider à mieux comprendre le sens de « confiance » parce que ce dernier mot est lié à bien d'autres termes. Le mot de « confiance » a une origine latine, et l'on peut ici retenir trois vocables (j'en citerai un quatrième plus loin) : le substantif *confidentia*, le verbe *confidere* et le terme *fides* qui a la même racine. A partir de ces termes on peut distinguer une double série de significations.

Si l'on se place tout d'abord du côté de ce qui est ressenti, ce qui peut être relevé c'est un sentiment, ou une conviction. Le sentiment est la foi (*fides*) qui est une croyance (elle n'est pas que cela, mais la croyance est ici une composante très forte), la notion de foi pouvant se décliner sur des registres très différents. Mais cette croyance s'accompagne d'une autre notion qui lui est associée, le *crédit* que l'on fait en celui en qui l'on met sa confiance. « Faire crédit » est à double sens mais le premier sens, le plus important, est la confiance que l'on témoigne à quelqu'un, le sens financier et fiscal est dérivé du premier.

---

[4] Des discussions qui ne peuvent avoir de conclusion tranchée ont eu lieu sur le point de savoir si les excès du nationalisme étaient intrinsèquement liés à cette affirmation d'une entité abstraite qu'est la Nation. Mais il existe plusieurs sortes de nationalismes, qui ne peuvent être assimilés et ne produisent pas les mêmes effets.

Si l'on se place ensuite en amont et en aval de la confiance proprement dite, on trouve ce qui produit la confiance et ce que celle-ci produit. Ce qui produit la confiance c'est la bonne foi, la droiture, la loyauté. Ce qui est produit par la confiance c'est le fait de pouvoir se fier, se confier, faire des confidences.

Au vu de ces considérations, qui montrent les liaisons qui peuvent établies entre les termes et les implications que cela produit, il apparaît que la confiance est une nécessité de la vie en société (I.), ce qui explique que les gouvernants la prennent en compte, la recherchent. Mais la recherche de la confiance par la norme ne peut que susciter des doutes (II.).

I. La confiance, nécessité de la vie en société

Le constat selon lequel les hommes vivent en société intrigue depuis des siècles, et les philosophes, plus généralement les penseurs dans différentes disciplines, se sont interrogés sur ce phénomène. Ce constat conduit à une observation : avoir confiance, faire confiance, est une exigence de la vie sociale, il ne peut y avoir de société sans un minimum de confiance entre ses membres[5]. Ce trait est si important qu'il est pris en compte par le droit.

A) Avoir confiance, faire confiance : une exigence de la vie sociale

Nous vivons en société, les sociétés dans lesquelles nous vivons sont organisées, structurées, la forme d'organisation universellement répandue aujourd'hui étant celle de l'Etat. Avoir confiance signifie donc, d'une part, avoir une certaine confiance dans les autres, d'autre part, avoir une certaine confiance, également, dans le système politique et administratif.

[5] V. Schnapper (Dominique), « En qui peut-on avoir confiance ? », *Commentaire*, n° 132, 2010/4, p. 977.

1. La confiance dans les autres

L'être humain est d'abord un être relationnel, la solitude n'est supportable que pour quelques personnes et dans des situations particulières[6], nous sommes en relation avec les autres. La confiance que nous accordons aux autres est une confiance parfois obligée, parfois libre.

La confiance accordée à une ou d'autres personnes peut d'abord être une confiance plus ou moins obligée. Un premier exemple qui peut être cité est celui de la relation avec le médecin. La personne qui est malade, qui a besoin de soins, va recourir à un médecin et, a priori, elle va faire confiance au médecin. Dans notre système de santé, en France, le mécanisme de confiance est même double. C'est d'abord la confiance qui résulte du choix de son médecin, au moins généraliste[7]. Ce principe de la liberté du choix du médecin est considéré en France comme fondamental. Il n'en est pas de même dans tous les pays : en Grande Bretagne si l'on veut bénéficier de la gratuité, il faut se placer dans le cadre du NHS. Il est certes possible de choisir son médecin, en dehors du NHS, mais en payant sans remboursement (sauf mutuelle).

La confiance dans le médecin joue à un second stade : la plupart des patients acceptent le diagnostic fait par le médecin, et acceptent de prendre (plus ou moins bien) les médicaments qui leur sont prescrits. Certes, il y a, grandissante, la contestation par quelques-uns, certains préférant s'en remettre à des diseurs de bonne aventure ou à internet[8]. Mais le système de santé ne pourrait pas exister, ne pourrait pas subsister, sans cette confiance, quelques limites qu'elle connaisse, que nous faisons aux médecins.

---

[6] Robinson Crusoë ne survit, ne « tient », que parce qu'il conserve l'espoir de pouvoir, un jour, rejoindre ses semblables.

[7] L'article L 162-2 du code de la sécurité sociale dispose : « Dans l'intérêt des assurés sociaux et de la santé publique, le respect de la liberté d'exercice et de l'indépendance professionnelle et morale des médecins est assuré conformément aux principes déontologiques fondamentaux que sont le libre choix du médecin par le malade, la liberté de prescription, le secret professionnel, le paiement direct des honoraires par le malade, la liberté d'installation du médecin, sauf dispositions contraires en vigueur à la date de promulgation de la loi n° 71-525 du 3 juillet 1971 ».

[8] Il en est qui, se référant à ce qu'ils ont lu sur internet, entendent en remontrer à leur médecin, démontrer que ce sont eux qui ont raison, et le médecin qui a tort.

On pourrait en dire tout autant, et avec les réserves qui s'imposent, d'une autre catégorie de personnes, celle des enseignants. Certes, et l'on reviendra plus loin sur ce point, une défiance s'exerce depuis quelque temps à l'égard des enseignants. Cependant, en gros, les parents, notamment dans le cycle de l'enseignement primaire, font confiance aux enseignants. C'est à cet échelon que le degré de confiance est sans doute le plus fort : le terme traditionnel de « maître » de « maîtresse » (avec, aujourd'hui, beaucoup plus de maîtresses que de maîtres) est significatif du respect porté. Le maître est celui qui appelle le respect parce qu'il dispose du savoir, et les parents donnent leur confiance à ceux à qui ils remettent leurs enfants. Les choses se gâtent avec le passage dans l'enseignement secondaire[9].

Les ministres chargés de l'éducation nationale insistent beaucoup sur la confiance. Le ministre en charge de celle-ci en 2018 a développé le thème « Construisons ensemble l'école de la confiance ». Le ministre a même précisé ce qu'il entendait par là : « une école qui fait confiance à la société, dans une société qui fait confiance à son école ».

Une troisième catégorie, composite, de personnes – mais il y en a bien d'autres dont on pourrait parler – à laquelle on fait confiance par nécessité est celle des notaires, des avocats, des conseillers de toutes sortes. Les Français vont voir ces personnes parce qu'ils ont un problème à régler, qu'il s'agisse d'une succession ou d'un contentieux avec une autre personne (par exemple un voisin, ou un vendeur) ou avec l'administration. Si une personne fait cette démarche, c'est parce qu'elle prête un minimum de confiance à la personne qu'elle va voir. Il faut ajouter que toutes les personnes qui font ces démarches font également une certaine confiance, même avec toutes les critiques que l'on imagine, au système juridictionnel, c'est-à-dire aux juges auxquels elles vont s'adresser[10]. La situation est assez différenciée selon les pays, car dans certains pays les requérants ne font aucune confiance au système juridictionnel, qu'il s'agisse de juger des

[9] Quant à l'enseignement supérieur, il est difficile à un universitaire d'en parler avec toute l'objectivité requise … C'est aux étudiants de dire s'ils ont confiance ou non dans leurs enseignants, et dans le système français d'enseignement supérieur.

[10] Si l'on en croit d'ailleurs les enquêtes le degré de confiance accordé aux juges est différent selon la nature des juridictions. Il semble que la confiance soit plus forte à l'égard du juge administratif qu'à l'égard du juge judiciaire.

personnes physiques ou des personnes morales, en particulier l'administration[11].

Il existe une autre expression de la confiance, qui est libre, et que les juristes connaissent bien, c'est le consensualisme. Sans remonter, comme l'on dit, à la préhistoire – pour laquelle toutes les hypothèses pourraient se révéler téméraires – si l'on s'en tient à l'Antiquité, période suffisamment lointaine et suffisamment étendue dans le temps pour que les constats que l'on peut faire soient considérés comme démonstratifs, on observe que très tôt les hommes ont cherché à échanger entre eux. L'échange suppose un engagement entre deux ou plusieurs personnes, un engagement qui implique nécessairement une réciprocité. Dès le départ, donc, l'échange a reposé sur une confiance réciproque. En l'absence de cette confiance, fût-elle minimale, relative, les échanges ne sont plus possibles.

L'article 1101 du code civil consacre cette conception du consensualisme comme engagement des personnes, en déclarant que : « Le contrat est un accord de volontés entre deux ou plusieurs personnes destiné à créer, modifier, transmettre ou éteindre des obligations ». Le droit romain avait commencé à être très formaliste dans la formation des contrats. La nécessité de favoriser les échanges a conduit à un assouplissement, le consensualisme l'emportant sur le formalisme. Les auteurs attribuent également ce changement à l'influence du christianisme, et à l'importance de la parole donnée[12].

L'accord est un terme particulièrement intéressant, il implique une harmonie, comme dans l'accord musical, cette harmonie présuppose un climat de confiance qui permet l'engagement. La personne qui s'engage dans l'accord s'oblige. S'obliger n'est pas se forcer[13], c'est un acte libre, une reconnaissance de dépendance, comme l'on dit (ou comme l'on disait) : « je suis votre obligé ». Et cette dépendance est réciproque.

---

[11] Dans un certain nombre de pays, qui ne font pas tous partie des pays en développement, il peut être dangereux de s'attaquer à l'administration, qui est certaine dès le départ de gagner le procès.

[12] V. en ce sens Brague (Rémi), *Genèse et échec du projet moderne*, Gallimard 2015.

[13] Expression présentée à tort par certains dictionnaires comme synonyme de s'obliger.

2. La confiance dans le système politique et administratif

Ce qui vaut pour la société vaut également pour la relation des individus avec le pouvoir, de leur comportement à l'égard du pouvoir. L'affirmation peut *a priori* surprendre : le pouvoir – entendons le pouvoir politique – est présenté habituellement comme ce qui s'impose par la force. Bien des auteurs, dans le passé, ont présenté les règles régissant l'organisation et le fonctionnement du pouvoir comme une légitimation et une légalisation de la force. Clovis est montré comme celui qui, parmi les chefs gaulois, est parvenu à s'imposer par ses qualités guerrières (ainsi d'ailleurs que par ses qualités de « stratège »)[14]. « Le premier qui fut roi fut un soldat heureux » selon la célèbre formule de Voltaire[15]. Pascal développera avec une grande puissance cette idée selon laquelle on a cherché à justifier la force parce que l'on ne pouvait pas fortifier la justice.

Et cependant, si cette analyse est exacte pour rendre compte de l'instauration d'un pouvoir politique, elle est insuffisante pour expliquer que le pouvoir puisse perdurer. La force ne suffit pas, elle est incapable à elle seule à assurer le maintien de l'ordre, la « peur du gendarme » ne fait pas tout, ne permet pas à une société de perdurer. B. de Jouvenel a présenté dans son ouvrage *Du Pouvoir* une démonstration convaincante selon laquelle l'obéissance est « liée au crédit », entendons au crédit accordé au souverain[16]. S'interrogeant sur « le mystère de l'obéissance civile », l'auteur affirme : « La conduite des individus est bien moins guidée par des forces les pressant de l'extérieur que par un régulateur invisible qui de l'intérieur détermine leurs actions »[17]. Une société est attachée aux manières de faire, « les sentiments moraux hantent le corps social et la conscience même des dirigeants ; ils valorisent leurs actions, efficace si elle va dans le sens des pratiques et des convictions acquises, inefficace si elle les heurte brutalement »[18].

---

[14] Sur Clovis, v. le très bel ouvrage de Rouche (Michel), *Clovis*, Fayard 1996.

[15] Voltaire, *Mérope*, I, 3.

[16] de Jouvenel (Bertrand), *Du Pouvoir, Histoire naturelle de sa croissance*, Bourquin éd., Genève 1947.

[17] *Du pouvoir…*, *op. cit.*, p. 237.

[18] *Du pouvoir…*, *op. cit.*, p. 238.

Mais il faut distinguer également selon la nature des régimes. Dans les régimes d'autorité, plus encore dans les régimes totalitaires, les croyances importent peu. Les citoyens ne sont que des individus auxquels il est demandé d'obéir, de ne pas penser, et surtout de ne pas penser contre le pouvoir. La première force pour obtenir l'obéissance est la peur, qui est aux antipodes de la confiance. H. Arendt a admirablement montré comment, dans un pays totalitaire, le rôle de la police politique n'est pas d'éliminer les opposants, ce rôle commence lorsque ces opposants ont été éliminés, parce que le régime a besoin en permanence de se trouver de nouveaux ennemis, surtout lorsqu'il n'en existe plus (les opposants ayant déjà été éliminés)[19]. Dans de tels systèmes, les individus n'ont aucune confiance ni dans les dirigeants, ni dans les structures entièrement dominées par le parti au pouvoir, et V. Havel a montré dans toute son œuvre[20] les conséquences désastreuses pour la société d'un système de méfiance généralisée où chacun se méfie de l'autre, y compris parfois au sein de sa propre famille[21].

Les démocraties ne peuvent fonctionner, à l'inverse, que par cette confiance qui se manifeste dans un certain nombre d'institutions et de procédures. Le système représentatif, inévitable dans les plupart des démocraties, signifie que les citoyens acceptent que ceux pour lesquels ils se prononcent *veuillent* (juridiquement) pour eux, qu'ils décident au nom de ceux qui les ont élus, ils vont *vouloir* pour eux. Cela signifie, collectivement, une confiance dans les institutions et les procédures mises en place. C'est pourquoi le vote est si essentiel en démocratie. Il est possible de soutenir en droit que même si une minorité de personnes votent le système est tout aussi légitime dans la mesure où, si le vote n'est pas obligatoire, chacun est libre de voter ou de ne pas voter. En pratique il n'en est pas nécessairement ainsi : les

---

[19] V. Arendt (Hannah), *Le système totalitaire*, Seuil, coll. Points/Essais, 2005, 3 vol.

[20] On trouve cette démonstration dans l'œuvre politique de Vaclav Havel, mais tout autant, et de manière très puissante, dans son œuvre théâtrale, notamment dans *La Fête en plein air* (1963), *La Grande roue* (1974), *Vernissage* (1975), *Pétition* (1983), *Largo desolato* (1984).

[21] La sinistre police politique d'Allemagne de l'est, la Stasi, avait mis au point un système de surveillance de la population en faisant du chantage sur certaines personnes qui avaient pu avoir affaire à la police, même pour des peccadilles, pour qu'elles espionnent leur famille. On a estimé qu'un dixième de la population au moins était fiché.

démocraties sont affaiblies si les citoyens se détournent de la politique, s'en désintéressent. C'est là à la fois la force et la faiblesse de la démocratie. Elle est faible dans la mesure où, si la confiance disparaît, la démocratie est menacée[22]. Elle est forte parce que l'adhésion des citoyens permet aux démocraties de surmonter les épreuves.

B) Une exigence prise en compte par les règles

Parce que la confiance est le présupposé des relations sociales, elle ne peut être ignorée par le droit. Même lorsque le mot lui-même n'apparaît pas, les règles intègrent ou consacrent cette notion de confiance. La confiance apparaît également dans son inverse, la trahison, elle aussi prise en compte par le droit et qui éclaire ainsi, négativement, la notion de confiance.

1. L'importance de la notion de confiance dans les règles

La confiance est présente explicitement dans certaines règles, sous-jacentes dans d'autres. Ce que l'on peut observer depuis un certain nombre d'années c'est l'institutionnalisation de mécanismes reposant sur la confiance, et l'on trouve de telles expressions aussi bien en droit privé qu'en droit public.

En droit privé, un seul exemple peut suffire à illustrer cette institutionnalisation de la confiance, c'est la fiducie. Cette institution était connue du droit romain, qui distinguait même plusieurs formes de fiducies, la *fideicommis*, la *fiducia cum amico*, la *fiducia cum creditore*. Cette institution avait disparu de notre droit civil. On a fait valoir que la raison de l'absence d'une telle institution tenait à la conception du droit de propriété consacrée à la Révolution, c'est-à-dire une conception absolutiste du droit de propriété, conception que l'on trouve d'ailleurs consacrée dans la Déclaration des droits de l'homme de 1789[23].

[22] La IVe République a traîné avec elle en permanence un doute sur sa légitimité du fait qu'elle avait été adoptée par une minorité de citoyens.

[23] L'article 2 de la Déclaration dispose : « Le but de toute association politique est la conservation des droits naturels et imprescriptibles de l'homme. Ces droits sont la liberté, la propriété, la sûreté et la résistance à l'oppression ». L'article 17 dispose :

Cependant les pays anglo-saxons connaissent depuis longtemps la fiducie, c'est le *trust*, qui veut dire également et précisément « confiance ». Par ailleurs, plusieurs mécanismes fiduciaires avaient vu le jour en France sous la pression des exigences économiques, notamment dans le domaine monétaire et financier. Il est apparu souhaitable, pour plus de lisibilité, de consacrer de manière claire la fiducie qui permet, dans une relation triangulaire, le transfert de biens ou de droits du patrimoine d'une personne (qui est le fiduciant, appelé aussi quelquefois constituant) vers celui d'une autre personne (le fiduciaire) pour le bénéfice d'une troisième personne (le bénéficiaire). En d'autres termes, cela permet de faire assurer par un tiers la gestion d'éléments du patrimoine au profit d'une autre personne. C'est pourquoi la loi du 19 février 2007 a introduit et organisé dans notre droit la fiducie[24].

Le droit public connaît également des procédés qui reposent sur la confiance. Avant de les examiner on pourrait se demander si certains principes qui commandent notre organisation politique et constitutionnelle ne sont pas inspirés, au moins en partie, par la confiance. La fraternité est un principe républicain. Il faut commencer par relever que ce principe de fraternité, consacré dans notre constitution, et auquel le Conseil constitutionnel s'est référé pour la première fois récemment dans une décision largement commentée (et critiquée)[25] ne date pas de 1789, il ne figure pas parmi les grands principes énoncés par la Déclaration de 1789 (même si, dans différents débats, le mot a été utilisé à plusieurs reprises), ce qui peut surprendre. Peut-être l'une des explications tient-elle à ce que, en 1789, d'une part, la confiance va à la norme, à la loi, et pas aux individus, d'autre part, la reconnaissance de droits signifie simultanément la possibilité de revendiquer des droits à l'encontre du pouvoir et la limitation des droits de chacun par la reconnaissance des droits des autres. On pourrait se demander si la consécration de droits

---

« La propriété étant un droit inviolable et sacré, nul ne peut en être privé, si ce n'est lorsque la nécessité publique légalement constatée l'exige évidemment, et sous la condition d'une juste et préalable indemnité ».

[24] Loi n° 2007-211 du 19 février 2007 instituant la fiducie. Les dispositions de cette loi ont été codifiées dans le code civil, notamment aux articles 2011 et s.

[25] Il s'agit de la décision n° 2018-717/718 QPC du 6 juillet 2018, M. *Cédric H. et autres*, relativement au délit d'aide à l'entrée et à la circulation ou au séjour irréguliers d'un étranger.

individuels, conçus comme étant absolus, n'exclut pas par définition la confiance.

La fraternité n'est consacrée dans le texte constitutionnel qu'en 1848, et ce n'est pas par hasard. La Révolution de 1848 présente des caractéristiques assez différentes de celles de 1789 et 1793[26]. Le lien entre la fraternité et la confiance est indirect, mais il est certain. La fraternité est une forme de laïcisation de la charité chrétienne. La charité est l'amour désintéressé du prochain et dans la mesure où elle est liée à l'amour (l'agape) elle implique la confiance dans l'autre. La fraternité, expression républicaine de la charité, implique également que ceux qui font partie de la République éprouvent une certaine confiance à l'égard des autres dans la mesure où ils se sentent, à des degrés divers et de manières différenciées, frères.

La confiance se retrouve parfois explicitement dans les mécanismes constitutionnels. Le système parlementaire se définit, entre autres, par la responsabilité du gouvernement devant la chambre basse, élue au suffrage universel direct, voire devant le Parlement tout entier dans certains pays. Le gouvernement doit, en régime parlementaire, bénéficier de la confiance de l'assemblée (ou des assemblées) pour pouvoir gouverner. La perte de confiance de l'assemblée entraîne normalement la chute du gouvernement.

La IVème République a consacré constitutionnellement ce mécanisme de la confiance. Déjà, le mécanisme de désignation du président du Conseil reposait sur l'idée qu'un « contrat » – et l'on a bien parlé, durant les débats des deux constituantes, de « contrat de confiance » – était passé entre ce dernier et l'assemblée. Cela supposait qu'une majorité claire pût se dessiner, ainsi que l'établissement d'un accord sur un programme de gouvernement. Or le renvoi par le président du Conseil P. Ramadier des ministres communistes, le 5 mai 1947[27], sonne le glas du tripartisme de

[26] Outre les nombreuses histoires de la Deuxième République, parmi tous les témoins des événements de 1848, le témoignage de Tocqueville dans ses *Souvenirs* est particulièrement intéressant pour le thème de la fraternité.

[27] On rappelle qu'il y avait, dans le système de la IVème République, compatibilité entre les fonctions de ministre et les fonctions de parlementaire. Les ministres communistes au gouvernement ont, dans l'Assemblée, voté contre le gouvernement dont ils faisaient partie, faisant valoir qu'ils avaient voté en tant que parlementaires et non en tant que ministres. On comprend que le président du conseil n'ait pas apprécié… Cet épisode et quelques autres expliquent que la Constitution de 1958 ait

gouvernement. La constitution d'une majorité au sein de l'Assemblée va dès lors, tout au long de la IVème République, impliquer la recherche de l'appui – toujours aléatoire – de petits groupes, faisant de ces derniers, par définition peu représentatifs, les arbitres de la politique gouvernementale.

Plus encore, la Constitution de 1946 comportait un article 49 sur la « question de confiance », celle-ci étant posée par le gouvernement à l'Assemblée. La constitution entourait la mise en œuvre de la question de confiance d'un grand luxe de précautions, supposées éviter les dérives d'une telle procédure : il fallait une délibération du conseil des ministres, la question de confiance ne pouvait être posée que par le président du conseil, le vote sur la question de confiance ne pouvait intervenir que 24h après qu'elle avait été posée devant l'Assemblée, le vote avait lieu au scrutin public et, enfin, disposition essentielle, la confiance était refusée au Cabinet à la majorité absolue des députés de l'Assemblée.

Malgré toutes ces précautions, le mécanisme a très mal fonctionné, mais il illustre fort bien l'importance de la confiance : sur vingt gouvernements ayant donné leur démission sous la IVème République (ce régime a compté 24 gouvernements), quatorze l'ont fait dans des conditions non constitutionnelles, empêchant ainsi l'usage du droit de dissolution[28]. La plupart de ces gouvernements démissionnaires ont donné leur démission parce que la condition de l'article 49 alinéa 3 était parfaitement irréaliste et impossible à appliquer : comment un gouvernement aurait-il pu se maintenir, même si la majorité constitutionnellement requise (la majorité absolue) n'était pas réunie, alors qu'il avait été désavoué parce que le texte qu'il avait présenté avait été rejeté à la majorité relative ?

L'une des illustrations en est celle de la chute du gouvernement Guy Mollet au mois de mai 1957. G. Mollet, président du conseil

---

posé le principe de l'incompatibilité des fonctions ministérielles et des fonctions parlementaires. C'est effectivement un principe beaucoup plus sain, qui évite la survenance de situations comme celle de 1947.

[28] Cet usage du droit de dissolution était conditionné, dans la Constitution de 1946, à la réunion des conditions constitutionnelles de renversement du gouvernement ou du refus de la confiance. Le mécanisme présentait une certaine logique, mais il faisait fi des « traditions » françaises, assez éloignées des pratiques anglo-saxonnes, et bien que cela soit toujours plus facile après coup que lorsque l'on établit les dispositions, on peut penser dès le départ que cela ne pouvait pas fonctionner.

(SFIO[29]) pose la question de confiance. Le projet de loi n'est pas adopté (majorité relative contre) mais la confiance n'est pas refusée puisque la majorité absolue des suffrages n'est pas atteinte. Cependant le président de l'Assemblée nationale, A. Le Troquer, ayant annoncé le résultat du scrutin, constate que le projet de loi n'est pas adopté, et que, par conséquent, la confiance n'est pas refusée. Néanmoins il enchaîne immédiatement, en employant la formule traditionnelle des crises ministérielles : « l'Assemblée voudra sans doute laisser à son président le soin de la convoquer », ce qui signifie très clairement que, pour le président de l'Assemblée, le gouvernement est démissionnaire[30].

On voit bien, à travers ce mécanisme de la question de confiance sous la IVème République, combien est essentielle la confiance, non seulement parce qu'elle est un mécanisme constitutionnel, mais également parce que l'on voit que la confiance, au sens courant, habituel, du terme, l'emporte sur la confiance constitutionnelle : même si celle-ci n'était pas refusée, il y avait crise ministérielle parce que le gouvernement, n'ayant pas réussi à faire adopter son texte, avait perdu la confiance de l'Assemblée.

Sur un tout autre plan le législateur a consacré à plusieurs reprises la notion de « personne de confiance ». On peut citer d'abord, à titre historique puisque le qualificatif a disparu des textes en la matière, la notion de « tiers de confiance » qui avait été retenue par la loi du 29 décembre 1990 sur la libéralisation de l'usage de la cryptologie. Cette notion s'appliquait à des « organismes chargés de gérer pour le compte d'autrui les conventions secrètes de moyens ou prestations de cryptologie ». La loi de 1990 a été abrogée par la loi sur la confiance dans l'économie numérique dont il est question ci-après. Mais il existe une Fédération des tiers de confiance (FNTC). Selon cette Fédération,

---

[29] La SFIO était la Section française de l'internationale ouvrage, autrement dit les « socialistes » (un socialisme un peu différent de celui dont s'est prévalu le PS sous la Vème République), la SFIO étant, sous la IVème République, un parti de gouvernement avec le MRP (et, au départ, les communistes, les trois formant le tripartisme qui a fonctionné jusqu'en 1947).

[30] V. le récit de ces crises ministérielles qui ont émaillé l'histoire de la IVème République dans le cours de François Goguel (l'un des meilleurs connaisseurs de la vie politique sous la IIIème et la IVème républiques), *Institutions politiques françaises*, Cours dactyl. IEP Paris 1965-1966, en particulier, pour la démission du gouvernement Mollet, p. 87.

le tiers de confiance « est un acteur du développement de la confiance dans le monde numérique. Il intervient dans la protection de l'identité, des documents, des transactions et de la mémoire numérique. Il engage sa responsabilité dans les opérations qu'il effectue pour le compte de son client ».

La loi n° 2016-297 du 14 novembre 2016 relative à la protection de l'enfant prévoit qu'un enfant peut être confié à un tiers digne de confiance. Ce tiers est appelé par la loi « personne digne de confiance » et il peut bénéficier d'attributions étendues puisque, dans certains cas, il peut se voir remettre l'autorité parentale[31].

Le législateur a institué une autre catégorie de « personne digne de confiance » dans le domaine de la santé. Selon l'article L 1111-6 du code de la santé publique, le législateur s'étant inspiré en l'espèce d'un avis du Comité consultatif national d'éthique (CCNE), toute personne majeure peut désigner une « personne de confiance », qui peut être, soit un parent, un proche ou le médecin traitant, qui peut l'accompagner et l'assister dans ses démarches concernant sa santé ou témoigner de sa volonté auprès de l'équipe médicale dans l'hypothèse où elle serait hors d'état de s'exprimer. L'article L 1111-6 précise, à propos de cette personne de confiance : « Elle rend compte de la volonté de la personne. Son témoignage prévaut sur tout autre témoignage ».

2. La trahison de la confiance

Parler de confiance implique nécessairement de prendre en compte, d'évoquer, la trahison, qui est l'inverse de la confiance : on ne peut être trahi que si l'on a fait confiance, et parce que l'on a fait confiance. Faire confiance, c'est donc admettre la possibilité d'une trahison. Seul Dieu, pour les croyants, ne retire jamais sa confiance, en revanche les êtres humains sont par définition faillibles : par exemple, dans le couple, c'est l'un des deux qui trompe l'autre (à moins que ce ne soient les deux) ; c'est encore une personne qui se sent trahie par son ami(e). « Les hommes ont tous des faiblesses qu'ils doivent cacher même à leurs amis. Il ne peut y avoir de confiance complète qu'en matière d'intentions et de sentiments, mais la convenance nous

[31] V. Capelier (Flore), *Comprendre la protection de l'enfance, l'enfant en danger face au droit*, Dunod 2015.

commande de dissimuler certaines faiblesses »[32]. Cette notion est naturellement prise en compte par le droit, qu'il s'agisse du monde politique ou de la société.

Dans le monde politique, les trahisons sont difficiles à apprécier, à mesurer[33], mais elles sont bien présentes. Il n'est pas nécessaire d'insister sur les « amis de trente ans » qui ne s'accordent plus, et dont l'un se sent trahi par l'autre, cela d'autant plus lorsque l'enjeu est important[34]. L'attrait et l'enjeu du pouvoir expliquent les revirements, les volte-face, pas si rares que cela[35] en politique plus encore qu'ailleurs. Ceci se retrouve dans tous les partis politiques (peut-être un peu plus dans certains que dans d'autres ...), dans les groupements de toutes sortes, de toute nature. La lutte politique est souvent une lutte implacable d'où le sentiment de confiance est absent.

Il est intéressant de s'arrêter plus particulièrement sur une notion, la haute trahison. La haute trahison est, en droit français, un crime qualifié comme tel jusqu'à une période récente, et qui s'appliquait au président de la République. L'expression figurait à l'article 68 de la Constitution, c'était la seule cause permettant de mettre en jeu la responsabilité du président de la République, qui était alors passible de la Haute cour de justice[36]. Depuis la réforme constitutionnelle du 23 février 2007 sur le statut pénal du président de la République, la formulation de l'article 68 a été modifiée, l'expression « haute trahison » a été supprimée, elle a été remplacée par la disposition suivante : « Le Président de la République ne peut être destitué qu'en cas de manquement à ses devoirs manifestement incompatible avec l'exercice de son mandat ». La formule est plus large et plus « adoucie » que l'expression « haute trahison », mais il n'est pas

---

[32] Kant (Emmanuel), *Leçon d'éthique*, Livre de poche, 1997, p. 347.

[33] Sauf bien entendu lorsqu'elles sont médiatisées, ce qui arrive quelquefois.

[34] Lorsque l'enjeu n'est pas important, on peut « passer », la brouille peut n'être que passagère, la réconciliation est possible, surtout si les intéressés se trouvent dans une situation où ils ont un intérêt commun à défendre. Lorsque l'enjeu est l'occupation d'un poste important, il en est différemment.

[35] De plus, et quoi que l'on puisse en penser, généralement les électeurs ne tiennent pas rigueur à leurs élus de ces revirements.

[36] Il a été soutenu par un certain nombre d'auteurs, d'une manière logiquement convaincante, que la haute trahison était une incrimination politique, qui ne pouvait (et ne devait pas) être définie de manière précise pour cette raison, et qui était la contrepartie des pouvoirs étendus dont dispose le président de la République.

certain qu'elle apporte plus de clarté et qu'elle constitue une amélioration.

On a voulu « juridiciser » la responsabilité du chef de l'Etat alors que, fondamentalement, c'est bien l'idée de trahison d'une parole, d'un engagement, qu'exprimait la formule supprimée. Car si la notion de « haute trahison » n'a pas été définie, n'est peut-être pas définissable, la notion à laquelle elle renvoie était parfaitement cohérente avec la conception du président de la République consacrée par la Constitution. Il était normal, et souhaitable, me semble-t-il, que la haute trahison ne fût définie nulle part, parce qu'elle était la sanction de la trahison de la confiance mise par le peuple, et que cette notion n'est pas, fondamentalement, juridique.

La logique des institutions de la Vème République est bien celle d'une confiance qui doit s'établir entre le chef de l'Etat, élus au suffrage universel direct, et les citoyens. Il est compréhensible, dans ces conditions, que le chef de l'Etat ait fait référence à la confiance dans son allocution de fin d'année, en 2018. C'est pourquoi, également, un référendum décidé à l'échelon national[37] peut difficilement ne pas être, simultanément, et même si la question est « technique », une question de confiance[38]. C'est dans cette logique que le président de la République Charles de Gaulle a démissionné le 27 avril 1969 à la suite du non au référendum qu'il avait soumis à la nation[39].

---

[37] Il en est différemment des référendums locaux décisionnels qui peuvent désormais être clairement décidés par des autorités locales. Ces dernières ne se sont cependant pas précipitées pour en organiser, craignant la sanction que la procédure peut représenter …

[38] Le référendum d'initiative citoyenne (RIC) revendiqué par les « gilets jaunes » dans le cadre des manifestations organisées depuis la fin de l'année 2018 soulève d'autres questions, qui sortent du cadre de ce développement.

[39] De Gaulle posait clairement, lors d'un référendum, la question de confiance et, malgré l'affirmation courante selon laquelle il faudrait distinguer référendum et plébiscite, en pratique une telle distinction est très difficile à faire, tout au moins dans notre pays. S'agissant du référendum de 1969 la problématique a été troublée par le fait qu'il y avait une double question, et l'interrogation sur le point de savoir à quoi les Français ont dit « non » demeure (non à de Gaulle, non à la réforme du Sénat, non à la réforme des régions).

II. Une recherche de la confiance par la norme qui suscite des doutes

La confiance, la recherche de la confiance, est aujourd'hui en France une préoccupation, voire un problème. Les dirigeants semblent conscients de la nécessité de rétablir une confiance qui semble faire défaut. En témoigne le faible taux de confiance accordé par les citoyens, tant aux politiques qu'à d'autres institutions. Mais la manière dont les pouvoirs publics s'y prennent pour rétablir la confiance, celle d'une recherche de la confiance par la norme, si elle révélatrice d'une manière de procéder dans notre pays, non seulement ne convainc pas vraiment, mais est de nature à susciter des doutes.

A) La croyance française en la norme

Le terme de croyance relève d'abord du religieux, pris au sens large du terme, il peut recouvrir toutes sortes de convictions, des plus argumentées aux plus irrationnelles. Dans le domaine politique il peut exister des croyances très fortes. L'une de ces croyances, héritée de la Révolution, est la croyance en la loi, celle-ci étant une véritable manifestation de confiance du législateur en la possibilité de changer la société.

1. Une croyance héritée de la Révolution

La conception de la loi jusqu'en 1958 a été fortement influencée par les philosophes des lumières mais s'il y a un homme qui a exercé une influence particulièrement importante c'est J.-J. Rousseau, notamment avec son ouvrage sur *Le contrat social*. Cette idée même de « contrat social », dont les philosophes ont beaucoup débattu, implique que les hommes acceptent de quitter « l'état de nature » pour former la société, ce qui implique, tout au moins chez Rousseau, une certaine confiance. Ce n'est pas la conception de Hobbes pour lequel les hommes abandonnent tous leurs droits pour obtenir en contrepartie l'ordre et la paix.

Selon Rousseau, « l'ordre social est un droit sacré qui sert de base à tous les autres. Cependant, ce droit ne vient pas de la nature, il est donc fondé sur des conventions ». Rousseau est à l'origine du concept de « volonté générale », qui n'est pas assimilable à la volonté de tous. La volonté générale est droite, déclare Rousseau, elle ne peut pas se tromper. Cela a des implications sur le législateur et sur la loi. Le législateur a le rôle d'un « sage instituteur », il ne fait que constater la volonté générale. La loi étant l'expression de cette volonté générale, elle ne pas non plus se tromper, elle est infaillible.

C'est là une conception doctrinale, mais cette conception doctrinale s'est imposée en France pendant un siècle et demi. D'une part, la Déclaration de 1789 affirme en son article 6 : « La loi est l'expression de la volonté générale ». Il est sans doute difficile de dire si les parlementaires qui ont adopté cette disposition avaient tous lu et compris Rousseau. Mais il est certain que les idées de Rousseau imprégnaient les esprits de nombre de révolutionnaires.

D'autant que, d'autre part, l'idée d'infaillibilité de la loi a bien marqué les hommes politiques durant plus d'un siècle. De cette infaillibilité de la loi on avait tiré l'incontestabilité de la loi : la loi ne devait pas pouvoir être contestée puisqu'elle ne pouvait se tromper. C'est pourquoi toutes les tentatives pour instituer un contrôle de constitutionnalité des lois ont échoué jusqu'en 1958. Comment aurait-on pu accepter que pût être contestée une loi dès lors que le législateur était conçu comme un être sacré ? Pour admettre une telle conception, il faut faire une bien grande confiance au législateur, il faut même lui accorder une confiance aveugle. Or même Rousseau a éprouvé des doutes : « Il faudrait des dieux pour donner des lois aux hommes ». Il ajoute mélancoliquement : « S'il y avait un peuple de dieux, il se gouvernerait démocratiquement. Un gouvernement si parfait ne convient pas à des hommes »[40].

2. Une croyance qui, même transmutée, se maintient

Nous n'avons plus, depuis 1958, la conception d'une loi infaillible et incontestable. Preuve en est non pas seulement l'existence d'une juridiction constitutionnelle mais surtout le fait que la loi peut effectivement être invalidée par le Conseil constitutionnel et que de telles invalidations ont lieu, même si certains pensent qu'elles pourraient (et qu'elles devraient) être plus nombreuses. Il faut

---

[40] Cette phrase clôt le chapitre 4 (intitulé « de la démocratie ») du livre III du Contrat social.

souligner que ce passage ne s'est pas fait sans difficulté, que de nombreux parlementaires ont été choqués[41] par ce changement, que des résistances se sont manifestées.

Mais si, juridiquement, on ne peut plus parler de confiance absolue dans la loi (pas plus, d'ailleurs, politiquement), la croyance en la possibilité par la norme, et plus spécialement par la loi, de changer les choses, existe toujours. Car comment pourrait-on expliquer autrement, sinon, la frénésie législative que l'on peut observer depuis bien des années, quelle que soit l'idéologie des dirigeants ?

Les lois succèdent aux lois, le nombre de lois augmente sans cesse et, non seulement la production législative est beaucoup plus importante que ce qu'elle fût, mais les lois sont considérablement plus longues qu'elles ne le furent[42]. Comment les citoyens pourraient-ils avoir confiance dans la loi, dans la mesure où la quasi-totalité des lois sont devenues illisibles pour le simple citoyen[43] et, qu'au surplus, elles changent constamment ? La formule selon laquelle « nul n'est censé ignorer la loi » est devenue dérisoire.

Le législateur, lui, est tellement convaincu de pouvoir instaurer ou rétablir la confiance qu'il adopte des lois faisant directement référence à la confiance. L'une des dernières est la loi du 30 août 2018 intitulée « Pour une société de confiance »[44]. Mais d'autres lois, auparavant, invoquent également la confiance. Citons par exemple la loi du 21 juin 2004 pour la confiance dans l'économie numérique, la loi du 28 janvier 2005 « tendant à conforter la confiance et la protection du consommateur », la loi du 26 juillet 2005 pour la confiance et la modernisation de l'économie, etc. Ces lois sont encore beaucoup plus

[41] Cela est moins vrai aujourd'hui, parce que, l'habitude aidant, les parlementaires acceptent plus facilement qu'il y a quelques années les annulations du Conseil constitutionnel. Les réticences à l'égard de ce dernier demeurent cependant, d'autant que par certaines de ses décisions le Conseil prête effectivement le flanc à la critique.

[42] On parle de « lois fleuve » et c'est le cas, pour citer une loi récente, de la « loi Elan ». V. à propos de cette loi, Noguellou (Rozen), « Une loi fleuve », *AJDA* 2019 p. 85.

[43] Les juristes ne sont pas toujours logés à meilleure enseigne tant la législation est évolutive : en dehors de ses champs de spécialité un juriste est obligé de recourir aux codes pour connaître l'état du droit. Et encore n'est-ce pas toujours suffisant.

[44] Le « pour » figurant dans l'intitulé indique bien que le législateur éprouve des doutes sur le degré de confiance existant au sein de la société, son objectif étant, par la loi, de rétablir cette confiance.

nombreuses si l'on retient les lois qui, sans faire directement référence à la confiance, comportent des termes qui renvoient implicitement à cette dernière : dialogue social ; éthique ; solidarité ; transparence.

Certes, les lois qui parlent de confiance ou font référence à celle-ci sont moins nombreuses que celles qui parlent de « modernisation » – véritable ritournelle qui revient régulièrement chez tous les législateurs quels qu'ils soient depuis une quinzaine d'années – ou, suivant de près la modernisation quant à la fréquence de son utilisation, le terme de « simplification ».

Néanmoins ces références réitérées à la confiance surprennent, voire troublent. Comment une norme, fût-elle la loi, pourrait-elle rétablir une confiance qui s'est étiolée, qui a disparu ?

B) Les doutes qui surgissent

Il est toujours possible, pour expliquer le manque de confiance[45], de s'en prendre aux hommes, de dénoncer leur médiocrité dans le domaine politique. Leur manque de courage, leur pusillanimité, incitent à retenir une telle explication. Mais s'en tenir là serait sans doute ignorer que la crise de confiance que traversent bien des groupes a, si l'on s'en tient à la France, des racines plus profondes, qui expliquent que l'incantation ne suffit pas.

1. Le manque de confiance a des racines plus profondes

Il serait trop facile de ne retenir que des causes tenant à la médiocrité des personnes et, comme souvent, l'histoire, récente ou plus ancienne, constitue, sinon la clé, du moins l'une des clés d'explication de la baisse de confiance.

Les auteurs d'un ouvrage paru il y a quelques années intitulé La société de défiance[46] estimaient qu'il n'y a pas d'atavisme français qui expliquerait que nous soyons devenus une société de défiance : la confiance évolue dans le temps (pour autant qu'on puisse la mesurer)

[45] Le Cévipof publie régulièrement des enquêtes sur la confiance. V. pour le dernier en date M. Cheurfa (Madani) et Chanvril (Flora), *2009-2019 : la crise de la confiance.*

[46] Algan (Yann) et Cahuc (Pierre), *La société de défiance. Comment le modèle français s'autodétruit*, Edit. rue d'Ulm, 2007.

et il semble bien que la confiance se soit progressivement effritée après la seconde guerre mondiale. Cela peut paraître a priori d'autant plus étonnant qu'après cette guerre la France renoue avec la croissance, la démographie connaît un renouveau spectaculaire[47], elle va bientôt entrer dans ce que J. Fourastié, dans une formule qui a fait florès, a appelé les « Trente glorieuses ». Il est tout aussi caractéristique d'observer qu'avec le recul du temps les années 60 sont vues comme une sorte d' « âge d'or » qui, comme tous les « âges d'or » sont souvent fantasmés[48]. Mais il est vrai aussi que l'avenir était « ouvert », que ceux qui allaient arriver sur le marché du travail pouvaient espérer en trouver un, que « l'ascenseur social » fonctionnait, que les parents pouvaient espérer que leurs enfants connaîtraient une vie meilleure que la leur.

Qu'est-ce donc qui peut expliquer que la société française soit devenue une société de défiance[49] ? Les deux auteurs précités mettent en avant une double explication, le corporatisme et l'étatisme.

En ce qui concerne le corporatisme on peut être a priori surpris : le corporatisme n'est-il pas le signe de Vichy, qui voulut instituer un modèle corporatiste ? Les régimes qui se sont installés à partir de la Libération ne s'inscrivent-ils pas en réaction à Vichy, le corporatisme n'a-t-il pas été abandonné et condamné ? En réalité les choses sont un peu plus compliquées que ce qu'elles paraissent. Tout d'abord, si Vichy a prétendu mettre en place un système corporatiste, dont témoignent plusieurs dispositions adoptées durant cette période, il n'a jamais été corporatiste[50], l'étatisme a vite pris le dessus. Ensuite, il faut s'entendre sur ce qu'est un modèle corporatiste. Le système corporatiste est celui qui consiste à reconnaître des droits sociaux en

---

[47] La démographie française était avant-guerre déclinante, elle l'était depuis longtemps, mais la première guerre mondiale n'a évidemment fait qu'amplifier et aggraver ce déclin (il ne faut pas oublier que sur les 1,4 millions de morts la plupart étaient des hommes, et en âge de procréer).

[48] Il est vrai que la croissance était au rendez-vous, les Français commençaient à en tirer les fruits, le chômage était bas. Ceux qui ont vécu durant ces années 60 n'avaient pas du tout le sentiment de vivre un âge d'or, pour beaucoup les conditions de vie étaient plus difficiles qu'aujourd'hui.

[49] Il faut distinguer la défiance de la méfiance. Celle-ci est, si l'on peut dire, un degré supplémentaire dans le manque de confiance par rapport à la défiance.

[50] V. en ce sens Chapsal (Jacques), *La vie politique en France depuis 1940*, PUF 1966 (reprise d'un cours IEP dactyl. intitulé La vie politique et les partis en France depuis 1940).

fonction du statut et de la profession. C'est ce modèle qui est mis en place en France à partir de la Libération[51]. « Le modèle social français est corporatiste, car il est organisé autour de groupements de métier qui cherchent à faire respecter des distinctions de statut et conditionnent les différents types de solidarité à l'adhésion à ces groupes »[52]. Cela se traduit par deux caractéristiques : les prestations dépendent des statuts[53] ; ce modèle est caractérisé par des inégalités relativement fortes.

Quant à l'étatisme, il renvoie tout naturellement à une intervention exacerbée de l'Etat. L'étatisme n'est pas l'étatisation, mais celle-ci y contribue. On a parlé d'étatisation pour caractériser, soit un transfert à l'Etat de compétences détenues par d'autres personnes, soit une déformation de ce qui aurait dû être une nationalisation. En fait, et pour plusieurs raisons, trop longues à reprendre ici, une nationalisation est presque inévitablement une étatisation[54]. L'étatisme est à la fois une centralisation et un dirigisme de la part de l'Etat, en particulier dans le domaine économique et social. Les auteurs précités, reprenant l'analyse de certains économistes, considèrent que l'un des indicateurs de cet étatisme est la part des retraites des fonctionnaires dans le produit intérieur brut, ce qui est un critère original. Pour ces auteurs, l'un des traits distinctifs de notre pays par rapport à d'autres est le fait que « les dépenses sociales transitent essentiellement par l'Etat, alors qu'elles sont prises en charge plus largement par les corps intermédiaires de la société civile dans un pays comme l'Allemagne »[55].

2. L'incantation ne suffit pas

Les discours fleurissent sur la confiance, les pouvoirs publics, du président de la République au législateur, ne cessent de parler de

[51] V. en ce sens Algan (Yann) et Cahuc (Pierre), *op. cit.*, p. 41.
[52] Algan (Yann) et Cahuc (Pierre), *op. cit.*, p. 43.
[53] En témoigne la multiplication des régimes de retraite et d'assurance maladie, à laquelle l'actuel président de la République souhaite mettre fin.
[54] Parmi les raisons de cette situation, on trouve notamment la composition des conseils d'administration, avec la catégorie des « personnalités qualifiées » (inévitablement nommées par l'Etat) aboutissant à une double représentation de l'Etat, et à la maîtrise par celui-ci des conseils d'administration.
[55] Algan (Yann) et Cahuc (Pierre), *op. cit.*, p. 46.

confiance, de reprendre le mot comme une formule magique. Mais l'on peut se demander si l'on ne parle pas d'autant plus de la confiance que celle-ci fait défaut, s'effrite au lieu de se renforcer. Les enquêtes d'opinion, avec toutes les réserves qu'elles peuvent appeler, montrent qu'au fil des ans la confiance à plutôt tendance à baisser qu'à augmenter. Cela vaut particulièrement pour les médias, qui suscitent de plus en plus de méfiance[56], ce dont témoigne par exemple le dernier sondage sur la question effectué en 2019[57].

Il est donc du rôle des pouvoirs publics de chercher à rétablir la confiance. Entre qui, à l'égard de qui ? D'abord il est essentiel que les citoyens éprouvent un minimum de confiance dans leurs dirigeants. Certes, ces derniers ont été, dans un pays tel que la France, désignés démocratiquement, on ne peut donc que s'incliner devant le résultat des élections, c'est la règle de base du jeu démocratique. Mais il n'est pas souhaitable que se creuse un écart entre « le pays légal et le pays réel », car c'est alors la légitimité qui peut être remise en cause par des personnes ou des groupes. Il n'y a jamais de coïncidence totale entre légalité et légitimité, mais si l'écart est trop grand, la vie démocratique peut être menacée. Il incombe donc aux pouvoirs publics de prendre toutes les mesures qui sont en leur pouvoir pour rétablir cette confiance qui est la base de la légitimité.

La confiance doit être rétablie également entre l'Etat et les collectivités territoriales. Les représentants de celles-ci ont été « échaudés » à plusieurs reprises par des mesures qui leur étaient défavorables, par des « promesses » de l'Etat qu'ils estiment ne pas avoir été tenues. Or la confiance entre l'Etat et les élus locaux est là encore essentielle, parce que ces élus locaux, notamment les maires, sont les autorités les plus proches de la population, sont plus à l'écoute des préoccupations des citoyens que ne peuvent l'être les dirigeants du pays, inévitablement plus « isolés »[58]. Le lien du pouvoir politique

---

[56] Ce qui n'empêche pas un certain nombre de personnes (plus particulièrement dans les jeunes générations, mais pas seulement) de croire sans vérification les « informations » les plus hasardeuses et les plus farfelues qui peuvent circuler sur les réseaux sociaux.

[57] *32ème baromètre de la confiance des Français dans les médias*, réalisé par Kantar en janvier 2019. Sur l'échantillon retenu, la confiance est de 50% pour la radio, 44% pour les journaux, 38% pour la télévision, 25% pour Internet.

[58] Il est d'ailleurs significatif que, dans toutes les enquêtes de confiance faites auprès des citoyens, ce soient les maires qui recueillent le plus fort taux de confiance.

avec les citoyens passe par des relations apaisées et confiantes avec les représentants des collectivités territoriales.

Les dirigeants ont à réconcilier les Français avec eux-mêmes. La société française est profondément divisée. L'histoire rapproche par la formation d'une identité, l'identité nationale. Mais celle-ci est aujourd'hui largement suspectée ou accusée, et ce qui faisait le ciment de la société a tendance à se dissoudre. Les fractures politiques sont peut-être – encore que l'on puisse en discuter – moins grandes qu'elles ne le furent autrefois[59], mais outre qu'elles n'ont pas disparu, les questions de société (qui sont également, et inévitablement, politiques) divisent profondément les Français[60]. Les autorités dans tous les domaines, et pas seulement dans le domaine politique, ont à « retisser du lien », qui ne peut être fondé que sur une certaine confiance mutuelle, pour que les Français puissent continuer à vouloir vivre ensemble.

---

[59] Il suffit de penser à la violente opposition à laquelle a donné lieu, dans notre pays (mais également dans d'autres) la question de la laïcité, de même que l'opposition, qui a disparu aujourd'hui, entre monarchistes et républicains du fait de la quasi-disparition des premiers.

[60] Même sur la nourriture, qui fut longtemps un facteur de rassemblement des Français, des divisions sont apparues, qui peuvent prendre parfois une forme violente. Le « consensus » sur cette question comme sur d'autres a disparu.

« Les origines européennes de la confiance en droit public et le principe de protection de la confiance légitime : l'utile conciliation de la préservation des droits subjectifs avec celle de l'intérêt général »

Patrick Dollat,
Maître de conférences classe exceptionnelle
à l'Université de Strasbourg,
Ancien Premier conseiller au Tribunal administratif de Paris

« Nous n'avons sans doute pas besoin du principe de protection de la confiance légitime », mais « ici comme ailleurs, le droit communautaire peut-être, est déjà, un efficace Cheval de Troie. Et puis le mot magique de 'confiance' pare le principe de tous les attraits dans un pays qui l'a tant perdue envers ses autorités politiques ». Le propos est rude, toutefois, émanant du professeur Didier Truchet dans sa préface de la thèse de doctorat de Sylvia Calmes-Brunet, intitulée *Du principe de protection de la confiance légitime en droit allemand, communautaire et français*[1], il mérite d'être entendu avant de présenter les « Origines européennes de la confiance en droit public » qui, sans homérisme, doivent davantage à la jurisprudence de la Cour de justice de l'Union européenne, inspirée par les « règles reconnues par les législations, la doctrine et la jurisprudence des pays membres »[2] relatives au retrait des actes administratifs, qu'aux talents stratégiques d'Ulysse…

---

[1] Truchet (Didier), « Préface », in : Calmes-Brunet S., *Du principe de protection de la confiance légitime en droit allemand, communautaire et français*, Dalloz, 2001, 728 p.

[2] CJCE, 12 juillet 1957, *Mlle Dineke Algera et autres*, 7/56 et 3 à 7/57, *Rec.* p. III-81.

Dans sa décision rendue le 7 novembre 1997 à propos de la Loi portant mesures urgentes à caractère fiscal et financier, le Conseil constitutionnel a, pour sa part, fermement énoncé qu'« aucune norme de valeur constitutionnelle ne garantit un principe dit de "confiance légitime" »[3]. Néanmoins, dans sa décision du 19 décembre 2013 relative à la Loi de financement de la sécurité sociale pour 2014, il a considéré que « les contribuables ayant respecté [une] durée de conservation pouvaient légitimement attendre l'application d'un régime particulier d'imposition lié au respect de cette durée légale »[4], certain commentateur en déduisant que la confiance légitime entrait discrètement au Conseil constitutionnel[5]...

Quant au Conseil d'Etat, avec l'arrêt d'Assemblée *Société KPMG* du 24 mars 2006, il a explicitement consacré, à la différence du Conseil constitutionnel, le principe de sécurité juridique en droit interne français en affirmant qu'il « incombe à l'autorité investie du pouvoir réglementaire d'édicter, pour des motifs de sécurité juridique, les mesures transitoires qu'implique, s'il y a lieu, une réglementation nouvelle », mais, par le même arrêt, il a également rappelé que le moyen tiré de la méconnaissance du principe de confiance légitime était inopérant dès lors que ce dernier, « qui fait partie des principes généraux du droit communautaire, ne trouve à s'appliquer dans l'ordre juridique national que dans le cas où la situation juridique dont a à connaître le juge administratif français est régie par le droit communautaire »[6]. Car c'est bien le droit européen qui éclaire la

---

[3] CC, déc. n° 97-391 DC du 7 novembre 1997, cons. n° 6.

[4] CC, déc. n° 2013-682 DC du 19 décembre 2013, cons. n° 17.

[5] Delaunay (Benoit), « La confiance légitime entre discrètement au Conseil constitutionnel », *AJDA*, 2014, p. 649.

[6] CE Ass., 24/03/2006, *Société KPMG et autres*, n° 288460, publié au recueil Lebon ; voir égal. CE, 4/1 SSR, 16 mars 1998, *Association des élèves, parents d'élèves et professeurs des classes préparatoires vétérinaires (ACPC)*, n° 190768, publié au recueil Lebon : « Considérant que si les auteurs de la requête se prévalent des directives communautaires susvisées en date du 18 décembre 1978, celles-ci ont eu pour objet, d'une part, d'assurer la reconnaissance mutuelle des titres et diplômes vétérinaires délivrés par les Etats membres en vue de faciliter la liberté d'établissement des praticiens et, d'autre part, de déterminer une liste non limitative de matières devant être enseignées au sein des établissements assurant la formation des futurs vétérinaires ; qu'en revanche, ces directives ne comportent aucune disposition destinée à harmoniser les conditions d'accès aux établissements de

distinction entre sécurité juridique et confiance légitime. Selon Bernard Stirn, la sécurité juridique, qualifiée d'objective, fait obligation aux systèmes juridiques d'assurer des règles claires, stables et prévisibles tandis que la confiance légitime garantit aux particuliers une assurance raisonnable d'exécution des engagements pris à son endroit et de se prévaloir, à l'encontre des autorités publiques des espérances fondées qu'elles ont fait naître. Aussi, en dernière analyse, dans leur réception de la sécurité juridique, « le Conseil constitutionnel et le Conseil d'Etat en retiennent une acception qui emprunte aussi à la confiance légitime »[7].

Mais, avant d'explorer le droit européen, plus particulièrement celui de l'Union européenne, pour rechercher les origines du principe de confiance légitime qui, selon la Cour de justice, doit bénéficier à tout particulier qui se trouve dans une situation dont « il ressort que l'administration a fait naître dans son chef des espérances fondées »[8], il convient de comprendre les principaux griefs qui font obstacle à la reconnaissance de ce principe dans les situations régies par le droit interne français. Ils tiennent principalement à son caractère subjectif, voire « libéral et individualiste », qui perturberait les fondements objectifs du droit public français. Selon le professeur Fabrice Melleray, il serait « un instrument permettant à des intérêts particuliers, privés, de tenir en échec une évolution, une modification du droit applicable décidée, au nom de l'intérêt général par les

---

formation des vétérinaires existant dans les Etats membres ; qu'ainsi la détermination de ces conditions demeure régie par la réglementation spécifique à chacun de ces Etats ; que, dès lors, l'arrêté attaqué n'est pas au nombre des actes pris par le gouvernement français pour la mise en œuvre du droit communautaire ; que, par suite et en tout état de cause, les requérantes ne sauraient utilement se prévaloir, en invoquant le droit issu du traité de Rome du 25 mars 1957, d'un moyen tiré de la méconnaissance d'un principe de confiance légitime ».

[7] Stirn B., « Propos introductifs à la table ronde consacrée aux principes de légalité et de sécurité juridique », in : *Entretien du contentieux du Conseil d'Etat*, 16 novembre 2018 (http://www.conseil-etat.fr/Actualites/Discours-Interventions/Entretien-du-contentieux-du-Conseil-d-Etat-Ouverture-de-la-1ere-table-ronde-par-Bernard-Stirn).

[8] CJCE, 19 mai 1983, *Vassilis Mavridis contre Parlement européen,* 289/81, *Rec.* p. 1731.

gouvernants »[9]. Le propos est grave et argumenté, il ne saurait être ignoré. L'intérêt général qui, dans la traduction publiciste française ne se résume pas à la collection des intérêts particuliers mais les transcende, représente une notion centrale du droit public, il « exprime un idéal commun, il correspond à la meilleure satisfaction collective de valeurs partagées »[10] et structure les concepts de service public, de prérogatives de puissance publique et d'utilité publique...

Pour leur part, en droit européen, les traités, conventions et Cours de Luxembourg et de Strasbourg reconnaissent une place particulière à la notion d'intérêt général. Avec l'entrée en vigueur du traité de Lisbonne, l'article 14 du Traité sur le fonctionnement de l'Union (TFUE)[11], le Protocole n°26 sur les services d'intérêt général[12] et l'article 36 de la Charte des droits fondamentaux de l'Union

---

[9] Melleray (Fabrice), « La revanche d'Emmanuel Lévy ? L'introduction du principe de protection de la confiance légitime en droit public français », *Droit et Société*, 1/2004, p. 143.

[10] Stirn (Bernard), « Intérêt », *in* Alland (Denis) et Rials (Stéphane), dir., *Dictionnaire de la culture juridique*, PUF, coll. Quadrige, 2003, p. 840.

[11] Article 14 TFUE - (ex-article 16 TCE) : Sans préjudice de l'article 4 du traité sur l'Union européenne et des articles 93, 106 et 107 du présent traité, et eu égard à la place qu'occupent les services d'intérêt économique général parmi les valeurs communes de l'Union ainsi qu'au rôle qu'ils jouent dans la promotion de la cohésion sociale et territoriale de l'Union, l'Union et ses États membres, chacun dans les limites de leurs compétences respectives et dans les limites du champ d'application des traités, veillent à ce que ces services fonctionnent sur la base de principes et dans des conditions, notamment économiques et financières, qui leur permettent d'accomplir leurs missions.

[12] Protocole n° 26 sur les services d'intérêt général. Article premier : Les valeurs communes de l'Union concernant les services d'intérêt économique général au sens de l'article 14 du traité sur le fonctionnement de l'Union européenne comprennent notamment :

- le rôle essentiel et le large pouvoir discrétionnaire des autorités nationales, régionales et locales pour fournir, faire exécuter et organiser les services d'intérêt économique général d'une manière qui réponde autant que possible aux besoins des utilisateurs;
- la diversité des services d'intérêt économique général et les disparités qui peuvent exister au niveau des besoins et des préférences des utilisateurs en raison de situations géographiques, sociales ou culturelles différentes;
- un niveau élevé de qualité, de sécurité et quant au caractère abordable, l'égalité de traitement et la promotion de l'accès universel et des droits des utilisateurs.

européenne (CDFUE)[13] consacrent les services d'intérêt économique général parmi les valeurs communes de l'Union. La communication de la Commission du 20 novembre 2007 dresse également un bilan de l'engagement européen concernant les services d'intérêt général et précise les actions nécessaires suite à l'adoption du Protocole n° 26[14]. Au nom de la préservation de l'intérêt général, la Cour de justice de l'Union européenne a également précisé le statut juridique spécifique, au regard des règles de la concurrence, des services d'intérêt économique général[15]. Quant à la Convention européenne des droits de l'homme, et la jurisprudence de la Cour de Strasbourg, hormis la préservation du respect intangible de la personne et de la dignité humaine telle que garantie par les articles 2, 3 et 4 respectivement relatifs au droit à la vie, à l'interdiction de la torture et à celle de l'esclavage et du travail forcé, elles assortissent la préservation des droits fondamentaux d'un droit d'ingérence de l'autorité publique dès lors que les mesures adoptées sont prévues par la loi et qu'elles constituent des mesures nécessaires, dans une société démocratique, à la sécurité nationale, à la sûreté publique, à la défense de l'ordre et à la prévention du crime, à la protection de la santé ou de la morale, ou à la protection des droits et libertés d'autrui.

---

[13] Article 36 CDFUE : Accès aux services d'intérêt économique général. L'Union reconnaît et respecte l'accès aux services d'intérêt économique général tel qu'il est prévu par les législations et pratiques nationales, conformément aux traités, afin de promouvoir la cohésion sociale et territoriale de l'Union.

[14] Communication de la Commission au Parlement européen, au Conseil, au Comité économique et social européen et au Comité des régions du 20 novembre 2007 accompagnant la communication intitulée «Un marché unique pour l'Europe du 21e siècle» - Les services d'intérêt général, y compris les services sociaux d'intérêt général : un nouvel engagement européen, COM(2007) 725 final, non publié au Journal officiel. La Communication, dépourvue de valeur juridique contraignante, distingue les services d'intérêt économique général des services non économiques, tels que la police, la justice et les régimes légaux de sécurité sociale, qui ne sont pas soumis à une législation européenne spécifique, ni aux règles du marché intérieur et de la concurrence, et les services sociaux d'intérêt général (SSIG) généralement fournis de façon personnalisée, afin de répondre aux besoins d'usagers vulnérables, et fondés sur le principe de solidarité et de l'égalité d'accès.

[15] Cf. not. CJCE, 19 mars 1993, *Procédure pénale contre Paul Corbeau*, C-320/91, ECLI:EU:C:1993:198 ; CJCE, 27 avril 1994, *Commune d'Almelo et autres contre NV Energiebedrijf Ijsselmij*, C-393/92, ECLI:EU:C:1994:171 ; 24 juillet 2004, *Altmark*, C-280/00, ECLI:EU:C:2003:415.

Pour autant, la défense de l'intérêt général est-elle conciliable avec la reconnaissance de droits subjectifs ? Une première réponse consisterait à douter de l'utilité théorique de la notion dans la mesure où la « définition du droit subjectif ne peut être donnée en référence à une quelconque réalité objective, elle procède d'une réflexion sur la fonction qui pourrait être conférée à cette notion dans la réalité juridique »[16]. Une seconde, moins radicale, repose sur le constat que dans une société démocratique la préservation de l'Etat de droit, défini par le professeur Cornu dans son *Vocabulaire juridique* comme « le nom que mérite seul un ordre juridique dans lequel le respect du Droit est réellement garanti aux sujets de droit, notamment contre l'arbitraire »[17]. Celui-ci suppose la protection de droits subjectifs, garantis par l'Etat[18], et définis comme des prérogatives individuelles opposables à autrui[19] et à ce même Etat, parmi lesquelles figurent, notamment, le droit de propriété, le respect de la vie privée et familiale ou la réparation des dommages[20].

---

[16] Gutmann (Daniel), « Droit subjectif », *in* Alland (Denis) et Rials (Stéphane), dir., *Dictionnaire de la culture juridique*, *op. cit.*, p. 533. Et l'auteur de préciser : « Au final, un constat simple : il existe sans doute autant de définitions du droit subjectif que d'auteurs pour s'intéresser à la question. (...) Ce qui conduit à une conclusion quelque peu désabusée : plutôt que de définir *a priori* le droit subjectif pour arriver à une formule plus ou moins esthétique, plus ou moins conforme à l'idée qu'on se fait de la place de l'individu dans le droit, il paraît de meilleure méthode de se demander si la notion de droit subjectif sert à quelque chose d'autre qu'à alimenter la spéculation théorique ».

[17] Cornu (Gérard), *Vocabulaire juridique*, PUF, Coll. Quadrige, 1987, p. 361.

18 Carbonnier (Jean), *Droit civil. 1 – Introduction. Les personnes*, PUF, coll. Thémis, 12ème éd., 1979, p. 187 : « Le droit subjectif est un pouvoir mais un pouvoir garanti par l'Etat, parce qu'il est conforme au droit objectif. Il existe des pouvoirs qui ne sont pas des droits subjectifs, parce qu'ils ne sont pas conformes au droit objectif : des pouvoirs de fait, des maîtrises purement matérielles ».

[19] Gutmann (Daniel), « Droit subjectif », *op. cit.* : « A bien considérer cette distinction entre droit subjectif et liberté, il apparaît donc que les deux notions recouvrent en réalité deux facettes complémentaires de l'agir humain appréhendé par le droit. La liberté désigne la possibilité même d'agir, avec ou sans tiers, avec ou sans extériorisation de l'action. Le droit subjectif, quant à lui, présuppose un tiers auquel il est opposable : c'est le droit de faire valoir une prérogative donnée à l'encontre d'autrui ».

[20] Carbonnier (Jean), *Droit civil. Introduction. Les personnes, op. cit.*, Sous-titre 2 : Les droits subjectifs, pp. 185-216.

C'est au regard de ces fondements doctrinaux que la jurisprudence de la Cour de justice relative au principe de protection de la confiance légitime, qui peut être appréhendé en droit communautaire comme « le versant subjectif d'un principe objectif de sécurité juridique »[21], participe de l'encadrement de la volonté des pouvoirs publics inhérent à la conception de l'Etat de droit et, en l'espèce, de l'Union de droit. A ce titre, la confiance légitime est désormais reconnue en tant que principe fondamental du droit de l'Union (I.). Cependant, très souvent invoqué par les plaignants dans le cadre d'un recours en annulation, en carence, en manquement, en responsabilité ou d'un renvoi préjudiciel, mais exceptionnellement retenu par la Cour, il ne constitue pas un principe absolu : il reste soumis à des conditions rigoureuses de mise en œuvre qui en circonscrivent étroitement le champ d'application afin de garantir le respect de l'intérêt général (II.).

I. La reconnaissance du principe de protection de la confiance légitime en tant que principe fondamental du droit de l'Union

La reconnaissance du principe de confiance légitime en droit européen est une illustration de l'importance des études de droit comparé pour l'émergence du droit communautaire compris, selon l'expression du juge Pierre Pescatore, comme un droit de l'intégration[22]. Après quelques références initiales implicites résultant de la doctrine relative au retrait des actes administratifs (A), la Cour de justice a explicitement reconnu le principe de confiance légitime et admis qu'il était susceptible d'engager la responsabilité de l'Union (B).

---

[21] Simon (Denys), « La confiance légitime en droit communautaire : vers un principe général de limitation de la volonté de l'auteur de l'acte ? », in *Le rôle de la volonté dans les actes juridiques, Mélanges en l'honneur d'Alfred Rieg*, Bruylant, 2000, p. 749.

[22] Pescatore (Pierre), *Le droit de l'intégration : Emergence d'un phénomène nouveau dans les relations internationales selon l'expérience des Communautés Européennes*, Bruylant, coll. Droit de l'Union, 2005.

A) Des références initiales implicites résultant de la théorie du retrait des actes administratifs

Comme le souligne Stéphane Austry, dans ses conclusions rendues sous l'arrêt de section du Conseil d'Etat *Mme Soulier* du 6 novembre 2002, la doctrine rattache aujourd'hui au principe de confiance légitime une construction jurisprudentielle qui a préexisté à sa reconnaissance explicite et qui se rapporte aux conditions dans lesquelles peuvent être retirées les décisions administratives favorables, les juges de Luxembourg transposant ainsi en droit communautaire la théorie du retrait des actes administratifs[23].

Par un arrêt du 12 juillet 1957, *Mlle Dineke Algera et autres*, rendu sur les conclusions de l'avocat général Maurice Lagrange, ancien Conseiller d'Etat français, la Cour de justice a d'abord précisé que, en l'absence de règles relatives au retrait des actes administratifs générateurs de droits subjectifs, « une étude de droit comparé fait ressortir que dans les six Etats membres un acte administratif conférant des droits subjectifs à l'intéressé ne peut en principe pas être retiré, s'il s'agit d'un acte légal ; dans ce cas, le droit subjectif étant acquis, la nécessité de sauvegarder la confiance dans la stabilité de la situation ainsi créée l'emporte sur l'intérêt de l'administration qui voudrait revenir sur sa décision »[24]. La Cour de justice a ainsi admis le principe de la révocabilité des actes illégaux, au moins pendant un délai raisonnable, avant d'annuler les décisions refusant aux demandeurs leur maintien au statut du personnel de la Communauté et les replaçant sous contrat puis elle a reconnu des fautes de service constitutives d'un préjudice moral indemnisable.

Cinq ans plus tard, avec l'arrêt *Hoogovens* du 12 juillet 1962, la Cour a jugé que l'attribution d'une exonération, alors même qu'elle présentait un caractère recognitif, n'empêchait pas que « le facteur temps puisse jouer un rôle et que l'autorité compétente ne puisse

[23] Austry (Stéphane), « Retrait et abrogation : le cas des actes à objets pécunaires et des actes obtenus par fraude. Conclusions sur Conseil d'Etat, Section, 6 novembre 2002, *Mme Soulier* », *RFDA*, 2003, p. 225.
[24] CJCE, 12 juillet 1957, *Mlle Dineke Algera et autres*, 7/56 et 3 à 7/57, *Rec*. p. III-81.

procéder à un retrait avec effet rétroactif qu'en tenant compte du fait que les bénéficiaires de la décision retirée pouvaient présumer de bonne foi qu'ils ne devaient pas payer de contributions [...], et gérer leurs affaires en se fiant à la stabilité de cette situation »[25]. Pour autant, ces références jurisprudentielles à la théorie du retrait des actes administratifs ne peuvent pas tenir lieu de référence explicite au principe de confiance légitime ayant la portée d'un principe général du droit communautaire. La Cour de Luxembourg franchira ce pas dès 1965.

B) Une reconnaissance jurisprudentielle explicite susceptible d'engager la responsabilité de l'Union

Comprise comme une limitation de la volonté de la puissance publique destinée à prendre en compte les droits des administrés, la doctrine s'accorde à distinguer deux aspects majeurs, et complémentaires, du processus de reconnaissance jurisprudentielle explicite du principe de confiance légitime. Il s'agit, d'une part, de la consécration de ce principe en tant principe fondamental du droit de l'Union (1) et, d'autre part, du droit à réparation résultant de sa violation (2).

1. La protection de la confiance légitime est un principe fondamental du droit de l'Union

Dans un premier temps, avec l'arrêt du 13 juillet 1965, la Cour s'est d'abord explicitement référée à « la situation de confiance *(Vertrauenschutz)* » inspirée du droit allemand, à laquelle la société *Lemmerz-Werke* pouvait prétendre, afin d'examiner conjointement deux griefs de ladite société et considérer qu'ils « se confondent dans la question générale de savoir si la défenderesse [La Haute autorité de la CECA] a suffisamment tenu compte de la mesure dans laquelle la requérante a éventuellement pu se fier tant à la légalité qu'à la stabilité de l'exonération en cause »[26]. Toutefois, contrairement aux

[25] CJCE, 12 juillet 1962, *Koninklijke Nederlandsche Hoogovens en Staalfabrieken NV c/ Haute Autorité de la Communauté,* aff. 14/61, ECLI:EU:C:1962:28, pt 6.
[26] CJCE, 13 juillet 1965, *Lemmerz-Werke GmbH contre Haute Autorité de la CECA*, 111/63, *Rec*. p. 853.

conclusions de l'avocat général Karl Roemer, la Cour a alors rejeté le moyen...

Tel ne fut plus le cas, dans un second temps, avec l'arrêt du 5 juin 1973, *Commission contre Conseil*[27]. Compte tenu des relations spécifiques d'emploi dans lesquelles se situe l'exécution de l'article 65 du statut des fonctionnaires, et des éléments de concertation que sa mise en œuvre a comportés, la Cour a considéré que « le Conseil a violé la règle de la protection de la confiance légitime » et elle a prononcé l'annulation de plusieurs articles de l'acte attaqué portant adaptation des rémunérations et des pensions des fonctionnaires et autres agents des Communautés. Puis, avec l'arrêt *Töpfer,* du 3 mai 1978, la Cour a qualifié la protection de la confiance légitime de principe « faisant partie de l'ordre juridique communautaire, de sorte que sa méconnaissance constituerait une violation du traité ou de toute règle de droit relative à son application », au sens de l'actuel article 263 TFUE[28]. Enfin, dans le droit fil de sa jurisprudence, avec l'arrêt *Dürbeck* du 5 mai 1981, rendu sur renvoi préjudiciel, la Cour consacre « le principe du respect de la confiance légitime (...) parmi les principes fondamentaux » de l'Union[29], cette jurisprudence étant confirmée de manière constante[30].

---

[27] CJCE, 5 juin 1973, *Commission contre Conseil*, 81/72, *Rec.* p. 575.

[28] CJCE, 3 mai 1978, *Gesellschaft mbH in Firma August Töpfer & Co. contre Commission des Communautés européennes*, 112/77, *Rec.* 1019.

[29] CJCE, 5 mai 1981, *Firma Anton Dürbeck contre Hauptzollamt Frankfurt am Main-Flughafen*, 112/80, *Rec.* p. 1095, pt 48.

[30] Trib., 19 mars 2003, *Innova Privat-Akademie GmbH contre Commission des Communautés européennes*, T-273/01, ECLI:EU:T:2003:78, pt 26 : « Il convient de rappeler ensuite que, selon une jurisprudence constante, le droit de réclamer la protection de la confiance légitime, qui constitue un des principes fondamentaux de la Communauté, s'étend à tout particulier qui se trouve dans une situation de laquelle il ressort que l'administration communautaire, en lui fournissant des assurances précises, a fait naître chez lui des espérances fondées. Constituent de telles assurances, quelle que soit la forme sous laquelle ils sont communiqués, des renseignements précis, inconditionnels et concordants et émanant de sources autorisées et fiables (voir, notamment, arrêt du Tribunal du 21 juillet 1998, *Mellett/Cour de justice*, T-66/96 et T-221/97, *Rec.* p. I-A-449 et II-1305, points 104 et 107 et la jurisprudence citée). En revanche, nul ne peut invoquer une violation de ce principe en l'absence d'assurances précises que lui aurait fournies l'administration (arrêt du Tribunal du 18 janvier 2000, *Mehibas Dordtselaan/Commission*, T-290/97, *Rec.* p. II-15, point 59).

2. L'obligation de réparation de la violation du principe de protection de la confiance légitime

Conjointement, la Cour de justice a très rapidement tiré les conséquences de la reconnaissance du principe en cause au regard du contentieux de la responsabilité. Avec l'arrêt *Comptoir national technique agricole* dit *CNTA*, du 14 mai 1975, elle a considéré que « l'application des montants compensatoires écarte en pratique le risque de change, de sorte qu'un opérateur, même prudent, peut être amené à ne pas se couvrir contre ce risque »[31]. La responsabilité de la Communauté a, par conséquent, été engagée car, en l'absence d'un intérêt public péremptoire en sens contraire, la Commission avait supprimé, avec effet immédiat et sans avertissement, l'application desdits montants dans un secteur déterminé sans prendre de mesures transitoires. La Cour en a déduit que la Commission avait « violé une règle supérieure de droit et engagé la responsabilité de la Communauté »[32].

En ce qui concerne la politique agricole commune, plus précisément les quotas laitiers, la Cour, après avoir établi dans les arrêts du 28 avril 1988, *Mulder* et *von Deetzen*[33], que deux règlements « ont été arrêtés en violation du principe de la confiance légitime, qui est un principe général de droit communautaire, de rang supérieur, visant la protection des particuliers », a déclaré, par un arrêt du 19 mai 1992, que le Conseil et la Commission étaient « tenus de réparer le dommage subi par les demandeurs du fait de l'application » desdits règlements[34]. Il reste que, selon une jurisprudence constante[35], l'engagement de la responsabilité non contractuelle de l'Union suppose que la partie requérante prouve l'illégalité du comportement reproché à l'institution concernée, la réalité du dommage et l'existence

[31] CJCE, 14 mai 1975, *Comptoir national technique agricole (CNTA) SA contre Commission des Communautés européennes,* 74/74, *Rec.* p. 533, pt 41.
[32] *Ibidem*, pt 44.
[33] CJCE, 28 avril 1988, *Mulder,* 120/86, *Rec.* 2321, pt 28 et *von Deetzen*, 170/86, *Rec.* 2355, pt 17.
[34] CJCE, 19 mai 1992, *J. M. Mulder et autres et Otto Heinemann contre Conseil et Commission,* C-104/89 et C-37/90, *Rec.* p. I-3061.
[35] Trib., 19 mars 2003, *Innova Privat-Akademie GmbH contre Commission des Communautés européennes*, précité.

d'un lien de causalité entre ce comportement et le préjudice invoqué[36] ; dès lors que l'une de ces conditions n'est pas remplie, le recours doit être rejeté dans son ensemble sans qu'il soit nécessaire d'examiner les autres conditions de ladite responsabilité[37].

Cependant, bien que très souvent invoqué par les plaignants, le moyen tiré de la violation du principe de confiance légitime est rarement retenu par la Cour de justice qui le soumet à un encadrement jurisprudentiel rigoureux.

II – L'encadrement jurisprudentiel rigoureux de la protection du principe de confiance légitime

Le principe de confiance légitime dans la stabilité des situations juridiques jouit, certes, du statut de principe fondamental garant d'une Union de droit mais, au même titre que les autres principes généraux du droit communautaire, il n'a pas une portée absolue et doit être concilié avec d'autres exigences tenant, notamment, au respect de la volonté des pouvoirs publics de l'Union d'adapter son ordre juridique aux changements des circonstances de fait et de droit. Par conséquent, la Cour de justice adopte, selon l'expression de l'avocat général Paolo Mengozzi, « une méthode d'analyse en deux phases »[38] consistant, tout d'abord, à établir si les conditions d'invocabilité de la confiance sont remplies (A) pour, ensuite, vérifier si le respect de la situation juridique du justiciable ne doit pas céder devant un intérêt public péremptoire (B).

---

[36] CJCE, 29 septembre 1982, *Oleifici Mediterranei contre CEE*, 26/81, *Rec.* p. 3057, pt 16; Trib., 11 juillet 1996, *International Procurement Services contre Commission*, T-175/94, *Rec.* p. II-729, pt 44 ; Trib., 16 octobre 1996, *Efisol contre Commission*, T-336/94, *Rec.* p. II-1343, pt 30 ; Trib., 11 juillet 1997, *Oleifici Italiani contre Commission*, T-267/94, *Rec.* p. II-1239, pt 20.

[37] CJCE, 15 septembre 1994, *KYDEP contre Conseil et Commission*, C-146/91, *Rec.* p. I-4199, pt 19; Trib., 20 février 2002, *Förde-Reederei contre Conseil et Commission*, T-170/00, *Rec.* p. II-515, pt 37.

[38] Mengozzi (Paolo), « Evolution de la méthode suivie par la jurisprudence communautaire en matière de protection de la confiance légitime : de la mise en balance des intérêts, cas par cas, à l'analyse en deux phases », *RMUE*, 4/1997, pp. 13-29.

A) Les conditions d'invocabilité de la confiance légitime

La Cour de justice soumet l'invocabilité de la confiance légitime à deux séries de conditions qui tiennent respectivement à la définition restrictive du fait générateur de la confiance (1°) et à la recherche rigoureuse du caractère légitime de celle-ci (2°).

1. La définition restrictive du fait générateur de la confiance

Le principe de confiance légitime ne permet pas de paralyser la volonté des pouvoirs publics dans la mesure où le particulier ne peut pas invoquer sans condition un droit acquis au maintien des situations juridiques existantes à l'encontre des actes législatifs ou réglementaires, ou même des mesures individuelles. Le requérant doit donc « rapporter la preuve qu'il est dans une situation particulière, qui doit dans un Etat de droit être considéré comme digne de protection »[39], c'est-à-dire démontrer, d'une part, qu'il peut se prévaloir d'une espérance fondée objectivement constatable (a) et, d'autre part, qu'il se trouve dans une situation subjective particulière au regard de modifications imprévisibles apportées à l'ordonnancement juridique (b).

a) Le caractère fondé des « espérances », comme condition objective du fait générateur

Selon la jurisprudence de la Cour de justice, le droit de se prévaloir du principe de protection de la confiance légitime s'étend à tout particulier qui se trouve dans une situation dont il ressort que l'administration communautaire a « fait naître des espérances fondées »[40]. Toutefois, nul ne peut invoquer une violation de ce principe en l'absence d'assurances précises fournies par

---

[39] Simon (Denys), « La confiance légitime en droit communautaire : vers un principe général de limitation de la volonté de l'auteur de l'acte ? », *op. cit.*, p. 737.

[40] CJCE, 19 mai 1983, *Vassilis Mavridis contre Parlement européen,* 289/81, *Rec.* p. 1731, pt 21 ; CJCE, 27 mars 1990, *Chomel contre Commission européenne*, T-123/89, *Rec.* p. II-131.

l'administration[41], lesdites assurances devant émaner de sources autorisées et fiables[42].

Cette rédaction n'est pas sans influencer le concept « d'espérance légitime » ultérieurement retenu par la Cour européenne des droits de l'Homme[43] pour identifier, depuis son fameux arrêt du 29 novembre 1991 *Pine Valley Developments Ltd et autres contre Irlande*[44], les créances protégées par le premier article du Protocole n°1. Selon la Cour de Strasbourg, « le respect de cette espérance est une conséquence de l'un des aspects de la prééminence du droit, lequel imprègne chaque article de la Convention et implique notamment que le droit interne doit offrir une certaine protection contre des atteintes arbitraires de la puissance publique aux droits garantis par la Convention »[45]. Puis, en se référant explicitement à l'arrêt

---

[41] Trib., 9 juillet 2003, *Cheil Jedang contre Commission européenne,* T-220/00, *Rec.* p. II-2473, pt 33.

[42] Trib, 30 avril 2009, *Nitendo et Nintendo France contre Commission européenne,* T-13/03, *Rec.* p. II-975, pts 203, 206-208.

[43] Costa (Jean-Paul), « Concepts juridiques dans la jurisprudence de la Cour européenne des droits de l'homme : de l'influence de différentes traditions nationales », *RTDH,* n° 57/2004, pp. 101 et s.

[44] Cour EDH, 29 novembre 1991, *Pine Valley Developments Ltd et autres contre Irlande,* Req. n° 12742/87 : « 51. Dans la première affaire Pine Valley (paragraphe 12 ci-dessus), la Cour suprême jugea nul et non avenu, dès l'origine, le certificat préalable délivré à M. Thornton. Une première question surgit donc en l'espèce: les requérants ont-ils jamais joui d'un droit à aménager le terrain en cause, droit auquel il ait pu être porté atteinte?

Avec la Commission, la Cour croit devoir répondre par l'affirmative. Quand Pine Valley acheta le domaine, elle se fonda sur le certificat, dûment consigné dans un registre public tenu à cette fin, et elle avait tout lieu de le présumer valide (paragraphes 9 et 31 ci-dessus). Il impliquait une approbation du principe de l'aménagement projeté, sur laquelle le service d'urbanisme ne pouvait revenir (paragraphe 29 ci-dessus). Dans ces conditions, on pécherait par excès de formalisme si l'on considérait que l'arrêt de la Cour suprême ne constituait pas une ingérence. Jusqu'à son prononcé, les requérants avaient pour le moins l'espérance légitime de pouvoir réaliser leur plan d'aménagement ; il faut y voir, aux fins de l'article 1 du Protocole n° 1 (P1-1), un élément de la propriété en question (voir, *mutatis mutandis*, l'arrêt Fredin du 18 février 1991, série A no 192, p. 14, par. 40). » ; cf. égal. Jean-Baptiste (Walter), *L'espérance légitime*, Fondation Varennes, coll des thèses, n° 47, 442 p.

[45] Cour EDH, GC, 17 mai 2016, *Karácsony et autres contre Hongrie*, Req. n° 42461/13, § 156.

Commission contre Hongrie rendu le 6 novembre 2012 par la Cour de justice de l'Union européenne et selon lequel les dispositions hongroises litigieuses « ont procédé à un abaissement abrupt et considérable de la limite d'âge de cessation obligatoire d'activité, sans prévoir de mesures transitoires de nature à protéger la confiance légitime des personnes concernées »[46], la Grande chambre de la Cour européenne des droits de l'Homme a étendu le champ d'application de sa propre jurisprudence en estimant, dans l'affaire *Béláné Nagy contre Hongrie*, que la suppression d'une pension d'invalidité pouvait constituer une violation des dispositions susmentionnées. En effet, « bien qu'elle ait pour finalité d'économiser les deniers publics en réformant et en rationalisant le régime des prestations d'invalidité, la mesure litigieuse consiste en une législation qui, au vu des circonstances, n'a pas ménagé un juste équilibre entre les intérêts en jeu. (...), une telle finalité ne saurait justifier l'adoption d'un texte d'effet rétroactif et dépourvu de mesures transitoires adaptées à la situation particulière (Moskal, précité, §§ 74 et 76 ; voir également la décision de la Cour de justice de l'Union européenne citée dans l'arrêt Baka c. Hongrie [GC], no 20261/12, § 69, 23 juin 2016), puisqu'elle a été de ce fait privée de son espérance légitime de recevoir une prestation d'invalidité. Une ingérence aussi grave dans les droits de la requérante n'est pas conciliable avec le juste équilibre à préserver entre les intérêts en jeu »[47].

Depuis la décision société Getecom du 19 novembre 2008[48], le Conseil d'Etat a également intégré en droit interne le moyen tiré de la méconnaissance d'espérances fondées au regard des stipulations du premier article du Protocole n° 1... La légitimité des espérances invoquées est alors appréciée par la Haute juridiction[49] au regard de

---

[46] CJUE, 6 novembre 2012, *Commission européenne contre Hongrie,* C-286/12, ECLI:EU:C:2012:687, pt 68.

[47] Cour EDH, GC, 13 décembre 2016,_*Béláné Nagy contre Hongrie,* Req. n° 53080/13, § 124.

[48] CE, Section, 19 novembre 2008, *Société Getecom*, n° 292948, publié au recueil Lebon : « qu'à défaut de créance certaine, l'espérance légitime d'obtenir la restitution d'une somme d'argent doit être regardée comme un bien au sens de ces stipulations ».

[49] Sauvé (Jean-Marc), « L'entreprise et la sécurité juridique », in : Colloque de la Société de législation comparée, Conseil d'Etat, 21 novembre 2014

leurs fondements jurisprudentiels ou législatifs. Dans la première hypothèse, ces fondements doivent être suffisamment clairs et précis[50]. Dans la seconde, particulièrement invoquée dans le contentieux fiscal, lorsque la loi modifie les règles d'assiette de l'impôt sur les sociétés et s'applique aux revenus et bénéfices de l'année en cours, alors même que le fait générateur de l'impôt sur les sociétés est réputé intervenir le jour de la clôture de l'exercice[51], le contribuable peut être fondé à demander la décharge des impositions

(http://www.conseil-etat.fr/Actualites/Discours-Interventions/L-entreprise-et-la-securite-juridique#_ftn78).

[50] CE, 21 octobre 2011, 9/10 SSR, *Ministre du budget, des comptes publics et de la fonction publique contre SNC Peugeot Citroën Mulhouse*, n° 314767, ECLI:FR:CESSR:2011:314767.20111021 : « Résumé : 19-03-04-04 Par une décision du 19 avril 2000, ministre de l'économie et des finances c/ Société anonyme Fabricauto-Essarauto, le Conseil d'Etat a jugé que les immobilisations dont la valeur locative est intégrée dans l'assiette de la taxe professionnelle sont les biens placés sous le contrôle du redevable et que celui-ci utilise matériellement pour la réalisation des opérations qu'il effectue. Par une décision du 25 avril 2003, *ministre de l'économie, des finances et de l'industrie c/ Société Asco Joucomatic*, le Conseil d'Etat, après avoir rappelé les principes dégagés dans la décision Fabricauto-Essarauto, a précisé que des sous-traitants qui utilisent matériellement, pour la réalisation des opérations constitutives de leur activité, des outillages spécifiquement adaptés que le donneur d'ordres, qui en conserve la propriété, met à leur disposition, sont réputés disposer de ces outillages au sens de ces dispositions, alors même que les sous-traitants n'exerceraient pas au moins partiellement un contrôle sur ces outillages. Un contribuable sous-traitant peut se fonder sur ces décisions pour se prévaloir d'une espérance légitime d'obtenir la restitution d'une somme d'argent, constitutive d'un bien au sens de l'article 1er du premier protocole additionnel à la convention européenne de sauvegarde des droits de l'homme et des libertés fondamentales (conv. EDH) à la date où est intervenu l'article 59 de la loi n° 2003-1312 de finances rectificative (LFR) du 30 décembre 2003 faisant obstacle rétroactivement à l'application de cette jurisprudence. »

[51] CE Ass., 16 mars 1956, *Garrigou*, n° 35663 ; voir égal. CE, 8/3 SSR, 27 juin 2008, *Société d'exploitation des sources Roxane*, n° 276848 : « Résumé : 19-01-01-01-01 Dès lors que la clôture de l'exercice comptable constitue le fait générateur de l'impôt sur les sociétés, les dispositions de l'article 43 de la loi n° 98-1266 du 30 décembre 1998 de finances pour 1999 s'appliquent aux résultats de l'exercice clos le 31 décembre 1998 par la société requérante et la contraignaient à réintégrer dans son bénéfice une quote-part des produits nets perçus de ses filiales au cours de cet exercice, en l'espèce des dividendes acquis en juin 1998. Ces dispositions n'étant pas rétroactives, les moyens tirés de ce qu'elles méconnaîtraient, en raison de leur rétroactivité, les principes communautaires de sécurité juridique et de confiance légitime ne peuvent qu'être écartés. »

supplémentaires mises à sa charge. Il peut s'agir, par exemple, de la remise en cause d'un crédit d'impôt pour la création d'emplois[52]. En revanche, tel n'est pas le cas de la suppression non rétroactive d'un avoir fiscal sur les dividendes qui n'a pas pu faire naître d'espérances légitimes[53].

Mais, pour en revenir à la jurisprudence de la Cour de justice de l'Union européenne, il faut encore que la situation du requérant soit

---

[52] CE, 9 mai 2012, 3/8/9/10 SSR, *Ministre du budget, des comptes publics et de la fonction publique contre société EPI*, n° 308996, ECLI:FR:XX:2012:308996.20120509 : « 6. Considérant, en deuxième lieu, que si les stipulations de l'article 1er du premier protocole ne font en principe pas obstacle à ce que le législateur adopte de nouvelles dispositions remettant en cause, fût-ce de manière rétroactive, des droits patrimoniaux découlant de lois en vigueur, ayant le caractère d'un bien au sens de ces stipulations, c'est à la condition de ménager un juste équilibre entre l'atteinte portée à ces droits et les motifs d'intérêt général susceptibles de la justifier ; qu'il ressort des pièces du dossier soumis aux juges du fond que, pour établir ces motifs d'intérêt général, l'administration invoquait les " effets d'aubaine " que le crédit d'impôt offrait aux entreprises et l'augmentation de recettes budgétaires résultant de la suppression de cette dépense fiscale ; que, toutefois, d'une part, ni l'ampleur ni la nature de ces " effets d'aubaine " n'avaient fait l'objet d'études précises, et, d'autre part, le montant annuel de la dépense était, conformément aux prévisions et sans qu'aucune dérive ait été alléguée, de l'ordre d'un milliard de francs par an au sein de dépenses publiques en faveur de la création d'emploi de l'ordre de 350 milliards de francs par an ; qu'en jugeant, dès lors, que la suppression du crédit d'impôt, en tant qu'elle avait été décidée à titre rétroactif pour les créations d'emploi réalisées au cours de l'année 1999, était disproportionnée faute de motifs d'intérêt général susceptibles de la justifier et qu'ainsi l'application rétroactive de cette suppression à la société EPI méconnaissait les stipulations de l'article 1er du premier protocole additionnel à la convention européenne de sauvegarde des droits de l'homme et des libertés fondamentales, la cour n'a pas commis d'erreur de droit ni inexactement qualifié les faits qui lui étaient soumis ».

[53] CE, 8/3 SSR, 2 juin 2010, *Fondation de France*, n° 318014, ECLI:FR:CESSR:2010:318014.20100602 : « Considérant qu'en décidant que les personnes morales ne pourraient utiliser en 2005 les crédits d'impôt résultant de l'avoir fiscal attaché aux dividendes distribués en 2004, le législateur a entendu mettre fin, pour l'avenir, au dispositif en vigueur et notamment au bénéfice de l'avoir fiscal auquel les fondations reconnues d'utilité publique pouvaient prétendre depuis l'entrée en vigueur de l'article 28 de la loi du 30 décembre 2002 de finances pour 2003 ; qu'ainsi, dès le 1er janvier 2004, la Fondation de France ne pouvait plus se prévaloir de l'espérance légitime de bénéficier, en 2005, des crédits d'impôt attachés au régime de l'avoir fiscal, à raison des dividendes qui lui seraient servis en 2004 ».

suffisamment individualisée au regard des modifications apportées de manière imprévisible à l'ordonnancement juridique.

b) L'appréciation *intuitu personae* de « l'imprévisibilité », comme condition subjective du fait générateur

L'individualisation de la situation du requérant peut, notamment, résulter soit d'une situation contractuelle remise en cause par un changement législatif ou réglementaire, soit des assurances reçues quant au maintien du droit applicable à son cas spécifique[54] ou encore d'une situation de fait ou de droit particulière par rapport à la modification du régime juridique. Ce dernier cas correspond, par exemple, à celui des sociétés dont les certificats d'importation sont suspendus alors que leurs marchandises sont déjà régulièrement en cours d'acheminement vers l'Union[55].

Les espérances seront fondées si la puissance publique s'est engagée à ne pas modifier la législation ou la réglementation en vigueur pendant une période déterminée[56], voire si elles reposent sur une présomption de stabilité dès lors que l'acte contesté est appliqué pendant une durée déterminée et que sa modification avant terme n'est pas prévisible. De plus, la décision litigieuse doit avoir une portée univoque et ne pas comporter d'incertitudes, de réserves ou de discrétions car dans de telles hypothèses le législateur ou l'administration peut disposer d'un pouvoir d'appréciation empêchant la reconnaissance d'une espérance fondée. C'est souvent le cas pour la mise en œuvre de la politique commerciale[57] ou de la politique agricole[58] communes. Par suite, « les opérateurs économiques ne sont pas justifiés à placer leur confiance légitime dans le maintien d'une situation existante qui peut être modifiée dans le cadre du pouvoir d'appréciation des institutions communautaires (…) Une éventuelle

---

[54] Trib., 17 décembre 1998, *Embassy Limousines and Services contre Parlement européen,* T-203/96, *Rec.* p. II-4239.

[55] CJCE, 26 juin 1990, *Sofrimport Sarl contre Commission,* C-152/88, *Rec.* p. I-2477.

[56] CJCE, 5 juin 1973, *Commission contre Conseil,* 81/72, *Rec.* p. 575, pt 21.

[57] CJCE, 6 février 1973, *Alfons Lütticke GmbH contre Hauptzollamt Passau,* 42/72, *Rec.* p. 57.

[58] CJCE, 19 novembre 1998, *Espagne contre Conseil,* C-284/94, *Rec.* p. I-7309.

réduction de leur revenu ne saurait dès lors violer le principe de la confiance légitime »[59].

La condition d'imprévisibilité est donc appréciée de manière restrictive, au cas par cas, par le juge communautaire. Depuis l'arrêt *CNTA* du 14 mai 1975, la Cour de justice considère que, en l'absence d'intérêt public péremptoire en sens contraire, la modification de la législation économique (en l'espèce applicable aux montants compensatoires monétaires), avec effet immédiat et sans avertissements, affecte la confiance légitime des plaignants dès lors que ladite modification est imprévisible, même pour un opérateur économique qualifié de « prudent »[60]. Cette condition n'est pas remplie lorsque l'opérateur économique a « acquis de l'expérience dans le domaine d'importation et d'exportation et qui a, notamment, connaissance du risque imminent de l'institution d'une taxe compensatoire (...) dès lors qu'il a été en mesure de s'informer sur l'institution effective de la taxe, en consultant le Journal officiel des Communautés européennes, et qu'il a négligé de le faire »[61]. Depuis, la Cour de justice a itérativement jugé que « le droit de se prévaloir du principe de protection de la confiance légitime s'étend à tout justiciable dans le chef duquel une institution communautaire a fait naître des espérances fondées du fait d'assurances précises qu'elle lui aurait fournies. Toutefois, lorsqu'un opérateur économique prudent et avisé est en mesure de prévoir l'adoption d'une mesure communautaire de nature à affecter ses intérêts, il ne saurait invoquer le bénéfice de ce principe lorsque cette mesure est adoptée »[62].

---

[59] CJCE, 5 octobre 1994, *Antonio Crispoltoni contre Fattoria Autonoma Tabacchi et Giuseppe Natale et Antonio Pontillo contre Donatab Srl,* C-133/93, C-300/93 et C-362/93, *Rec.* p. I-4863, pts 57 et 59.

[60] CJCE, 14 mai 1975, *Comptoir national technique agricole (CNTA) SA contre Commission des Communautés européennes,* 74/74, *Rec.* p. 533, pt 40.

[61] CJCE, 26 novembre 1998, *Covita AVE contre Elliniko Dimosio (Etat hellénique),* C-370/96, *Rec.* p. I-7711, pt 34.

[62] CJUE, 17 septembre 2009, *Commission des Communautés européennes contre Koninklijke Friesland Campina NV,* C-519/07P, *Rec.* p. I-08495, pt 84 ; voir égal. CJCE, 22 juin 2006, *Belgique et Forum 187 contre Commission*, C-182/03 et C-217/03, *Rec.* p. I-5479, pt 147.

Outre l'appréciation du fait générateur, cette rigueur jurisprudentielle se retrouve également dans la recherche du caractère « légitime » de la confiance.

2. La recherche rigoureuse du caractère « légitime » de la confiance

Selon la jurisprudence de la Cour de justice, la légitimité de la confiance suppose également que deux conditions cumulatives soient remplies : la bonne foi du requérant et la légalité du comportement de l'administration.

Pour invoquer un tel moyen, le justiciable ne doit pas avoir commis une illégalité en se « rendant coupable d'une violation manifeste de la réglementation en vigueur »[63] ou en ayant « délibérément adopté une attitude qui transgresse » celle-ci[64]. Si cette condition liminaire n'est qu'une application classique de l'adage « *Nemo auditur propriam turpitudinem allegans* », celle relative à la légalité du comportement de l'administration, traduit une interprétation extensive de la règle « *Fraus omnia corrumpit* ». Il s'ensuit qu'une institution « ne peut être forcée, au titre du principe de la protection de la confiance légitime, d'appliquer une réglementation communautaire *contra legem* »[65]. A titre d'exemple, dans l'affaire *Air France contre Commission* du 19 mai 1994, le Tribunal a rappelé qu'au regard de la hiérarchie des actes de l'Union, « une acte de portée générale ne peut être modifié implicitement par une décision individuelle » et que, par suite, « la partie requérante n'a pas, ..., établi à suffisance de droit qu'une quelconque confiance légitime a été créée dans son chef »[66], alors même qu'elle ne serait pas de mauvaise foi. De même, l'absence de publication au Journal officiel de l'Union européenne d'un

---

[63] CJCE, 12 décembre 1985, *Sideradria SpA contre Commission,* 67/84, *Rec.* p. 3983, pt 21 ; CJCE, 16 mai 1991, *Commission contre Pays-Bas,* C-96/89, *Rec.* p. II-02919, pt 30.

[64] Trib, 24 avril 1996, *Industrias Pesqueras Campos SA, Transacciones Maritimas SA, Recursos Marinos SA et Makuspesca SA contre Commission,* T-551/93, T-231/94, T-232/94, T-233/94 et T-234/94, *Rec.* p. *II-00247*, pt 119.

[65] Trib, 19 mai 1994, *Air France contre Commission,* T-2/93, *Rec.* p. II-00323, pt 102.

[66] *Ibidem*, pt 103.

avertissement spécifique mettant en garde les bénéficiaires d'une aide qui aurait été octroyée illégalement ne saurait constituer une circonstance exceptionnelle de nature à fonder quelque confiance que ce soit dans la régularité de l'aide ainsi octroyée sans notification préalable[67].

Mais la rigueur de la Cour de justice ne s'arrête pas là : pour le cas où elle aurait admis, au terme de sa première phase d'analyse, l'invocabilité de la confiance du justiciable, elle recherchera, encore, si le respect de la situation juridique acquise de celui-ci est conciliable avec la prise en compte de l'intérêt public supérieur.

B) La conciliation entre le respect des situations acquises et l'intérêt public supérieur

Dès 1979, la Cour de justice a dit pour droit, et confirmé par une jurisprudence constante, que si le principe du respect de la confiance légitime s'inscrit parmi les principes fondamentaux de l'Union, il ne constitue pas un principe absolu et « son champ d'application ne saurait être étendu jusqu'à empêcher, de façon générale, une réglementation nouvelle de s'appliquer aux effets futurs de situations nées sous l'empire de la réglementation antérieure en l'absence d'obligations assumées a l'égard de l'autorité publique »[68]. Et elle a précisé qu'il en est notamment ainsi dans le domaine de l'organisation commune de marchés « dont l'objet comporte précisément une constante adaptation en fonction des variations de la situation économique [dans les différents secteurs agricoles] »[69].

Le 5 mai 1981, la Cour a explicitement repris sa jurisprudence pour en faire application aux mesures de sauvegarde destinées à prévenir la menace d'une perturbation grave susceptible de mettre en péril les

[67] Trib, 9 septembre 2009, *Territorio Histórico de Álava – Diputación Foral de Álava e.a. contre Commission des Communautés européennes*, T-30/01 à T-32/01 et T-86/02 à T-88/02, *Rec.* p. I-7711, pts 305 à 308

[68] CJCE, 16 mai 1979, *Tomadini*, 84/78, *Rec.* p. 1801, pts 21 et 22 ; voir égal. CJCE, 20 septembre 1988, *Espagne contre Conseil*, 203/86, *Rec.* p. 4563, pt 19 ; 29 juin 1999, *Butterfly Music*, aff. C-60/98, *Rec.* p. I-3939, pt 25 ; 29 janvier 2002, *Pokrzeptowicz-Meyer*, C-162/00, *Rec.* p. I-1049, pt 55.

[69] *Ibidem.*

politiques de l'Union[70]. Elle a suivi un raisonnement comparable à l'encontre, notamment, des comportements spéculatifs mettant en cause le bon fonctionnement du marché[71] et effectue ainsi une balance entre l'intérêt légitime des particuliers et celui général de l'Union. Dans l'arrêt du 17 septembre 2009, rendu à la suite d'un pourvoi en annulation d'une décision du Tribunal, la Cour a, encore, confirmé sa jurisprudence en affirmant clairement au point 85 qu'à « supposer même que la Communauté européenne ait créé au préalable une situation susceptible d'engendrer une confiance légitime, un intérêt public péremptoire peut s'opposer à l'adoption de mesures transitoires pour des situations nées avant l'entrée en vigueur de la nouvelle réglementation, mais non achevées dans leur évolution »[72].

* * *

En dernière analyse, le droit européen dans son ensemble, loin d'opposer la préservation objective de l'intérêt général et celle subjective de la confiance légitime des particuliers, concilie par une jurisprudence subtile ces principes fondamentaux afin de garantir le respect de l'Etat de droit. Ainsi, nonobstant sa propre jurisprudence relative au principe d'espérance légitime, la Cour de Strasbourg n'hésite pas à se référer au principe de protection de la confiance légitime pour conclure dans l'arrêt *Likourezos*, rendu le 15 septembre 2006, à une violation de l'article 3 du protocole n°1 relatif au droit à des élections libres et au respect de l'ordre démocratique[73]. Elle a

---

[70] CJCE, 5 mai 1981, *Firma Anton Dürbeck contre Hauptzollamt Frankfurt am Main-Flughafen*, 112/80, *Rec.* p. 1095, 48.

[71] CJCE, 27 mai 1975, *Johann Lührs contre Hauptzollamt Hamburg-Jonas,* 78/77, *Rec.* p. 69, pt 6.

[72] CJUE, 17 septembre 2009, *Commission des Communautés européennes contre Koninklijke Friesland Campina NV,* précité, pt 85 ; et CJCE, 22 juin 2006, *Belgique et Forum 187 contre Commission*, précité.

[73] Cour EDH, 15 septembre 2006, *Lykourezos contre Grèce,* Req. 33554/03 : « 57. Dans ces conditions, la Cour conclut qu'en évaluant l'élection du requérant sous l'angle du nouvel article 57 de la Constitution sans tenir compte de la circonstance que cette élection avait eu lieu en 2000 dans une parfaite légalité, la Cour suprême spéciale a déchu l'intéressé de ses fonctions parlementaires et privé les électeurs du candidat qu'ils avaient librement et démocratiquement choisi pour les représenter pendant quatre ans au Parlement, en méconnaissance du principe de la confiance légitime. Sur ce point, la Cour constate que le Gouvernement n'a invoqué aucun

depuis confirmé sa jurisprudence pour écarter toute violation de l'article 6, §1 de la Convention avec les arrêts *Unedic* du 18 décembre 2008[74] et *Legrand* du 26 mai 2011[75]...

Et la Cour de Strasbourg n'est pas la seule juridiction, la Cour de Luxembourg évidemment mise à part, à admettre l'opérance du moyen tiré de la violation du principe de confiance légitime[76]. En dehors de l'Allemagne, ou le principe est apparu, et des Pays-Bas, où il a été rapidement intégré à l'ordre juridique néerlandais[77], le juge administratif grec applique ce principe dans le cadre de litige purement interne, le Conseil d'Etat hellénique lui reconnaissant même une valeur constitutionnelle résultant du principe fondamental de l'Etat de droit[78]. Pour sa part, le Conseil d'Etat italien se fonde sur le principe de confiance légitime en matière de responsabilité de l'administration, d'opposabilité des circulaires ou encore de retrait des actes administratifs[79]. La Cour suprême espagnole, dans un arrêt du 26 janvier 1990 reconnaît également le principe de confiance légitime en « lien avec la jurisprudence de Luxembourg » et le législateur ibérique

---

motif impérieux pour l'ordre démocratique pouvant justifier l'application immédiate de l'incompatibilité absolue. Cette situation porte donc atteinte à la substance même des droits garantis par l'article 3 du Protocole no 1. 58. Partant, il y a eu violation de cette disposition ».

[74] Cour EDH, 18 décembre 2006,_*Unedic contre France,* Req. 20153/04 : « 74. La Cour considère cependant que les exigences de la sécurité juridique et de protection de la confiance légitime des justiciables ne consacrent pas de droit acquis à une jurisprudence constante ».

[75] Cour EDH, 26 mai 2011,_*Legrand contre France,* Req. 23228/08, § 36.

[76] Lamprini (Xenou), *Les principes fondamentaux du droit de l'Union européenne et la jurisprudence administrative française*, Bruylant, coll. Droit administratif / Administrative Law, 2017.

[77] Woehrling (Jean-Marie), « La France peut-elle se passer du principe de confiance légitime ? », in *Gouverner, administrer, juger, Liber amicorum* Jean Waline, Dalloz, 2002, p. 749.

Droit administrative européen, Bruylant, Coll. Droit administratif / Administrative Law, 2ème éd., 2009, p. 971.

[78] Schwarze (Jürgen), *Droit administratif européen*, Bruylant, Coll. Droit administratif / Administrative Law, 2ème éd., 2009, p. 971.

[79] Woehrling (Jean-Marie), « La France peut-elle se passer du principe de confiance légitime ? », *op. cit.*, p. 749.

Droit administratif européen, Bruylant, Coll. Droit administratif / Administrative Law, 2ème éd., 2009, p. 971.

se réfère explicitement au même principe dans la loi n°4/1999 sur la procédure administrative de droit commun[80].

L'ordre juridique français serait-il particulièrement susceptible d'être déstabilisé par l'introduction, en droit interne, du principe de protection de la confiance légitime qui, par son influence, saperait insidieusement la défense de l'intérêt général ? Certes, il n'a pas expressément besoin, en dehors de la mise en œuvre du droit communautaire, de ce principe pour garantir le respect de l'Etat de droit. Pour autant, à la lecture de la jurisprudence des Cours suprêmes européennes et des Etats membres de l'Union, il est possible d'affirmer que les craintes invoquées à l'encontre du principe en cause ne sont guère fondées. Et, si l'on en juge par l'évolution récente de la jurisprudence du Conseil constitutionnel, du Conseil d'Etat et de la Cour de Cassation, la guerre de Troie n'aura pas lieu.

---

[80] Fromont (Michel), *Droit administratif des Etats européens*, PUF, Coll. Thémis, 2006, p. 267.

« De la foi dans la loi à la confiance dans la constitution. Réflexions sur la confiance dans la norme juridique en droit constitutionnel »

Arthur Gaudin,
Doctorant contractuel de l'Université Paris I Panthéon-Sorbonne

« Il est nécessaire que les citoyens puissent avoir confiance en leur Constitution »[1]. Derrière ce souhait se cache une exigence ancienne. La confiance n'est pas inconnue du vocabulaire constitutionnel comme en atteste le mécanisme de la question de confiance à l'article 49 de la Constitution de 1958. Plus fondamentalement, le constitutionnalisme moderne trouve son origine dans la notion de *trust* développée par le philosophe John Locke, celle-ci posant les bases d'une discussion toujours d'actualité sur les relations entre gouvernants et gouvernés[2].

Si le droit constitutionnel est familier de la confiance, il ne l'est pas forcément du point de vue de la norme. Nous aimerions donc comprendre ce que signifie « avoir confiance dans la constitution », c'est-à-dire la constitution d'un point de vue normatif. Aborder la question du rapport entre constitution et confiance sous l'angle de la norme n'est ni étonnant ni anodin. Il n'est pas étonnant puisque la norme est souvent considérée comme l'objet essentiel du droit[3]. En empruntant la définition de norme à Paul Amselek, nous pouvons dire

---

[1] Comité de réflexion sur le préambule de la Constitution, *Redécouvrir le préambule de la Constitution : rapport au Président de la République*, La Documentation française, 2009, p. 30.

[2] Voir par exemple les nombreuses références à la confiance dans l'index établi par Eric Buge dans son récent manuel (*Droit de la vie politique*, PUF, 2018).

[3] Le normativisme illustre cette idée en donnant une primauté absolue à la norme dans son épistémologie. Du normativisme orthodoxe de Kelsen au normativisme hétérodoxe de Paul Amselek, l'axiome est le suivant : « Penser du droit, c'est penser des règles », *Cheminements philosophiques*, Armand Colin, 2012, p. 53.

que la norme est un outil mental « voué à servir de base de référence »[4], à partir duquel il est possible d'opérer un rapport de conformité.

L'angle normatif est certes normal en droit, il n'est toutefois pas anodin puisqu'il révèle une ontologie du droit spécifique et débattue. Au lieu de considérer le droit comme un objet exclusivement composé de normes, nous préférons l'envisager comme un objet composite, fait de normes et d'institutions[5]. L'appartenance de la norme à la catégorie des outils induit la prise en compte de son utilisation. La combinaison des normes et des institutions se justifie d'autant plus que le concept moderne de constitution, issu des Révolutions américaine et française, consiste justement dans la conjonction des définitions institutionnelle et normative de la constitution[6]. Cette dernière devient la norme qui organise notamment la répartition du pouvoir politique entre des institutions. Loin de dissoudre la problématique de la constitution en tant que norme, cette ontologie composite du droit permet de mieux la comprendre dans la mesure où il apparaît que la confiance dans la norme dépend de l'activité de l'institution qui la produit ou l'interprète.

La confiance quant à elle appartient au registre de la croyance. Elle est l'« action de se fier à autrui, ou plus précisément de lui confier une mission »[7]. Elle implique plus spécifiquement un rapport positif comme le montre cette autre définition qui qualifie la confiance de « croyance spontanée ou acquise en la valeur morale, affective, professionnelle... d'une autre personne, qui fait que l'on est incapable d'imaginer de sa part tromperie, trahison ou incompétence »[8]. A ce titre, elle est l'antithèse de la méfiance qui consiste dans la présomption spontanément négative de l'action d'autrui. La confiance

---

[4] Amselek (Paul), *Cheminements philosophiques*, *op. cit.*, p. 61.

[5] Le néo-institutionnalisme « conçoit les normes seulement comme des produits des institutions » (Weinberger (Ota), « Les théories institutionnalistes du droit », *in* Amselek (Paul), *Controverses autour de l'ontologie du droit*, PUF, 1989, p. 67-83).

[6] « La revendication première du mouvement constitutionnel qui se développe au cours du XVIIIe siècle, est, en effet, celle de la rédaction, dans un texte solennel, des règles d'organisation de l'Etat », Rousseau (Dominique), « Une résurrection : la notion de constitution », *R.D.P.*, 1990, p. 5.

[7] Cornu (Gérard), *Vocabulaire juridique*. V. « Confiance », 12e éd., 2017.

[8] *Trésor de la langue française informatisé*. V. « Confiance ».

est susceptible de connaître une gradation. La foi appartient comme la confiance au registre plus général de la croyance. Elle peut se définir dans un sens faible qui la confond avec la confiance et dans un sens fort, spécifique, que nous utiliserons ici : selon cette seconde définition, il s'agit d'une forme de « confiance *assurée* en quelqu'un ou en quelque chose » ou l'« adhésion *ferme et entière* de l'esprit à quelque chose »[9]. Autrement dit, dans les deux cas, nous avons affaire à une croyance positive mais la foi est une présomption quasiment absolue là où la confiance jouit d'une présomption simple. En outre, la foi relève de l'irrationnel alors que la confiance paraît plus pragmatique.

Ces précisions permettent d'établir une sorte d'échelle du rapport fiduciaire[10], c'est-à-dire le type et le degré de croyance qui affecte la norme. Cette échelle fiduciaire comprendrait globalement deux pôles extrêmes, la foi et la désacralisation signifiant un rapport fort à la croyance, et deux échelons intermédiaires, la confiance et la méfiance signifiant un rapport modéré à la croyance. Cette échelle montre par ailleurs le caractère fluctuant du rapport de croyance qui n'est jamais acquis. Enfin, un point en apparence secondaire de la définition de la confiance apparaît déterminant pour l'appréhension de notre problématique : la compétence. La confiance implique notamment une attente dans la compétence d'autrui. Dès lors, la question de la confiance dans la norme ne peut se départir de la question de l'attente dans cette norme.

L'hypothèse que nous souhaitons vérifier ici est qu'un basculement s'est opéré, de la loi à la constitution, de la foi à la confiance. Autrement dit, la conception en droit public est passée d'une croyance ferme et quasiment irréfragable dans la norme de référence qu'était la

---

[9] *Trésor de la langue française informatisé*, V. « Foi ». Le *Vocabulaire de la philosophie* Lalande livre une définition semblable : la foi est la « confiance absolue, soit en une personne, soit en une affirmation garantie par un témoignage ou un document sûr » ou l'« adhésion ferme de l'esprit, subjectivement aussi forte que celle qui constitue la certitude, mais incommunicable par la démonstration ». Lalande (André), *Vocabulaire critique et technique de la philosophie*, PUF, 1991, p. 360.

[10] L'intégration de la dimension fiduciaire dans l'appréhension du droit a été développée par François Brunet dans sa thèse de doctorat, Brunet (François), *La normativité en droit*, Mare & Martin, 2012.

loi, à une confiance simple dans la nouvelle norme de référence qu'est la constitution.

Du fait notamment de l'action du législateur tertio-républicain, la loi a été fortement dévaluée au point de susciter une certaine méfiance. Le concept de constitution a bénéficié de cette dévalorisation, elle est apparue en contrepoint comme une réponse à la dérive de la loi (I.). Ce glissement laisse à penser que la confiance a chassé la foi et la constitution la loi. S'il est certain que la loi ne jouit plus du statut de norme de référence par principe, la constitution ne l'a pas tout à fait remplacée. Et s'il est également certain que l'exigence rationnelle de confiance tend à se substituer à la foi révolutionnaire en la loi, la foi en tant que telle n'a pas disparu. Elle a trouvé un nouveau terrain d'élection, qui n'est pas forcément la constitution en tant que telle, mise à l'épreuve de la « supra-constitutionnalité », mais l'idéal normatif par excellence : le Droit (II.).

I. La confiance dans la constitution rendue possible par la désacralisation de la loi

La confiance dans la constitution n'est véritablement concevable qu'à partir d'un changement dans la culture juridique française qui, empreinte d'un fort légalisme, a longtemps occulté la constitution. Cette dernière n'était pas inexistante mais simplement dans l'ombre de la loi portée aux nues par les révolutionnaires. La désacralisation de la loi, provoquée indirectement par le législateur de la Troisième République (A), est la condition *sine qua non* de la confiance dans la constitution. En 1958, elle devient une norme de référence dont la suprématie n'est plus contestée par la loi. Le transfert de la croyance positive anciennement placée dans la loi s'accompagne toutefois d'une déperdition qualitative : la foi laisse place à une confiance pragmatique dans la norme (B).

A) La loi, une norme désacralisée par le législateur de la Troisième République

La vision idyllique de la loi qui serait bonne en soi est un des mythes fondateurs légués par la Révolution. Elle repose sur l'équation suivante : « la loi (la vraie loi) émane de la volonté générale ; or, la volonté générale ne peut vouloir que le bien ; donc, toute loi en est un bien – par le miracle de sa source »[11]. Un véritable culte de la loi se met alors en place, « c'est tout le projet de la Révolution qui dépend des lois »[12]. La litanie des célébrations révolutionnaires de la loi est longue, l'article 5 de la Déclaration des devoirs de la Constitution de l'an III proclamée « en présence de l'Être suprême » affirme par exemple : « Nul n'est homme de bien, s'il n'est franchement et religieusement observateur des lois ». Cette foi dans la loi lisible dans la sémantique religieuse s'explique par la croyance en ce que la loi est considérée comme bonne en soi et reflet du droit naturel qui irrigue les textes révolutionnaires.

La Troisième République, bâtie sur cette foi révolutionnaire dans la loi, va pourtant subvertir ce mythe fondateur au point de léguer en héritage une méfiance dans la loi. Le régime avait certes été inauguré par des « grandes lois républicaines » telle que la loi sur la liberté de la presse de 1881. A ce titre, il représente bien « l'acmé »[13] de la foi dans la loi puisqu'il prend au mot le dogme révolutionnaire en voulant changer la société par la loi. Le législateur aurait réussi ce tour de force d'utiliser l'outil législatif sans que cette utilisation n'émousse la force symbolique de la loi en tant que catégorie idéale. Le dogme révolutionnaire de foi dans la loi atteint un sommet, avant que son déclin ne s'amorce.

La méfiance future à l'égard de la loi trouve en partie sa source dans la déconsidération de l'organe chargé de légiférer. A la suite de la « Constitution Grévy », l'interprétation neutralisante d'une éventuelle responsabilité du Gouvernement devant le Président de la République, les Chambres ne se voient opposer aucun contre-pouvoir crédible. Le régime est alors marqué par une souveraineté parlementaire *de facto* et non *de jure*, à savoir une pratique politique qui infléchit les règles constitutionnelles de manière à installer l'omnipotence parlementaire. Cette situation fait naître un paradoxe profond qu'essayent de résoudre les publicistes de la fin du XIXe siècle tels que Berthélemy, Duguit, Jèze ou encore Hauriou. D'un

---

[11] Carbonnier (Jean), *Essais sur les lois*, LGDJ, 2014, 2e édition, p. 165.

[12] Baranger (Denis), *Penser la loi : essai sur le législateur des temps modernes*, Gallimard, 2018, p. 52.

[13] Baranger (Denis), *Penser la loi*, *op. cit.*, p. 145.

côté, la loi est censée représenter la volonté générale, donc être bonne en soi, et symboliser la limitation du pouvoir politique par le droit. De l'autre côté, elle devient sous le régime tertio-républicain l'instrument du pouvoir politique insusceptible de limitation. La loi en tant que catégorie normative est alors directement tributaire de l'action de l'organe chargé de la produire. Le législateur, qui avait pu entretenir un âge d'or législatif passager, ne parvient plus à faire usage de la loi sans la dévaluer. L'équation révolutionnaire de la loi comme expression de la volonté générale est grandement remise en question. La volonté générale n'est plus que « la volonté d'une majorité contingente »[14]. Les publicistes majeurs de cette époque traversent alors une crise de la foi, « comme tous ses collègues, Berthélemy a perdu confiance dans les vertus du parlement et de la souveraineté nationale qui faisait de la loi la suprême garantie des droits de l'individu »[15]. Leur contestation de l'Etat légal implique une dévalorisation symbolique de la loi alors même qu'elle était pour eux l'instrument normatif de référence. Par leurs écrits, ils préparent dogmatiquement le passage en France de l'Etat légal à l'Etat de droit que l'on retrouvera en partie lors de l'établissement de la Cinquième République.

La perception de la loi ne sort donc pas indemne de la Troisième République qui lègue en héritage à la Quatrième République une méfiance dans la loi qui ne se concrétisera qu'avec la Cinquième République. La Constitution de 1946 établie contre la Troisième République ne parvient pas à traduire juridiquement la méfiance dans la loi. Le régime est lui aussi marqué par une forte instabilité parlementaire qui ne fait qu'ancrer dans l'esprit des rédacteurs de la Cinquième République la conviction qu'il est indispensable de circonscrire la loi. Les mécanismes constitutionnels commandés par cet objectif sont nombreux : la relégation symbolique du Parlement après l'Exécutif dans le texte constitutionnel, l'énumération limitative des matières législatives, l'implication du pouvoir exécutif dans la procédure législative, le référendum législatif, la mise en place d'une institution chargée de contrôler la loi par rapport à la

[14] Redor (Marie-Joëlle), *De l'État légal à l'État de droit : l'évolution des conceptions de la doctrine publiciste française, 1879-1914*, Economica, 1992, p. 158.
[15] *Ibid.*, p. 74.

constitution et non l'inverse. La désacralisation de la loi n'entraîne toutefois pas sa disparition. Au contraire, elle demeure l'outil de gouvernement de principe. La participation de l'exécutif à la procédure législatif démontre que la loi demeure centrale dans l'action gouvernementale *largo sensu*. En fait, la loi concrète demeure alors que l'idéal législatif tend à s'estomper : « en 1789, les Constituants avaient cru possible le règne de la loi, produit de la raison humaine, expression de la volonté générale. Cette grande espérance, couronnée sous la IIIe République, s'est volatilisée »[16].

Dans ce contexte de dévalorisation symbolique ou « démonétisation »[17] de la loi, la constitution est appelée à occuper davantage d'espace. Comme l'énoncent les rédacteurs du rapport *Redécouvrir le Préambule*, la constitution peut devenir un objet de confiance. La référence à la foi, donc à une présomption quasiment irréfragable de confiance, semble faire place à une présomption simple qui repose aussi sur des considérations plus pragmatiques.

B) La Constitution de 1958, une norme digne de confiance

L'enjeu pour la constitution est désormais de permettre aux citoyens de « croire en son utilité pratique »[18]. Cette exigence pratique est due d'une part à l'histoire de la loi, la confiance ayant succédé à la foi car les idéaux portés par la loi ont été déçus, et d'autre part à la dimension historiquement symbolique de la constitution qu'il faut désormais gommer. Afin d'encadrer la loi, il est indispensable que la norme supérieure soit effectivement respectée, qu'elle ne relève pas uniquement du symbolique. La notion de constitution a connu depuis la Révolution une histoire parallèle à celle de la loi dans la mesure où elle renfermait elle aussi des aspirations quasiment religieuses[19]. La sacralité de la constitution l'aurait empêché d'être un véritable outil juridique au sens de norme appliquée. La preuve est donnée par les

[16] Krynen (Jacques), *Le théâtre juridique : une histoire de la construction du droit*, Gallimard, 2018, p. 241.
[17] Chevallier (Jacques), « La dimension symbolique du principe de légalité », *RDP*, n° 6, 1990, p. 1665.
[18] *Redécouvrir le Préambule*, *op. cit.*, p.30.
[19] Paul Bastid allait même jusqu'à dire des constitutions que « les meilleurs sont les moins ambitieuses », Bastid (Paul), *L'idée de constitution*, Economica, 1985, p. 186.

lois constitutionnelles de 1875 qui présentent la particularité d'être à la fois extrêmement pragmatiques – il s'agit d'un compromis politique minimal – et extrêmement symboliques – puisque la pratique s'est imposée au détriment voire dans une certaine indifférence du corpus constitutionnel.

La désacralisation de la loi a laissé vacante la place pour une autre norme. Pourtant, la constitution ne remplace pas véritablement la loi dans le registre de la sacralité. La Constitution de 1958 est la consécration simultanée d'une désacralisation de la loi *et* d'une conception pragmatique de la constitution. Cette dernière devient un outil de gouvernement au même titre que la loi, elle doit d'autant plus l'être qu'elle a pour fonction de canaliser la loi. La rationalisation de la constitution a parfaitement été résumée par René Rémond : « On ne lui demande pas d'être autre chose que la règle du jeu : on l'accepte parce qu'on la sait indispensable et on la juge à son utilité »[20]. Cette conception pragmatique et dépassionnée de la constitution s'inscrit dans la logique de l'Etat de droit, basé sur le respect de la parole donnée, du droit posé. D'ailleurs, à partir de 1971, la question de la positivité de la Déclaration des droits de l'homme et du citoyen de 1789 ne fait plus débat comme sous la Troisième République. Elle est intégrée au bloc de constitutionnalité et doit être respectée en tant qu'elle est une norme juridique[21]. Ainsi, la constitution est d'autant plus digne de confiance que les attentes à son égard sont légitimes.

L'effectivité accrue de la constitution a bien été mise en exergue par Louis Favoreu, « les choses ont complètement changé

---

[20] Rémond (René), « Les Français et leur constitution », *in Le nouveau constitutionnalisme : mélanges en l'honneur de Gérard Conac*, Economica, 2001, p. 23-30, p. 29. Voir aussi Lavroff (Dimitri), « A propos de la Constitution », *in L'esprit des institutions, l'équilibre des pouvoirs : mélanges en l'honneur de Pierre Pactet*, Dalloz, 2003.

[21] « La cause en est surtout la foi profonde qu'avaient ces hommes dans la puissance de la vérité. Ces dogmes politiques leur paraissaient si certains que pour eux il suffisait de les proclamer et de les inscrire en tête des Constitutions nouvelles pour en assurer le respect efficace et éternel », Esmein (Adhémar), *Eléments de droit constitutionnel français et comparé*, Ed. Panthéon-Assas, 2001, p. 555. Ainsi, le vœu initial de Sieyès est enfin réalisé : « une constitution est un corps de règles obligatoires, ou ce n'est rien », Sieyès (Emmanuel-Joseph), « Opinion de Sieyès, sur les attributions et l'organisation du jury constitutionnaire proposé le 2 thermidor », *Essai sur les privilèges et autres textes*, Dalloz, 2007, p. 130.

aujourd'hui : la normativité de la Constitution ne cesse d'être affirmée de même que son applicabilité directe et l'ensemble des actes administratifs ainsi que ceux des juridictions administratives et judiciaires doivent respecter la constitutionnalité dont le contenu est identique quels que soient les actes contrôlés »[22]. A ce titre, le contrôle de constitutionnalité des lois par le Conseil constitutionnel est le mécanisme le plus représentatif de cette exigence pratique. Dans sa version initiale, en tant que « régulateur des pouvoirs publics » habilité par la Constitution, il est le surveillant du législateur. Mais c'est surtout l'approfondissement du contrôle de constitutionnalité qui a entériné la dévaluation symbolique du législateur et donné toute son envergure au « principe de constitutionnalité »[23], cette conception venant se substituer au principe de légalité. Plus encore que l'énième coup porté à la majesté passée de la loi, le développement du contrôle de constitutionnalité matérialise une exigence claire : rationaliser le respect de la constitution par la loi et, par-delà cette rationalisation, faire de la constitution un texte respecté et non plus seulement respectable. La confiance dans le droit constitutionnel positif doit être accréditée par des mécanismes concrets.

La question prioritaire de constitutionnalité occupe une place de choix dans le dispositif général de confiance dans la constitution car elle explicite le lien direct entre les sujets de droit et la constitution qui garantit leurs droits. Le sujet de droit peut avoir confiance dans la constitution elle-même, en tant que norme, car elle est à portée de main. Elle est cet outil dont les pouvoirs constitués n'ont plus le monopole : « la Constitution doit pouvoir appartenir à tous » affirme notamment Marie-Claire Ponthoreau[24]. C'est exactement ce

---

[22] Favoreu (Louis), « Légalité et constitutionnalité », *Cahiers du Conseil constitutionnel*, n° 3, 1997, p. 73-81, p. 79-80. Pour un exemple relativement récent de l'extensivité du respect des normes constitutionnelles au niveau administratif, voir CE Ass., 3 octobre 2008, *Commune d'Annecy* qui énonce : « que ces dernières dispositions, comme l'ensemble des droits et devoirs définis par la Charte de l'environnement, et à l'instar de toutes celles qui procèdent du préambule de la Constitution, ont valeur constitutionnelle ; qu'elles s'imposent aux pouvoirs publics et aux autorités administratives dans leurs domaines de compétence respectifs ».

[23] Favoreu (Louis), « Légalité et constitutionnalité », *Cahiers du Conseil constitutionnel*, *op. cit.*.

[24] Ponthoreau (Marie-Claire), « La Constitution comme structure identitaire », p. 31-42 *in* Chagnollaud (Dominique), Balladur (Edouard), *Les 50 ans de la Constitution*, LexisNexis, 2008, p. 34.

qu'envisageait le constitutionnalisme américain originel et dont le constitutionnalisme français a mis du temps à tirer les enseignements[25]. Jusqu'en 2008, le contrôle de constitutionnalité s'est développé pour devenir un « canon braqué sur le Parlement » de plus en plus sophistiqué, mais il demeurait surtout une preuve de méfiance constitutionnelle dans la loi en restant dans les mains des pouvoirs constitués. Depuis 2008, la confiance constitutionnelle ne s'exprime plus uniquement par la négative. Elle est pleinement assumée : le droit constitutionnel doit être appliqué par-dessus tout ; il se pare de neutralité, ressort essentiel de la confiance.

La constitution est devenue à certains titres une norme digne de confiance car sobre dans ses promesses et effective dans son application. Elle s'est départie de la foi et des promesses de la Loi révolutionnaire pour mieux être garantie en tant que réalité juridique. Pourtant, cette confiance – comme tout rapport fiduciaire – est soumis à fluctuation. Le potentiel déceptif de la constitution existe toujours même si ses promesses sont moindres. Il laisse par ailleurs entrevoir la présence fondamentale de la foi dans l'idéal normatif absolu qu'est le Droit.

II. La confiance dans la constitution, une exigence fragile

La confiance placée dans la constitution n'est pas acquise : elle est susceptible de connaître un sort similaire à la loi. En effet, la constitution est fondamentalement tributaire de l'action constituante (A) comme la loi l'a été de l'action législatrice. Et, bien que la constitution ne soit pas sacralisée au même titre que la loi révolutionnaire et tertio-républicaine, la sacralité continue à irriguer le phénomène juridique. Elle s'ancre à un niveau maximum de généralité : dans le Droit, ce que traduit bien le « mythe » de la supra-constitutionnalité (B). Dès lors, la confiance de la constitution risque de s'émousser tant par l'action du constituant que par une aspiration latente au Droit qui la dépasse.

[25] Ponthoreau (Marie-Claire), *Droit(s) constitutionnel(s) comparé(s)*, Economica, 2010, p. 262. Le constitutionnalisme américain voit dans sa Constitution une norme effective et pratique : « Une Constitution, en fait, est et doit être regardée par les juges comme la loi fondamentale », *Le Fédéraliste*, n° 78, Garnier, 2012, p. 564.

A) La confiance dans la constitution, tributaire de l'action constituante

La confiance dans la constitution n'est pas à l'abri de connaître un sort similaire à la loi. En effet, le rapport fiduciaire peut tout à fait s'inverser pour la constitution comme pour la loi puisque ce sont des normes qui cristallisent ou ont cristallisé des attentes. Le point nodal de l'équation constitutionnelle est, comme pour la loi, le rapport entre la norme et les institutions. Si le législateur de la Troisième République est tenu responsable de la dévaluation symbolique de la loi, il ne paraît pas inconséquent de penser que le constituant de la Cinquième République peut être tenu responsable de la dévaluation symbolique de la Constitution. Cette dernière n'est pas un objet pur, déconnecté de la pratique politique, elle est devenue un outil opérationnel comme l'avaient souhaité ses rédacteurs. Dès lors qu'elle est un outil, elle s'expose au danger de voir la confiance placée en elle émoussée par son utilisation.

Ce risque est illustré très tôt par l'usage éminemment controversé de l'article 11 de la Constitution par le général de Gaulle pour réviser le texte constitutionnel. L'ascendant du politique sur le juridique est d'autant plus patent que le Conseil constitutionnel n'a pas contrôlé la validation référendaire de cette révision constitutionnelle[26]. La légitimité d'une absence de contrôle de l'expression directe du souverain trouve certes des arguments importants, elle est plus problématique lorsque l'absence de contrôle concerne le pouvoir constituant exercé par le Congrès[27]. Elle montre surtout que les ressorts de la confiance dans la constitution, l'effectivité et la neutralité, ne sont pas des acquis. Le contournement de la jurisprudence constitutionnelle par le Congrès constituant en 1993 l'a prouvé encore plus explicitement[28]. La neutralité de la norme

---

[26] Décision n° 62-20 DC du 6 novembre 1962, *Loi relative à l'élection du Président de la République au suffrage universel direct.*

[27] Décision n° 2003-469 DC du 26 mars 2003, *Révision constitutionnelle relative à l'organisation décentralisée de la République.*

[28] A la décision n° 93-325 DC du 13 août 1993, *Loi relative à la maîtrise de l'immigration*, le Congrès répond par la loi constitutionnelle n° 93-1256 du 25 novembre 1993 relative aux accords internationaux en matière de droit d'asile. La jurisprudence du Conseil constitutionnel s'incline devant la volonté du pouvoir

s'estompe dès lors qu'elle est modifiée par les pouvoirs constitués par réaction politique[29]. Le constituant de 1993 encourt alors les griefs adressés sous la Troisième République au législateur. Si le Conseil constitutionnel a partiellement déplacé la volonté générale vers la Constitution en 1985[30], le constituant risque lui aussi de transformer cette volonté en « volonté d'une majorité contingente ». Les deux évènements constitutionnels de 1962 et de 1993 nous prouvent que les Français n'ont pas encore parfaitement « appris le respect du droit » pour reprendre l'expression de René Rémond[31]. Elles nous rappellent également que la neutralité absolue d'une norme est une utopie dès lors qu'elle situe à la lisière du politique et du juridique.

Outre la manipulation au sens littéral comme au sens propre, la constitution commence à être de plus en plus perçue par le constituant comme un outil de gouvernement courant. La multiplication des révisions constitutionnelles, symptôme d'une vraie « fièvre constitutionnelle »[32], met en péril la stabilité, qui est un des aspects primordiaux de la confiance dans la constitution. L'instabilité

---

constituant. « Cette réforme, qui s'était d'abord heurtée à une décision du Conseil, a pu finalement être réalisée après l'insertion d'une nouvelle disposition dans la Constitution (art. 53-1). Le gouvernement Jospin a procédé de la même manière pour introduire des discriminations positives en faveur des populations autochtones de la Nouvelle-Calédonie, en 1998, et en faveur des femmes, en 1999. Le Conseil constitutionnel n'a d'ailleurs jamais contesté la légitimité des modifications apportées à la Constitution en vue de surmonter un obstacle dressé par sa jurisprudence ». Hamon (Francis), Troper (Michel), *Droit constitutionnel*, LGDJ, 2018, 39e édition, p. 855-856.

[29] « Cette tourmente en grande partie inattendue mit en cause de façon particulièrement brutale le rôle du Conseil dans nos institutions débouchant pour la première et encore aujourd'hui la dernière fois sur une révision constitutionnelle destinée à contrecarrer des effets d'une décision », Schrameck (Olivier), « La décision du 13 août 1993 : impressions et leçons d'un tonnerre estival », *Cahiers du Conseil constitutionnel*, n° 25.

[30] « La loi votée, qui n'exprime la volonté générale que dans le respect de la Constitution », décision n° 85-197 DC du 23 août 1985, *Loi sur l'évolution de la Nouvelle-Calédonie*.

[31] Rémond (René), « Les Français et leur constitution », *op. cit.*, p. 29.

[32] Lavroff (Dimitri), « La crise de la constitution française », *En hommage à Francis Delpérée : itinéraires d'un constitutionnaliste*, Bruylant LGDJ, 2007, p. 757. « Le révisionnisme frénétique aboutit à une révision totale de la Constitution. La pratique excessive du révisionnisme constitutionnel est dangereuse pour le constitutionnalisme », *Ibid.*, p. 760.

matérielle de la constitution risque de remplacer l'instabilité formelle qu'elle a connue au XIXe siècle : « la France est passée de l'instabilité constitutionnelle à l'instabilité de la Constitution »[33]. A partir du moment où l'idée de rigidité constitutionnelle devient rhétorique, et la révision constitutionnelle un outil de communication politique à la disposition du pouvoir constituant, la confiance risque de s'étioler.

Malgré la relégation de la sacralité légale et constitutionnelle aux temps ancien du constitutionnalisme et l'exhortation pragmatique du respect du droit qui a été posé, il semblerait que la confiance constitutionnelle soit guettée par une aspiration juridique plus absolue.

B) La confiance dans la constitution à l'épreuve permanente du « mythe » de la « supra-constitutionnalité »

La constitution bénéficie certes d'une confiance, mais les signes d'une perte de confiance affleurent, sans qu'il s'agisse pour le moment d'une véritable méfiance. *A contrario*, la confiance dans la constitution paraît insuffisante à certains égards, comme en témoigne l'idée de la « supra-constitutionnalité ». La « supra-constitutionnalité » est utilisée pour désigner un ensemble de normes dont la valeur juridique serait supérieure à celles d'autres normes constitutionnelles, situées à ce titre au-delà de la compétence du pouvoir constituant dérivé voire originaire et potentiellement sanctionné par un juge. L'expression « supra-constitutionnalité » nous apparaît impropre lorsqu'elle sert à désigner des normes constitutionnelles qui seraient inaccessibles au pouvoir de révision. Dans ce cas, elle est surtout utilisée comme argument rhétorique par les pourfendeurs de l'idée de normes constitutionnelles fermées à la révision[34]. D'ailleurs, les auteurs favorables à cette hypothèse se défendent de l'invocation de la « supra-constitutionnalité », préférant logiquement parler de limites à la révision constitutionnelle[35]. La

---

[33] Lavroff (Dimitri), « La crise de la constitution française », *op. cit.*, p. 761.

[34] « En faisant peser sur les défenseurs de cette idée l'accusation de jusnaturalisme, ses opposants ont, semble-t-il, contribué à la discréditer », Jeanneney (Julien), *Les lacunes constitutionnelles*, Dalloz, 2007, p. 232.

[35] Entre autres, « cette limitation n'est donc pas transcendante à l'ordre constitutionnel (supra-constitutionnalité) mais elle lui est immanente », Jouanjan

« supra-constitutionnalité » peut en revanche être employée à juste titre pour viser des normes de droit positif non-constitutionnelles : « il n'y a pas, à nos yeux d'objections véritable à ce que certaines règles de droit international soient supérieures à la Constitution nationale »[36]. Elle peut également être employée pertinemment pour des normes non-positives : « on ne contestera pas la possibilité de qualifier de supraconstitutionnelles des règles non juridiques de caractère éthique ou politique »[37].

Au-delà de ces deux types de manifestations concrètes, nous aimerions prendre au sérieux la « supra-constitutionnalité » en tant que « mythe »[38]. L'allusion récurrente à la « supra-constitutionnalité » entretient un mythe fortement ancré : l'existence d'un Droit au-delà du droit. Comme la *méta*-physique serait l'au-delà du monde physique, la « *supra*-constitutionnalité » serait l'au-delà de la constitution posée. Certaines théories de publicistes de la Troisième République contenaient d'ailleurs en germe une objection à l'Etat légal mais aussi indirectement à l'Etat constitutionnel. Face à la juridicité incertaine de la Déclaration des droits de l'homme et du citoyen de 1789, Duguit affirmait par exemple sa supériorité par rapport aux lois et à la constitution positive : « la Déclaration des droits de 1789 a encore force de loi supérieure aux lois ordinaires et même aux lois constitutionnelles »[39]. La catégorie prétorienne des « règles ou principes inhérents à l'identité constitutionnelle de la France » est une illustration récente de cet au-delà puisqu'il s'agit en réalité de « règles

---

(Olivier), « La forme républicaine du gouvernement, norme supraconstitutionnelle ? », *in* Mathieu (Bertrand), Verpeaux (Michel), *La République en droit français*, Economica, 1996, p. 269. Voir aussi Beaud (Olivier), « Pour/contre un tel contrôle en France. Un plaidoyer modéré en faveur d'un tel contrôle », *Cahiers du Conseil Constitutionnel*, 2010, n° 27.

[36] Vedel (Georges), « Souveraineté et supraconstitutionnalité », *Pouvoirs*, 1993, n° 67, p. 80. Voir l'opinion convergente sur ce point Favoreu (Louis), « Souveraineté et supraconstitutionnalité », *Pouvoirs*, 1993, n° 67, p. 76.

[37] Vedel (Georges), « Souveraineté et supraconstitutionnalité », *Pouvoirs*, 1993, n° 67, p. 81.

[38] Mathieu (Bertrand), « La supra-constitutionnalité existe-t-elle ? Réflexions sur un mythe et quelques réalités », *Petites affiches*, 8 mars 1995, n° 29. Camby (Jean-Pierre), « Supraconstitutionnalité : la fin d'un mythe », *RDP*, 2003.

[39] Duguit (Léon), *Traité de droit constitutionnel, Tome II*, Editions de Boccard, 1928, p. 230.

ou principes inhérents à *l'identité supra-constitutionnelle* de la France »[40].

Ainsi, la « supra-constitutionnalité » peut être comprise comme le signe d'une aspiration fondamentale au Droit, c'est-à-dire une réserve transcendante de règles juridiques. Le curseur se serait alors déplacé de la loi à la constitution et de la constitution à cet au-delà juridique. La « supra-constitutionnalité » éclaire en fait un mythe plus général et finalement intemporel qui a récemment été formalisé par l'Etat de droit[41]. En effet, l'Etat de droit s'appuie conjointement sur la confiance dans le respect du droit posé et sur la foi dans un principe sous-jacent et matriciel : le Droit.

***

La confiance dans la constitution semble devoir consister en une attente légitime dans le respect du droit constitutionnel posé. Le constituant, par son activité, a une responsabilité particulière dans son entretien. D'un autre côté, la confiance pragmatique dans le droit positif ne paraît pas être totalement satisfaisante. La « supra-constitutionnalité » traduit sous une forme contemporaine l'aspiration profonde au Droit. La foi latente dans le Droit s'expose assurément moins aux démentis que la constitution positive dans la mesure où celui-ci est purement idéal. Il représente à la fois le gisement critique et l'horizon perpétuel du droit positif. Dans ce registre, les juges semblent aujourd'hui être la clé de voûte en ce qu'ils s'imposent à la fois comme les gardiens principaux de la constitution posée et les dépositaires de la « supra-constitutionnalité », donc de son dépassement.

---

40 Dubout (Edouard), « "Les règles ou principes inhérents à l'identité constitutionnelle de la France" : une supra-constitutionnalité ? », *RFDC*, 2010/3, n° 83, p. 451-482, p. 482.

41 Le Professeur Jacques Chevallier par exemple a maintes fois souligné le « culte du droit » (*L'Etat de droit*, LGDJ, 2017, 6e édition, p. 58).

« Confiance et déontologie »

Christian Vigouroux,
Président adjoint de la Section sociale du Conseil d'Etat

Dans une société organisée démocratique, le service public a besoin d'une quintuple confiance. Deux au niveau général du service : d'une part, la confiance des usagers dans les institutions et les fonctionnaires, conditions *sine qua non* du service public ; d'autre part, la confiance des institutions dans le fonctionnaire : la réforme prévue a-t-elle des chances d'être loyalement mise en œuvre ? Telle réforme des programmes scolaires sera-t-elle appliquée par les professeurs ? Les consignes de maintien de l'ordre seront-elles suivies par les forces publiques ? Trois autres au niveau particulier de chaque agent public : d'abord, du supérieur envers le subordonné, ensuite, du subordonné envers le supérieur, enfin, entre collègues : c'est ce que souligne bien la charte de déontologie de la DGSE : « la loyauté fonde la confiance réciproque et soutient le courage nécessaire à la réalisation de nos missions ». Ce point capital de l'esprit d'équipe vaut pour toutes les administrations. Sans ce quintuple lien, la lumière s'éteint parce que le courant est coupé. Pour cette raison, souvenons-nous de l'expression « courant de confiance ».

Les lois récentes célèbrent, avec l'énergie du désespoir, la confiance mais exposent crument toutes les dérives qui l'érodent et la réduisent : le mot « confiance » devient un *mantra* du législateur : loi n° 2005-842 du 26 juillet 2005 pour la confiance et la modernisation de l'économie ; loi n°2004-575 du 21 juin 2004 pour la confiance dans l'économie numérique ; lois n° 2017-1339 et 1338 du 15 septembre 2017 pour la confiance dans la vie politique ; son premier titre est plus sévère : « dispositions relatives à la peine d'inéligibilité en cas de crimes ou de manquement à la probité » ; loi n° 2018-727 du 10 août 2018 pour un Etat au service d'une société de confiance : son titre 1er, « une relation de confiance : vers une administration de conseil et de service », introduit dans le Code des relations entre le public et l'administration (CRPA) la définition de la « mauvaise foi »[1], ce qui doit répondre à un besoin de notre société...où la confiance et l'autorité vont de pair.

Dans *L'étrange défaite*[2], Marc Bloch s'élève contre la mise au pas des soldats et dresse l'éloge de la vraie autorité : « pratiquement, la mise au pas se confond presque toujours avec le respect imposé de formes extérieures, dont la valeur n'est pas niable, quand elles servent d'expression à une discipline plus profonde, mais qui ne sauraient être exigées avec profit si, en même temps, un courant de confiance n'a su être créé, assez fort pour que ,chez presque tous, l'observance de ces gestes de déférence n'en naisse spontanément ».

La nécessaire confiance du public est célébrée partout. En Allemagne, « *Vertrauen* », le ministre de l'Intérieur et de la Fonction publique nous rappelle que l'agent public doit se comporter de manière à susciter la confiance : « *sich sowohl innerhalb als auch außerhalb des Dienstes so verhalten, dass sie der Achtung und dem Vertrauen gerecht werden, das ihr Beruf erfordert. Dem nach haben sie alles zu unterlassen, was dem Ansehen des Staat es, der Dienstbehörde oder dem Berufsbeamtentum schaden könnte* ». Au Royaume Uni, « *Trust et confidence* ». La *Trust in civil servants* est régulièrement mesurée par le *Cabinet Secretary and head of the civil service.* Et dans la récente décision de la Cour européenne des droits de l'homme *Catalan c/ Roumanie*[3] le montre : un fonctionnaire qui méconnaît son obligation de réserve « porte atteinte à son autorité et à la confiance que le public pouvait avoir en lui ». C'est reprendre ce qui était bien exprimé dans l'affaire *Morice c/France*[4] : les tribunaux « se doivent d'inspirer confiance non seulement au justiciable mais aussi à l'opinion publique ». Le code de valeurs et d'éthique de la fonction publique du Canada se présente ainsi : « le code servira à conserver et à accroître la confiance du public ». Le code de déontologie police nationale-gendarmerie, de 2014, précise à l'article

---

[1] Article L 123-2 du CRPA.
[2] Gallimard, coll. « Folio Histoire », 1990.
[3] CEDH, 9 janvier 2018, n° 13003/04.
[4] CEDH, 23 avril 2015, n° 29369/10.

R.434-14 du Code de sécurité intérieure (CSI) : « il veille à se comporter en toute circonstance d'une manière exemplaire, propre à inspirer en retour respect et considération ».

Mais la confiance du supérieur dans le subordonné est, elle aussi, bien connue. Dans le célèbre *Civil service code* du Royaume Uni, tout est dit sur le fonctionnaire, qui doit gagner et conserver la confiance du ministre : « *civil servants should conduct themselves in such a way as to deserve and retain the confidence of ministers and to be able to establish the same relationship with those whom they may be required to serve in some future administration*", et toujours veiller à ce qu'un futur ministre soit en mesure de lui accorder sa confiance. Bonne définition opérationnelle de l'impartialité. De même, le juge doit pouvoir avoir une confiance totale dans son officier de police judiciaire (OPJ) car l'exercice « des attributions liées à la qualité d'OPJ implique une relation spéciale de confiance et de loyauté vis-à-vis de l'autorité judiciaire »[5].

La complémentarité entre confiance et déontologie est donc un thème commun aux pays démocratiques.

Confiance et déontologie. S'il n'y avait que deux messages à émettre en direction de futurs commis du service public, il suffirait de formuler deux souhaits :

D'une part, ayez confiance en vous : cela évitera les tergiversations et le précautionnisme, comme cette caricature américaine sur une réunion de responsables en fin d'année, le chef brandit un projet de carte de vœux et commente la mention gravée sur la carte : « Bonne année… Il ne reste plus qu'à la soumettre au service juridique ». Le Conseil d'Etat vient de livrer en avril dernier au gouvernement une étude sur « la prise en compte du risque dans la décision publique : pour une action publique plus audacieuse ». Dans sa lettre de mission du 6 décembre 2017, le gouvernement expliquait qu'il refusait de voir la décision publique inhibée par la peur du manquement qui remplacerait « la prévention et la confiance ».

D'autre part, sachez faire confiance : celle-ci est un puissant levier de mobilisation et donc de productivité responsable. Elle favorisera la délégation, la lettre de mission avec objectifs, l'évaluation et le

[5] C. Cass., crim, 8 janvier 2019, n° 18-82353.

compte rendu. Nous connaissons tous des agents en déshérence, ressuscités par la confiance accordée.

Comme toujours, les romans de la vie mesurent le phénomène et tissent l'aventure de la confiance, avec sa lumière et ses ombres. Le roman policier de Caryl Ferey *Zulu*[6] montre qu'une administration ne peut se passer de confiance : un service public fonctionne à la confiance : le policier face à son chef : « j'ai besoin de votre confiance, c'est tout ». A l'exact opposé, toujours dans *Zulu,* une femme lance au policier : « si je n'ai pas collaboré avec la police, c'est que je n'ai aucune confiance en elle. Aucune. Cela n'a rien de personnel, vous l'avez sans doute déjà noté, à moins que vous soyez aussi aveugle que buté ». Et aussi, la bande dessinée *Renseignements Généraux*[7], où le chef attribue une mission spéciale au policier et lui explique : « Si tu merdes, tu ramasses, si tu réussis, c'est moi qui ramasse ». La confiance est alors instrumentalisée dégradée, et utilisée comme moyen de pression.

Caryl Ferey, comme Dragon et Peeters, doutent de l'exigence de tout service public. En effet, la confiance se perd plus vite qu'elle ne s'acquiert. En témoigne le cas d'un enseignant, qui a commis une agression sexuelle sur deux mineurs âgés de 14 ans et qui est légalement mis à la retraite : le Conseil d'Etat estime la sanction légale « au égard à l'exigence d'exemplarité et d'irréprochabilité qui incombe aux enseignants dans leurs relations avec des mineurs, y compris en dehors du service, et compte tenu de l'atteinte portée, du fait de la nature des fautes commises par l'intéressé, à la réputation du service public de l'éducation nationale ainsi qu'au lien de confiance qui doit unir les enfants et leurs parents aux enseignants du service »[8].

Cheminons avec le roman de Alessandro Mari *Les folles espérances*[9], sorte de *road movie* dans l'Italie du 19ème siècle, où les questions de confiance sont multiples :

---

6 Gallimard, 2008.

7 Dragon et Peters, Gallimard, 2007.

8 CE, 18 juillet 2018, *Ministre de l'Eduction nationale c. M. T.*, n° 401527.

9 Le Livre de Poche, 2017.

- Peut-on faire confiance ? « X est une personne fiable. Mais pas trop, comme tout le monde du reste. Il y a toujours quelqu'un de prêt à payer plus. Fais attention ». Dans le secteur public, comme ailleurs, la confiance, donnée ou reçue, peut plier devant l'avantage personnel. Il convient de ne pas se laisser surprendre.

- Peut-on avoir absolument confiance ? : « le voyage ne lui avait pas réservé d'imprévus. Le capitaine de la goélette était un Maltais de soixante ans, un vrai frère pour [le héros], un homme de confiance ». La confiance totale est une denrée rare, précieuse et utile. Elle qualifie les équipes qui durent et les reconstitutions de ligues dissoutes. Plus répandue est la confiance mesurée, vérifiable, contrôlable, testée, fondée sur l'échange, parfois friable, la confiance sous bénéfice d'inventaires et sous condition de vigilance. La confiance absolue est toujours un pari. C'est ce qu'exprime bien ce mémorialiste de la IVème République sur le choix des collaborateurs de ministre : « notez à tout hasard les deux conditions que doit remplir le [petit] candidat modèle : 1° impossibilité de vous nuire ; 2° possibilité de vous être utile. Si la seconde condition est accessoire, la première, par contre, est primordiale ». Mieux vaut se souvenir de ce précepte pour choisir ses collaborateurs.

- Peut-on inspirer confiance ?« pour dire la vérité, puisqu'elle n'aimait pas mentir, il lui avait tout de suite inspiré confiance, comme si, en sa présence, on pouvait désarmer sans crainte », il peut exister, c'est rare, comme un coup de foudre, un coup de confiance. Qui peut durer.

- Peut-on trahir la confiance : l'espionne envoyée en Italie est tancée par ses officiers traitants : elle ne doit pas passer de l'autre côté : « tu as une mission. Faire en sorte que les italiens te fassent confiance. Tu peux les baiser si ça te chante. Tu sais te faire apprécier. Mais tu n'es pas ici pour devenir une des leurs. Tu n'es pas une des leurs. Tu es à nous ». Car la trahison de la confiance est l'ordinaire du disciplinaire :

Il faut lire la décision du Conseil d'Etat du 13 décembre 2017[10], dans laquelle la fonctionnaire, conseillère financière de La Poste, désignée comme « personne de confiance »[11] au sens du Code de la

---

[10] CE, 13 décembre 2017, *Société La Poste*, n° 400629.

[11] Sur ce sujet, voir la contribution de Jean-Baptiste Guyonnet, qui figure dans le présent ouvrage.

santé publique par une personne âgée, l'a pillée : « qu'il ressort des pièces du dossier que Mme X a contrefait la signature de sa cliente, une personne âgée résidant dans un établissement public d'hébergement pour personnes âgées dépendantes, afin d'effectuer en son nom deux demandes de rachat de contrats d'assurance-vie et une demande d'adhésion à un nouveau contrat d'assurance-vie ; qu'elle a fait porter comme bénéficiaires de ce nouveau contrat son fils et sa nièce ; qu'elle a par ailleurs fait bénéficier son fils d'un prêt, de cadeaux et de libéralités de la part de sa cliente ». Ou la fonctionnaire territoriale qui « exerce une activité accessoire sur la base d'une autorisation de cumul où elle avait imité la signature » du président du syndicat mixte[12]. Toute tricherie, et même toute improbité, est une atteinte à la confiance.

- Mais peut-on (et doit-on), en certaines circonstances, déontologiquement trahir la confiance ? Pour dénoncer un crime ? Aux fins de respecter la loi ? Pour soigner utilement ? Au mieux de la santé du trahi ? Pour recueillir un renseignement utile à son pays ? Aux fins de remplir une mission légale de recueil d'information indispensable à la nation ? Malgré la confiance à peine accordée, quitter un poste à peine nommé ? Au nom de l'intérêt du service et du jeu normal des ambitions ? Ces hypothèses de « trahison vertueuse », supposent de répondre préalablement et positivement à trois questions. Trahir la confiance en l'espèce :

1° Est ce prévu par la loi comme telle obligation de signalement ou d'alerte ?

2° Est ce dans l'intérêt général en dehors de tout intérêt personnel ou de vengeance ?

3° Les conséquences de la rupture de confiance seront-elles meilleures que le respect de la confiance ?

La confiance fonde la déontologie des fonctions publiques comme le montrent les questions vitales que se pose le fonctionnaire.

Posez-vous la question comme fonctionnaire de responsabilité : dans n'importe quelle situation délicate (réunion agitée, manifestation, mouvement d'opposition, usagers en colère), qui envoyez-vous au feu ? Qui pourra défendre avec le plus de succès la position de l'administration et faire preuve de suffisante d'écoute, d'empathie et

---

[12] CE, 28 décembre 2016, *Mme X.*, n° 395724.

de détermination : pas nécessairement le plus gradé mais celui ou celle en qui… vous avez confiance. La confiance est à la fois plus et moins que la hiérarchie. La confiance est plus que la relation hiérarchique[13]. Par exemple, à propos des cabinets de collectivités territoriales : « relation de confiance personnelle d'une nature différente de celle résultant de la subordination hiérarchique du fonctionnaire à l'égard de son supérieur »[14]. La confiance est moins que la hiérarchie : faire confiance ne justifie pas de méconnaître les voies hiérarchiques et encore moins les définitions de compétences.

Posez-vous la question comme usager : à quel fonctionnaire puis-je faire vraiment confiance, y compris en cas de péril ? Dans son récent livre[15], Michel Moreigne cite un cousin de Marc Bloch réfugié dans ce département, qui fixe l'échelle de confiance dans les gendarmes depuis le « douteux » jusqu'à « l'engagé » : « nous avions commencé à répertorier un peu les gendarmes, et le gendarme P., qui a établi pour la préfecture la liste des juifs qui s'étaient ainsi faits enregistrer [en application de la loi du 11 décembre 1942], était dans les douteux. Par contre, le gendarme Ernest Berger était beaucoup plus engagé ; il prévenait, il a fait ce qu'il pouvait pour atténuer les mesures. Mon père a noué des relations avec des gendarmes de Bonnat ou Genouaillac qui ont organisé une cache pour ma famille à Chatelus-Malvaleix. Ils avaient trouvé une ferme d'accueil. Quand une menace se précisait, des gendarmes venaient avertir ». La même personne avait vécu sa révocation en tant que juif : « quand mon père avait été révoqué, le proviseur de Lakanal a été d'une neutralité totale et il s'est manifesté une seule fois pendant l'occupation pour envoyer ses vœux sur un petit carton au moment de Noël, en 1942 ou 43, avec ses souhaits « *pour un hiver point trop rigoureux* », c'est tout. On en avait ri. Est-ce qu'il parlait vraiment de l'hiver ou de la dureté des temps ? Cela nous avait interpelés. Etait-ce un résistant platonique ou un climatologue ? ». Il est parfois nécessaire que l'usager ne fasse pas totale confiance aux fonctionnaires « climatologues »…

---

[13] Sur ce point, voir la contribution de Valentin Vince, qui figure dans le présent ouvrage.

[14] CE, 26 janvier 2011, *Assemblée de Polynésie française*, n° 329237.

[15] *La mention rouge. Les juifs dans la Creuse sous Vichy et l'occupation 1940*-1944, Ed. Points d'Encrage, 2018.

Mais l'employeur, lui aussi, peut perdre confiance. Le service public s'étiole alors lentement. Pour les hauts postes territoriaux la « perte de confiance » est un motif de décharge des fonctions[16] et même de licenciement[17] : « eu égard aux responsabilités exercées par le secrétaire général d'une chambre des métiers et aux relations de confiance qu'il doit nécessairement entretenir avec les élus de la chambre et leur président, afin que le bon fonctionnement de l'établissement public puisse être assuré, le motif de licenciement pour perte de confiance constitue, sous le contrôle du juge, un "motif valable" au sens des stipulations de l'article 24 de la charte sociale européenne ». Mais en réalité, la perte de confiance va au-delà de ces postes d'autorité : il en est ainsi par exemple d'un policier municipal à qui l'agrément est retiré[18]. Il en ainsi également d'un professeur des écoles, qui crée des incidents à répétition[19] : « considérant que la décision attaquée, qui fait état d'incidents précis, mentionne les risques pour le bon fonctionnement de l'établissement ainsi que la rupture de la relation de confiance avec la communauté scolaire ; qu'elle est ainsi suffisamment motivée au regard des dispositions de la loi du 11 juillet 1979 relative à la motivation des actes administratifs ». La rupture avec le supérieur s'accompagne de rupture avec les usagers du fait de violences : un agent d'école maternelle qui violente les enfants (gifles, oreilles tirées, bousculades) compromet cette confiance[20]. Chaque fonctionnaire est chargé d'éviter cette rupture. Encore faut-il que l'administration ne détourne pas ce concept de « perte de confiance » pour commettre une injustice ou un détournement de pouvoir contre le droit des fonctionnaires. Ainsi la Cour européenne des droits de l'homme[21] condamne, pour violation de l'article 10 de la Convention, la Turquie qui avait révoqué un professeur syndicaliste pour « atteinte à la confiance et à la considération dont le fonctionnaire de l'Etat devrait bénéficier » sur le motif invoqué de l'article 125 de la loi turque du 14 juillet 1965 sur

---

[16] CE, 21 mars 2012, *Mme G.*, n° 341347.

[17] CE, 10 février 2014, *M. F.*, n° 358992.

[18] CE, 9 février 2005, *Commune de Cagny*, n° 257240.

[19] CE, 30 janvier 2015, *Agence pour l'enseignement français à l'étranger*, n° 374772.

[20] CAA de Lyon, 5 février 2019, n° 17LY04313.

[21] CEDH, 15 janvier 2019, n° 47871/09.

les fonctionnaires de l'Etat : le professeur avait soutenu publiquement son syndicat, qui militait en faveur de la mise en place d'un cours de langue kurde ; il en avait le droit. Même objection à l'encontre de la perte de confiance d'un député européen pour son assistant, estimée non plausible par le juge européen : l'assistant du député avait omis de déclarer des activités extérieures juridiques. Mais ceci ne suffisait pas à justifier la perte de confiance invoquée[22].

La confiance en la déontologie se perçoit et presque se définit par ses contraires. On peut en donner quatre exemples. La déloyauté : ses manifestations (y compris non verbales : les yeux au ciel, le silence de distanciation, l'insistance pour signaler qu'on ne présente tel argument que sur ordre) sont diverses avec, au premier rang, la déloyauté par abstention quand, par exemple, le second laisse le premier se noyer sans jeter de bouée… La désobéissance : sous réserve naturellement de la théorie de l'ordre illégal et troublant le service public. La dissimulation : d'informations, d'intérêts, de relations financières. L'autocélébration : quand par exemple, l'agent signe les lettres positives en laissant à son supérieur la signature des lettres de refus, ou comment se faire des amis. La confiance en la déontologie porte par ailleurs ses propres révélateurs et ses propres conditions. Là-encore, on peut en prendre plusieurs illustrations. L'exemplarité : rappelée à plusieurs reprises dans les guides déontologiques du corps préfectoral. Sinon nous revenons au roman : la préfète qui détournait les meubles de la préfecture était qualifiée par la presse de « la Thénardiere de la préfectorale ». La fidélité : mieux que des lettres de recommandation, le fait qu'un patron emmène avec lui tel ou tel au gré de ses propres mutations. La franchise : pas de « *yes men* », le subordonné doit avoir le courage de l'objection argumentée avant d'obéir si le supérieur réitère son ordre légal. La solidité : l'ennemi du fonctionnaire de responsabilité est le désarroi (très bien évoqué par Marc Bloch dans *L'étrange défaite*[23]). La capacité à rendre compte : il s'agit d'un art pour ne rendre compte ni trop, ni trop peu. Le sens de la responsabilité : assumer des instructions même tacites (ne pas obliger

[22] TFPUE, 7 mars 2019, n° T-59/17.

[23] « Les premiers symptômes du mal étaient des signes encore tout extérieurs : yeux hagards barbes mal rasées, nervosité qui, d'une agitation fébrile, pour de petites choses, passait brusquement aux feintes d'une impossible sérénité ».

le subordonné à laisser des traces par courriel ou par mention de communication téléphonique).

***

Dans son discours au Bundestag le 27 janvier 2004[24], Simone Veil célébrant l'Europe affirmait « parce que la démocratie repose sur la confiance dans le peuple, sur la confiance dans les individus citoyens décidant ensemble de leur avenir commun, cette confiance doit être protégée par des valeurs propres à éclairer cette prise de décision ». Il n'est jamais inutile de promouvoir la confiance par les valeurs déontologiques des agents publics. Il faut se souvenir que, comme la loyauté, la confiance est un terme ignoré des lois déontologiques mais surutilisée dans les évaluations de fonctionnaires. L'agent public doit susciter la confiance de l'opinion publique et, plus difficile encore, la conserver. Il n'oublie jamais que l'usager ne le choisit pas mais est contraint de passer par lui. Et que son supérieur ne l'a pas toujours choisi et peut ne pas passer par lui. Ainsi, il n'existe pas de déontologie sans confiance. Les deux sont nécessaires pour que vive ou survive le service public et, au-delà, le fonctionnement régulier des pouvoirs publics.

---

[24] https://www.bundestag.de/parlament/geschichte/gastredner/veil/rede_veil-245118.

« La compliance et la confiance : une relation à consolider »

Morgane Ferrari,
Docteur en droit public

La notion de compliance[1], à l'origine de nature transversale, tente de consolider son assise dans le domaine juridique, principalement par le biais de l'entreprise et du commerce. Il s'agit d'un dérivé du droit de la régulation[2]. Elle permet de qualifier l'ensemble des procédés mis en œuvre par une entreprise dans le but de mesurer son impact dans des domaines sensibles tels que la corruption internationale, le respect de l'environnement ou les inégalités sociales. Le droit public, quant à lui, appréhende la compliance sous l'angle de la régulation et prend acte du constat du retrait des pouvoirs publics de la sphère économique. La compliance est l'un des volets de la stratégie étatique de renforcement des pouvoirs publics dans le secteur privé. La compliance a pour conséquence de mettre en échec l'unilatéralisme de l'Etat au profit du débat contradictoire avec les principaux opérateurs privés. En effet, à travers la compliance, les autorités de régulation tentent de responsabiliser les entreprises. Ces dernières sont ainsi tenues de prendre elles-mêmes les mesures consistant à trouver un terrain de conciliation entre l'activité économique des opérateurs, les différents droits « humains » et la notion centrale d'intérêt général. La compliance est pensée comme un instrument de régulation s'inscrivant

---

[1] Sur la notion de compliance, voir : Frison-Roche (Marie-Anne), « Le Droit de la compliance au-delà du Droit de la Régulation », *Recueil Dalloz*, juillet 2018, chronique, p. 1561-1563 ; Frison-Roche (Marie-Anne) « Compliance et personnalité », *Recueil Dalloz*, n° 11/7812, avril 2019, p. 604-606 ; Donnedieu de Vabres (Loraine), « Pas de compliance sans confiance » in *Régulation, Supervision, Compliance*, Dalloz, 2017, p.107-112 ; Sauvé (Jean-Marc), « Compliance, droit public et juge administratif » in *Régulation, Supervision, Compliance*, Dalloz 2017, p.47-64.

[2] Frison-Roche (Marie-Anne), « Du droit de la régulation au droit de la compliance », *Régulation, Supervision, Compliance*, Dalloz 2017, p. 1-16.

dans une perspective globale en vue d'amorcer un véritable mouvement de responsabilisation à l'échelle mondiale. A ce titre, cette notion semble reposer sur l'idée de confiance mutuelle. Mais encore faut-il préciser ce qu'on entend par la notion de confiance et la confronter à celle de compliance.

La confiance est définie comme « la croyance en la bonne foi, loyauté, sincérité et fidélité d'autrui ou en ses capacités, compétence et qualification professionnelles »[3]. Si la notion de confiance est dépourvue de résonnance juridique, contrairement à la notion de loyauté[4], et relève en grande partie du spontané, la notion difficilement appréhendable de compliance tente, quant à elle, de s'inscrire dans un corpus juridique solide[5] à valeur contraignante afin de constituer une branche du droit à part entière. En outre, la compliance renvoie à la notion plus restrictive de conformité, qui par essence est dénuée de toute spontanéité. En outre, une relation de confiance se renforce en favorisant le « sur-mesure ». La compliance, afin d'être pleinement effective, doit de se traduire par la mise en place d'un programme de conformité adapté à chaque entreprise en tenant compte de sa taille, sa part de marché, sa cartographie des risques, sa culture et sa gouvernance propre, le niveau de concurrence et les différentes incitations à laquelle elle peut être soumises. Un autre point de convergence se situe dans le fait qu'il s'agit d'un processus qui s'inscrit dans la durée. Ces notions de confiance et de compliance sont au cœur d'un même processus d'intérêt pour l'avenir, celui du glissement d'une forme de souveraineté « à la française » des autorités publiques au secteur privé. Cette délégation doit s'appuyer

---

[3] Définition donnée par Cornu (Gérard), *Dictionnaire des termes juridiques*, PUF, 7ème édition, août 2005, p. 202.

[4] La loyauté désigne « plus spécialement soit la sincérité contractuelle dans la formation du contrat, soit la bonne foi contractuelle dans l'exécution du contrat soit, dans le débat judiciaire, le bon comportement qui consiste, pour chaque adversaire, à mettre l'autre à même d'organiser sa défense, en lui communiquant en temps utile ses moyens de défense et de preuve ».

[5] Conformément à ce que précise Luc-Marie Augagneur, « les dispositifs de compliance ne permettent pas de dégager de valeur juridique uniforme. Au contraire, l'originalité de leur production normative se traduit par des degrés variables d'impérativité qui dépendent de différents facteurs » (« La compliance a-t-elle une valeur ? », *La semaine juridique entreprise et affaires*, n° 40, 5 octobre 2017, p. 1522).

sur une confiance mutuelle mais également sur l'idée « d'échange de bons procédés »[6]. Toute la question réside dans le fait de savoir si la compliance est devenue un instrument de préservation par les grandes puissances économiques de leurs intérêts propres ou si elle contribue à faire émerger une notion d'intérêt général aussi bien au centre des préoccupations privées que publiques. Ainsi on peut se demander si la notion de compliance permet d'assurer une relation de confiance entre les différents acteurs[7] qu'ils soient privés ou publics.

Si la compliance est un atout incontournable pour l'entreprise, lui permettant de préserver sa réputation, son image, ses performances, sa compétitivité et, de ce fait, sa pérennité, la véritable révolution qu'elle opère se déduit du climat de confiance qu'elle contribue à instaurer entre les autorités publiques et le secteur privé (I). La notion de compliance reste néanmoins au centre des préoccupations supranationales qui contribuent à mettre en échec la notion de confiance en raison du nombre d'incertitudes liées à l'application du principe d'extraterritorialité (II).

I. La nécessaire consolidation d'un climat de confiance entre les autorités publiques et le secteur privé

La compliance, afin d'être pleinement respectée, doit s'appuyer nécessairement sur un véritable pacte de confiance entre les autorités

[6] Frison-Roche (Marie-Anne), « compliance et confiance », *Mélange en l'honneur de Jean-Jacques Daigre, Autour du droit bancaire et financier*, Lextenso, 2017, p. 279-290.

[7] La question pourrait également se poser de savoir si cette marge de manœuvre laissée aux opérateurs privés est la résultante d'une véritable marque de confiance des autorités publiques ou d'un simple aveu de faiblesse de l'Etat qui a désinvesti la sphère économique. Cette dernière option part du constat que la France a longtemps été décriée pour la faiblesse de ses dispositifs en matière de *compliance*, et plus précisément en ce qui concerne la lutte anti-corruption. En conséquence, la réglementation française visant à lutter contre la corruption et la délinquance financière s'est vu particulièrement renforcée par la mise en place de dispositifs contraignants. A ce titre, l'année 2018 a constitué un tournant majeur dans l'histoire contemporaine du droit de la conformité avec l'adaptation nécessaire d'un cadre législatif renforcé et la création d'autorités et d'institutions dédiées.

publiques et les opérateurs privés. La consolidation de ce pacte part d'un constat très concret : l'Etat ou les autorités indépendantes ne disposent plus d'un accès privilégié aux informations permettant la gestion du marché économique et à ce titre ne sont plus en mesure d'assurer le maintien de l'ordre public et économique (A). Ainsi, afin d'assurer l'effectivité de la compliance, il convient de prévoir des « encouragements » en partant de l'analyse que la confiance comme la compliance doivent nécessairement privilégier une relation s'inscrivant dans le temps (B).

A) Le constat d'un glissement de la règlementation à la régulation : quelle place pour la confiance ?

Les autorités publiques traditionnelles ont cédé leur place à un cortège d'autorités en charge de la régulation et d'agences, dans le secteur économique, sonnant le glas de la notion d'économie dirigée[8]. Ces autorités indépendantes se partagent plusieurs domaines aux titres desquels figurent la régulation et la garantie des droits fondamentaux, les deux terrains d'action favoris du droit de la compliance. Leurs missions, leurs pouvoirs et leurs structures diffèrent[9]. Ces autorités doivent compter avec l'apparition des agences, terme désignant des institutions qui ont pour but commun de concevoir et appliquer une politique publique, en disposant pour se faire d'une marge de manœuvre variable, annonçant les prémisses d'un nouveau type de gestion publique. Or une relation de confiance émerge à partir du moment où un but commun est défini et partagé par l'ensemble des acteurs de la compliance. Si les pouvoirs publics et l'ensemble des autorités régulatrices semblent partager des buts communs tels que la régulation de la mondialisation et la garantie des droits fondamentaux, la question peut se poser de savoir si les relations nouées entre les principales entreprises privées et ces autorités de régulation sont

---

[8] Sur cette question, voir l'intervention de Bernard Stirn, à l'occasion du colloque à la Cour de cassation, sur « La Compliance, la place du droit, la place du juge », 6 juillet 2017.

[9] Dans le domaine économique, pourront être cités l'Autorité des marchés financiers et l'Autorité de la concurrence qui ont une vocation générale. La CNIL occupe une place particulière en tant qu'elle est à mi-chemin entre économie dématérialisé et garantie des droits fondamentaux.

motivées par l'intérêt général. Ainsi, on pourrait se demander s'il ne serait pas plus exact de rendre compte d'une stratégie des pouvoirs publics consistant à capter l'information en se rapprochant des sociétés d'envergure d'un secteur donné disposant par leur position privilégiée d'un accès directe à l'information. Il s'agirait d'une simple délégation[10] de la gestion de l'information aux principales entreprises d'un secteur ou d'un marché donné par les autorités de régulation et aucunement d'un rapport fondé sur la confiance mutuelle entre acteurs publics et privés[11].

Dans ce contexte, la notion de « transparence »[12] prend le pas sur celle de « confiance ». La procédure pouvant apparaître comme plus transparente et l'autorité en charge de la régulation plus à même de traiter avec effectivité et objectivité les informations fournies, à condition toutefois d'une véritable « collaboration » des entreprises privées. Or, en introduisant un arsenal de « peines de conformité », il est permis de douter du fait que le législateur faisait d'instinct confiance aux acteurs privés de la compliance. Il semble davantage exprimer de la défiance. L'entreprise devra se structurer de telle sorte qu'elle sera en mesure d'assurer, par le bais de contrôles internes, de veille et de protection des lanceurs d'alerte, une gestion efficace de l'information au bénéfice des autorités de régulation et du juge. L'entreprise devra adopter un code de conduite et œuvrer en quelque sorte contre son intérêt immédiat.

Une autre question d'importance est de savoir s'il existe une réelle contrepartie pour les sociétés à la gestion et à la divulgation de l'information aux autorités chargées de la régulation. Cette hypothèse présuppose d'entendre la confiance comme scellant une forme de pacte entre les acteurs de la compliance. La confiance dans ce cas pourrait découler de la poursuite d'un objectif les dépassant, synthétisé par la notion d'intérêt général. Pour autant tout dépend si

[10] V. Oumedjkane (Antoine), *Compliance et droit public*, Mémoire de recherche, Master 2 droit public général, Université de Montpellier, 2018.

[11] Dans certains cas, l'autorité en charge de la régulation va ordonner la communication des informations.

[12] Sur la notion de transparence et son application à la sphère publique, voir l'intervention de Jean-Marc Sauvé lors de l'Assemblée générale de l'inspection générale de l'administration le 3 juillet 2017.

l'entreprise adopte une vision de son activité et de sa potentielle rentabilité à court, moyen ou long terme. A court terme[13], la compliance représente un coût certain à supporter par l'entreprise. Il s'agit d'une opération d'envergure dont la mise en œuvre n'a rien d'innée et suppose un certain « savoir-faire ». La mise en œuvre d'un programme de compliance suppose une adaptation aux singularités de l'entreprise, une extension à chaque pays dans lequel l'entreprise opère et pour l'ensemble des activités qu'elle exerce, la mise en place d'un dispositif lourd de suivi et une actualisation régulière. Elle implique également de se doter d'outils sophistiqués de plus en plus onéreux, tels que la mise en place d'un comité de réception permettant d'authentifier le caractère sérieux d'une alerte et de la traiter avec efficacité et rapidité[14]. Elle doit nécessairement s'inscrire dans la durée en diffusant une culture de la conformité au sein de l'entreprise et par effet vertueux à l'ensemble des acteurs du marché. A long terme, la compliance, créatrice de valeurs, permet d'instaurer des relations de confiance aussi bien à l'égard de l'ensemble des acteurs d'un secteur d'activité donné que pour d'éventuels investisseurs.

La compliance est appelée à devenir un outil concurrentiel dans la mesure où elle protège, voire renforce la réputation de l'entreprise, l'image de l'entreprise et sa notoriété constituant le principal de sa valeur « marchande ». Ce phénomène devrait avoir une résonnance accrue avec l'importance croissante de la responsabilité sociale et de l'éthique dans le développement des entreprises, sujets auxquels sont sensibilisés la grande majorité des investisseurs. Facteur de confiance pour les clients et les fournisseurs, la mise en conformité qu'impose le

[13] EDF, réponse à la consultation publique de l'Autorité de la concurrence sur les programmes de conformité (§ 16), du 14 décembre 2011, « la mise en place d'un programme de conformité aux règles de concurrence le plus efficace possible est une opération délicate, longue, coûteuse, permanente et volontariste, faisant figure en pratique, au sein d'une grande entreprise, d'un numéro de haute voltige ».

[14] A titre d'exemple, le comité en charge la réception des alertes émises par ce dispositif, devra transmettre au Comité de délibération les alertes entrant dans le périmètre, réorienter les émetteurs d'une alerte qui est hors périmètre et accuser réception de l'alerte. Il pourra ensuite informer sans délai l'auteur de la réception de son signalement, ainsi que du délai raisonnable et prévisible nécessaire à l'examen de sa recevabilité et des modalités choisies par lesquelles il sera informé des suites données.

droit de la *compliance*, qu'elle concerne la corruption, la fraude fiscale ou la responsabilité sociale ou environnementale, est une garantie de bonne gouvernance pour les actionnaires[15]. Dans une logique de bonne gouvernance, la compliance doit fonctionner comme un pôle d'attractivité, de motivation et de croissance au sein de l'entreprise. Celle-ci doit replacer l'être humain et les droits fondamentaux au sein du droit de la régulation, dont elle est l'héritière directe. Elle permet également de conforter la position de l'État en tant qu'institution structurante des rapports économiques et sociaux et de pallier la baisse de l'initiative publique, conséquence directe de la mondialisation[16].

B) L'hypothèse de signaux de confiance visant à consolider la relation de confiance entre secteur privé et public

Les entreprises sont soumises à une obligation de résultat[17], visant à instaurer de véritables mécanismes de contrôle, de gestion de l'information et de protection de celle-ci[18]. Il s'agit d'encourager les entreprises et non pas simplement de les soumettre par la contrainte, ce qui reviendrait à dénier la qualification de confiance aux relations tissées entre le secteur privé et public.

---

[15] Entretien par Demeulenaere (Jan) et Porre (Anne-Charlotte), « retour sur les pratiques de gouvernance des sociétés », *Revue Internationale de la Compliance et de l'Éthique des Affaires*, Mars 2016, p. 29.

[16] Les problématiques de lutte contre la corruption, à titre d'exemple, comportent le plus souvent des aspects internationaux et nécessitent le concours des entreprises du secteur privé en tant que centrales d'informations sensibles.

[17] Frison-Roche (Marie-Anne), « compliance et confiance », *Mélange en l'honneur de Jean-Jacques Daigre, Autour du droit bancaire et financier*, Lextenso, décembre 2017, p. 279-290.

[18] La loi dite « vigilance » du 27 mars 2017 est exemplaire sur ce point. Elle vise à considérablement alléger la charge de la preuve des autorités de poursuites par l'élaboration d'une cartographie des risques détaillée répondant à un objectif de protection des tiers. Il est important de préciser que les critères de hiérarchisation ne reposent pas sur les risques pour la société ou le groupe. Dans la loi « vigilance », ce ne sont pas les risques pour les investisseurs mais les risques pour les tiers (les travailleurs, les populations et l'environnement) que l'entreprise est tenue de cartographier. Conformément aux principes de l'ONU relatifs aux entreprises et aux droits de l'Homme (principe 24), dès lors qu'il est nécessaire de conférer aux mesures un rang de priorité, « les entreprises devraient commencer par prévenir et atténuer les atteintes les plus graves ou celles auxquelles tout retard d'intervention donnerait un caractère irrémédiable ».

Au titre de la consolidation des relations de confiance entre acteurs privés et publics, il convient de citer la personnalité emblématique du lanceur d'alerte[19]. La loi dite « Sapin II »[20] du 9 décembre 2016 a conféré un statut à celui qui dépend de la société et qui, à l'occasion de son activité professionnelle, est en relation avec une information sensible utile aux dirigeants et aux autorités de régulation. Cette loi a instauré un système d'alerte par paliers. Ainsi, le signalement d'une alerte doit d'abord être adressé en interne, en l'absence de vérification de l'entreprise de la recevabilité du signalement, dans un délai raisonnable, ce dernier pourra alors être adressé à l'autorité judiciaire, administrative ou aux ordres professionnels. En dernier ressort et à défaut de traitement par l'entreprise ou l'une des autorités préalablement listées dans un délai de trois mois, le signalement pourra être rendu public.

Cependant, le projet de directive européenne[21] prévoit que le lanceur d'alerte puisse choisir le canal le plus approprié selon les circonstances pour divulguer l'infraction dont il a été témoin, quitte à s'adresser directement aux médias. Ce texte n'oblige plus les « *whistleblowers* » à signaler prioritairement les faits incriminés en interne, au sein de leurs entreprises[22]. Très concrètement, cette directive est destinée à faciliter le signalement d'actes illégaux ou contraires à l'intérêt général et à défendre les lanceurs d'alerte contre d'éventuelles représailles. Ainsi, ils pourront signifier ces faits en interne, dans l'entreprise ou l'organisme concerné, aux institutions

[19] Sur les lanceurs d'alerte, v. Lagesse (Pascale) et Armillei (Valentino), « Le statut du lanceur d'alerte État des lieux et proposition de directive européenne », *Revue Internationale de la Compliance et de l'Éthique des Affaires n° 2*, Avril 2019, p. 64.

[20] Loi n° 2016-1691 du 9 décembre 2016 relative à la transparence, à la lutte contre la corruption et à la modernisation de la vie économique. Sur ce texte, v. de Monteclerc (Marie-Christine), « Le volet droit public du projet de loi Sapin II », *Dalloz actualité*, 10 novembre 2016.

[21] Cette proposition de directive du Parlement européen et du Conseil, sur la protection des personnes dénonçant les infractions au droit de l'Union, définitivement adoptée le 16 avril 2019 sera appliquée dans différents domaines du droit de la compliance, tels que les atteintes à l'environnement, les fraudes fiscales, le blanchiment d'argent, la protection des données personnelles, ainsi que l'a précisé Frans Timmermans, vice-président de la Commission européenne.

[22] Cette disposition faisait l'objet de violentes critiques de la part des organisations de défense de la liberté d'information et d'expression.

nationales au même titre qu'européenne dès lors que ces dernières disposent d'une compétence en la matière. Le Parlement européen vient préciser que « dans les cas où aucune mesure adéquate ne serait prise en réponse au signalement initial du lanceur d'alerte, ou s'il croit qu'il existe un risque imminent pour l'intérêt public ou un risque de représailles, la personne effectuant le signalement restera protégée si elle choisit de dévoiler les informations publiquement ».

Les initiatives européennes en matière de protection des lanceurs d'alerte sont parties du constat que les législations au sein des États-membres[23] de l'Union européenne étaient disparates, voire le plus souvent insuffisantes. Surtout, elle recouvre un objectif qui est contraire à l'instauration d'un climat de confiance entre autorités publiques et entreprises du secteur privé, puisqu'elle se présente comme un contrepoids à la directive sur le secret des affaires, dont l'objectif était de protéger les activités des grandes entreprises. En effet, toute la question est de savoir s'il est possible d'accorder sa confiance à la personnalité du lanceur d'alerte. Est-il un délateur ? Un justicier ayant à cœur le respect de l'intérêt général ? Un interlocuteur privilégié des autorités de régulation ? En octroyant plus de protection au lanceur d'alerte, il ne peut être nié qu'une dérive reste possible, faisant de ce mécanisme un moyen privilégié pour pressuriser l'entreprise en vue de conclure avec elle un arrangement. Il ne pourra donc être rendu compte d'une avancée en termes de consolidation des relations de confiances entre acteurs privés et publics[24].

[23] Si l'Irlande a prévu des dispositions solides en la matière, une majorité de pays comme la France et le Luxembourg, ne se sont dotés que de dispositions parcellaires et sectorielles. L'Espagne, la Grèce, la Finlande, la Slovaquie, la Bulgarie et le Portugal ne fournissent aucune protection. Ces disparités ont pour conséquence de mener à des niveaux inégaux de protection des travailleurs au sein de l'Union européenne, y compris au sein d'une même entreprise dans le cas où elle aurait décidé d'établir certaines de ses activités dans différents États-membres au sein du marché unique.

[24] Cependant, une conception plus européenne serait de faire de la compliance le fer de lance de la protection des intérêts humains, tels que la protection des salariés, l'égalité entre les hommes et les femmes, l'accès à la culture et à l'éducation, voire la préservation des patrimoines communs. L'Europe doit pour se faire puiser dans sa tradition humaniste et se servir du statut du lanceur d'alerte pour créer au contraire un lien de confiance et non de défiance entre opérateurs privés et autorités de régulation.

Une autre hypothèse de renforcement des relations de confiance établies entre les entreprises du secteur privé et les autorités de régulation tient à la possibilité de contrôle du juge administratif. Afin d'insuffler un vent de confiance au sein des différents dispositifs de conformité, il convient de rappeler que le Conseil d'État n'est pas hermétique[25] au droit souple[26], en vue de pallier les manques du droit classique. En parallèle de la consécration de la place du droit souple au sein de l'action économique et sociale de l'État, le contrôle du juge administratif sur ce type d'acte a été très largement renforcé. Il s'agit d'un premier gage de confiance donné aux entreprises privées. Ainsi, un revirement de jurisprudence a été opéré par deux arrêts de l'assemblée du contentieux du Conseil d'État en date du 21 mars 2016, *Société Fairvesta international* et *société Numéricable* concernant une mise en garde de l'Autorité des marchés financiers et une prise de position de l'Autorité de la concurrence. A cette occasion, le Conseil d'État vient préciser que les avis, recommandations, mises en garde, prises de position adoptés par les autorités publiques, en particulier les autorités en charge de la régulation, sont susceptibles de faire l'objet d'un recours pour excès de pouvoir dès lors « qu'ils sont de nature à produire des effets notables », notamment de nature économique, et qu'ils ont la capacité d'influer de manière significative sur « les comportements des personnes auxquelles ils s'adressent ». Cette jurisprudence a reçu plusieurs applications, notamment à l'occasion de deux décisions rendues par le Conseil d'État en 2016[27].

---

[25] Il s'agit de la décision du Conseil d'État, *Crédit foncier de France*, du 11 décembre 1970, par le biais de laquelle il a été reconnu aux autorités publiques la faculté d'édicter, sous réserve de ne pas méconnaître le pouvoir réglementaire du Premier ministre, des lignes directrices guidant, sans le contraindre, le pouvoir de décision de l'autorité compétente. Il reste néanmoins possible d'y déroger sous contrôle du juge.

[26] La notion de droit « souple » a, quant à elle, été expressément consacrée dans l'étude annuelle de 2013 du Conseil d'État : (http://www.conseil-etat.fr/Decisions-Avis-Publications/Etudes-Publications/Rapports-Etudes/Etude-annuelle-2013-Le-droit-souple)

[27] Le Conseil d'État a considéré que les recommandations définissant des règles de bonnes pratiques professionnelles, provenant de l'Autorité de contrôle prudentiel et de résolution, pouvaient être déférées au juge de l'excès de pouvoir, dans une décision Fédération française des sociétés d'assurance du 20 juin 2016. Ces recommandations ont pour objet d'inciter les entreprises d'assurance et les

Pour autant, la compliance est au cœur de problématiques globales. Ainsi, le principal élément de défiance existant dans les relations tissées entre secteur privé et public est la résultante de la « déterritorialisation » du droit.

II. Une relation de confiance qui reste soumise à la « déterritorialisation » du droit

La régulation de la mondialisation passe par l'acceptation pleine et entière de règles communes, élaborées le plus souvent dans le cadre multilatéral, puis transposées par la suite dans différents droits nationaux. Cependant, ce multilatéralisme est de plus en plus remis en question avec le retour du protectionnisme initié par l'administration du Président Trump sous la bannière de l'éloquent slogan « *America First* ». Cet unilatéralisme peut constituer une source de défiance pour les entreprises françaises. Les deux principaux terrains d'actions où trouve à s'exprimer l'extraterritorialité à « l'américaine » sont constitués par les sanctions dites « secondaires », concernant la violation des sanctions économiques et embargos américains (A), et les infractions liées à la corruption (B).

A) L'inertie des pouvoirs publics français : facteur de défiance pour les entreprises françaises

Suite à la dénonciation unilatérale[28] de l'accord de Vienne par les États-Unis en mai 2018, les sanctions secondaires prononcées à l'encontre des ressortissants français commerçant avec l'Iran ou en Iran ont été réactivées. Cependant, en dépit du retrait américain, la France demeure tenue de respecter les résolutions 2231 du Conseil de

---

intermédiaires, qui en sont les destinataires, à modifier sensiblement leurs relations réciproques. Dans une décision *Mme Z...et autres* du 10 novembre 2016, le Conseil d'État a admis la recevabilité d'un recours dirigé contre un courrier du Conseil supérieur de l'audiovisuel invitant certains responsables de services de télévision compétents à mieux veiller à l'avenir aux modalités de diffusion d'un message de sensibilisation à la trisomie 21. Cette recommandation ne présentait pas le caractère d'une mise en demeure.

[28] Le retrait américain et le rétablissement unilatéral des sanctions extraterritoriales américaines ne trouvent aucun fondement légal dans l'accord de Vienne, signé le 14 juillet 2015.

sécurité de l'ONU[29], ainsi que le règlement 2015/1863 du Conseil de l'Union européenne[30]. Si les entreprises françaises sont autorisées à commercer avec l'Iran, elles seront paradoxalement soumises au risque d'être frappées par les sanctions extraterritoriales américaines, visant toute société ayant des intérêts aux États-Unis ou commerçant en dollars. En outre, il est juridiquement contestable qu'une entreprise étrangère d'un des pays signataires puisse se prévaloir du rétablissement des sanctions américaines en vue de résilier son contrat avec une entreprise iranienne. Cette dernière sera alors en droit de poursuivre l'entreprise française qui aura seulement voulue se soustraire aux sanctions de l'*Office of Foreign Assets Control*[31], le bras armé du trésor américain en matière de sanction.

Si l'État français ne prend aucune mesure pour protéger ses entreprises, l'éventualité que sa responsabilité puisse être engagée, *a fortiori* en raison du fait que la France est restée partie à l'accord de Vienne, ne peut être omise. La mise en jeu de la responsabilité de l'État pour rupture d'égalité devant les charges publiques peut à ce titre être envisagée[32]. Le Conseil d'État a admis que la responsabilité de l'État puisse être engagée, sur le fondement de la rupture d'égalité devant les charges publiques, du fait des conventions internationales avec un arrêt d'assemblée du 30 mars 1966, *Compagnie générale d'énergie radio-électrique*[33].

---

[29] Résolution 2231 (2015) Adoptée par le Conseil de sécurité à sa 7488e séance, le 20 juillet 2015.

[30] Règlement (UE) 2015/1861 du Conseil du 18 octobre 2015 modifiant le règlement (UE) no 267/2012 concernant l'adoption de mesures restrictives à l'encontre de l'Iran.

[31] L'*Office of Foreign Assets Control* (OFAC) est l'organisme de renseignement et de contrôle de l'*US Treasury Department.*

[32] L'arrêt *Couitéas* du Conseil d'État, en date du 30 novembre 1923, marque le point de départ de la jurisprudence reconnaissant la responsabilité sans faute de l'administration pour rupture de l'égalité devant les charges publiques. Dans un second temps, l'engagement de la responsabilité de l'État du fait des lois, a été consacré par un arrêt du Conseil d'État *Société anonyme des produits laitiers « La Fleurette »* du 14 janvier 1938. Ainsi, La responsabilité sans faute de l'État, sur le terrain de la rupture de l'égalité devant les charges publiques, peut être engagée aussi bien du fait de décisions administratives que du fait de lois.

[33] A titre d'exemple, par un arrêt de Section du 29 octobre 1976, *Ministre des affaires étrangères c/ consorts B....*, l'État français a été condamné à indemniser des

Pour autant, l'accord de Vienne ne répond pas à la définition d'un traité international, un accord écrit entre sujets du droit international en vue de produire des effets de droit. Cet engagement est susceptible d'engager la responsabilité internationale des États signataires. L'accord de Vienne correspond davantage à la définition d'un accord international, ainsi « une communauté de vues sur un point déterminé, sur une question, sur un choix [...] »[34]. Il a cependant été repris par le Conseil de sécurité de l'ONU au sein de la résolution 2231 du 20 juillet 2015. En outre, les dispositions de cet accord international ont été intégrées au corpus juridique français par le biais de l'application directe du règlement européen 2015/1863 en date du 18 octobre 2015[35].

Une autre incertitude reste de savoir si la responsabilité de l'État français peut être recherchée sur le versant iranien en vertu du traité bilatéral pour l'encouragement et la protection réciproque des investissements conclu entre l'Iran et la France le 12 novembre 2004. La France n'a pris aucune mesure visant à protéger les investisseurs iraniens ou simplement en vue de développer les investissements entre les deux pays, contrairement à ce qui était expressément prévu par le traité de 2004[36]. Dans ce contexte d'inertie des pouvoirs publics, il parait difficile de considérer qu'une relation fondée sur la confiance

---

propriétaires en raison du préjudice résultant pour eux de l'impossibilité d'obtenir l'expulsion d'un locataire qui, du fait de son mariage postérieur à la conclusion du contrat de location, bénéficiait des immunités diplomatiques en vertu de l'article 18-3 de l'accord signé le 2 juillet 1954 entre la République française et l'U.N.E.S.C.O.

[34] Basdevant (Jules), *Dictionnaire de la terminologie du droit international*, Sirey, Volume 25, 1959.

[35] Conformément à l'article 288 § 2 du Traité de fonctionnement de l'Union Européenne, « le règlement a une portée générale. Il est obligatoire dans tous ses éléments et il est directement dans tout État membre ».

[36] Cette hypothèse n'est pas à négliger. L'Iran a engagé la responsabilité de la Corée du Sud sur la base du traité d'amitié conclu entre les deux pays en 1998. L'élément déclencheur était constitué par le refus de rachat de la partie iranienne du conglomérat Daewoo, détenu en majorité par une entreprise « parapublique » sud-coréenne, *Korea Asset Managment Corp.* La sentence arbitrale de la Commission des Nations unies pour le droit commercial international était favorable à la partie iranienne, sur la base de la méconnaissance du traité bilatéral de 1998 et plus particulièrement en raison de la violation de son obligation de traitement juste et équitable.

puisse se consolider à terme entre secteur privé et public. Ainsi, il convient de présenter les mesures mises en place par l'Union européenne afin de contrer les conséquences de l'extraterritorialité des sanctions américaines vis-à-vis des entreprises nationales. Par la mise en œuvre du règlement du Conseil de l'Union européenne n° 271/96 dit « règlement de blocage », les sanctions « secondaires » pourraient être efficacement bloquées. Ce règlement interdit à tout ressortissant d'un État membre de l'Union européenne de se conformer à toute injonction ou interdiction résultant d'une sanction extraterritoriale et tend à empêcher l'exécution de ces sanctions sur le sol européen[37]. Cependant, le règlement de blocage, depuis son adoption, n'a donné lieu à aucune sanction. En effet, s'il est d'applicabilité directe, il convient néanmoins que chaque État membre détermine les sanctions à prendre en cas de manquement à ces dispositions. La violation du règlement est donc privée d'effets en France mais conserve une portée juridique, en ce qu'il peut être invoqué comme fondement légal à une action en justice. Il a été confié au député Raphael Gauvin le soin de renforcer le règlement de blocage dans le but de protéger les entreprises françaises contre l'extraterritorialité des sanctions dites « secondaires ».

En pratique, les entreprises françaises se trouvent encore dans une situation délicate. Ainsi, il existe deux hypothèses, soit elles respectent le règlement de blocage et s'exposent au risque de sanctions par l'OFAC, puisqu'elles continuent à entretenir un lien commercial avec l'Iran, soit elles se conforment aux sollicitations de l'OFAC et se mettent en contradiction avec la lettre du règlement européen. Il existe néanmoins une solution prévue au sein même du règlement : celle d'obtenir une autorisation auprès de la commission européenne. Cette dernière accorde des autorisations dans des circonstances spécifiques et dûment motivées, lorsque « les opérateurs de l'Union[38] » doivent se conformer, en tout ou en partie, aux sanctions extraterritoriales concernées afin d'éviter un « dommage grave » lésant leurs intérêts ou

[37] Ce règlement de blocage avait été initialement élaboré par l'Union européenne en 1996. Il se voulait comme une sorte de contre-mesure aux sanctions américaines instaurées par le président Bill Clinton à l'encontre de Cuba, de la Lybie et de l'Iran.
[38] Le règlement de blocage s'applique à tous les opérateurs de l'Union, quels que soient leur taille et leur secteur d'activité.

ceux de l'Union. Cependant, le texte ne précise pas ce qu'il faut entendre par « dommage grave »[39]. En outre, la possibilité de déroger à ce principe demeure exceptionnelle. Une autre source d'incertitude pour les entreprises privées à laquelle les autorités publiques ne peuvent pallier, réside dans le manque d'application du principe *non bis in ide*m.

B) La réussite de la récente convention judiciaire d'intérêt public : un signal de confiance pour l'avenir

La loi dite « Sapin II » est allée au-delà de l'obligation pour les entreprises de se mettre en conformité, en instituant la Convention Judiciaire d'Intérêt Public (CJIP)[40], qui introduit en droit français un dispositif comparable au « *deferred prosecution agreement* » américain. Cette création tente de pallier le fait qu'il n'existe pas de véritable reconnaissance du principe « *non bis in idem* »[41] sur le plan international[42]. Cette législation, en matière de compliance, a pour objectif de permettre aux juridictions françaises de retrouver leur souveraineté et d'éviter le cumul des poursuites, voire de contribuer à recréer les conditions d'une concurrence économique loyale et équitable pour les entreprises françaises.

---

[39] Ainsi que le précise la note d'orientation questions/réponses: adoption de l'actualisation de la loi de blocage (2018/C 277 I/03), toute nuisance ou tout dommage subi par les opérateurs de l'Union ne leur donnera pas droit à l'obtention d'une autorisation.

[40] Sur cette convention, voir l'étude rédigée par Gaudemet (Antoine) et Lenoir (Noëlle), « L'espoir placé dans la convention judiciaire d'intérêt public est-il en passe de devenir réalité ? », *la Semaine Juridique Entreprise et Affaires,* n° 40, 4 Octobre 2018, p. 1495.

[41] Sur ce principe, voir l'étude rédigée par Boucobza (Xavier) et Serinet (Yves-Marie), « La régulation des groupes internationaux de sociétés : universalité de la compliance versus contrôles nationaux », *Journal du droit international (Clunet*), janvier 2019, doctr. 1.

[42] En France, le principe « *non bis in idem* » n'est pas appliqué dès lors qu'une partie des faits constitutifs de l'infraction a été commise sur le sol national. Ainsi, dans une décision du 17 janvier 2018, la Cour de cassation s'est affranchie de ce principe au motif qu'une partie de l'infraction avait été commise sur le territoire français et que le prévenu n'était pas tenu par les termes d'un « *plea agreement* » qu'il avait conclu avec les autorités de poursuites américaines devant les juridictions françaises.

Une voie d'amélioration possible, sur le modèle américain, peut être celle consistant à obtenir des réductions d'amende ou une « immunité totale d'amende » dès lors qu'une entreprise vient spontanément révéler des faits de corruption dont elle a connaissance[43]. Ainsi, il existe une incitation à la mise en place de programmes de conformité, de nature à inspirer confiance aux entreprises du secteur privé.

La CJIP semble s'orienter vers ce type de système, *a fortiori* pour des dossiers « anciens » datant d'avant l'adoption de la loi Sapin II. La circulaire du Directeur des affaires criminelles et des grâces du 31 janvier 2018[44] précise qu'en principe « l'existence ou la mise en place après les manquements de programmes de détection et de prévention de corruption sera principalement prise en compte non par une diminution de l'amende mais par un coût réduit du programme de mise en conformité, qui constitue l'autre volet de la convention ». En l'espèce, la CJIP a été conclue après avoir constaté les améliorations de la Société Générale depuis l'année 2010 concernant sa politique de conformité éthique et de lutte contre le blanchiment et la corruption[45]. L'équilibre[46] parfait trouvé dans cette CJIP entre les autorités américaines et françaises constitue l'une des conséquences positives

---

[43] Le *Department of Justice* des États-Unis a indiqué que les entreprises venant spontanément révéler des faits de corruption dont elles ont connaissance pourraient obtenir une réduction importante, voire une immunité totale d'amende, sous réserve d'une coopération totale avec les autorités.

[44] Il s'agit de la Circulaire (CRIM/2018-01/G3) relative à la présentation et la mise en œuvre des dispositions pénales prévues par la loi n° 2016-1691 du 9 décembre 2016 relative à la transparence, à la lutte contre la corruption et à la modernisation de la vie économique.

[45] CJIP conclue entre le Procureur de la République financier et la Société Générale SA, 24 mai 2018, § 57.

[46] Cependant, le partage entre les trésors publics français et américain n'est possible que s'il existe un rapprochement du mode de calcul de l'amende d'intérêt public sur le mode de calcul de la pénalité monétaire organisé par les *United States Sentencing Guideline.* Ces dernières considèrent qu'il convient de déterminer d'abord « a *base fine* », littéralement « une amende de base » selon les avantages tirés des faits, et de lui appliquer ensuite « *a culpability score* », littéralement un « score de culpabilité » en fonction des circonstances entourant la commission des faits, comme une implication active, une tolérance dans la commission, des antécédents, la préexistence d'un programme de conformité, une auto-dénonciation ou une coopération active de l'entreprise.

de cette coopération. Cette voie d'amélioration s'appuie sur l'essence même du droit de la compliance. Ainsi, il convient de rappeler que les principes régissant cette dernière reposent sur un système d'autorégulation. Les pouvoirs et régulateurs publics n'ont pour rôle que de surveiller la manière dont les opérateurs privés se conforment eux-mêmes à leurs obligations et les diligences qu'ils effectuent à cette occasion[47].

Si cette convention marque un tournant positif et constitue un signal fort porteur de confiance pour les entreprises françaises, reste que de nombreuses interrogations subsistent de nature à instaurer un climat de défiance au sein des relations entre secteur public et privé. Ainsi, une fois la transaction signée, la question se pose de nouveau de savoir si le principe « *non bis in idem* » trouve à s'appliquer. Pour la CEDH, il est de jurisprudence constante d'admettre que ce principe ne s'applique qu'aux décisions intervenues au sein d'un même état. Pour la Cour de justice de l'Union européenne, il ne peut être fait application de ce principe que dans les cas où la règlementation nationale se situe strictement dans le champ d'application de l'Union européenne[48]. En outre, les entreprises françaises sont au carrefour d'intentions contradictoires avec l'avènement des procédures négociées : d'une part une tentative de protection contre l'auto-incrimination et de l'autre l'interdiction de désavouer leurs précédentes déclarations[49].

---

[47] En l'espèce, la CJIP conclue avec le PNF contient l'engagement de la Société Générale, sur une durée de deux ans, de faire évaluer par l'Agence française anti-corruption (AFA) la qualité et l'effectivité des mesures de lutte contre la corruption qu'elle a mises en place. Plus intéressant encore, il convient de préciser que le *Department of Justice*, en raison du contrôle exercé par l'AFA sur le programme de mise en conformité de la Société Générale, a renoncé à imposer à cette dernière la désignation d'un « *monitor* » au titre du « *deferred prosecution agreement* » conclu avec elle. Ainsi, on peut en déduire que l'AFA semble avoir acquis une certaine crédibilité vis-à-vis des autorités de poursuite américaines.

[48] CJUE, 26 février 2013, *Åklagaren c. Hans Åkerberg Fransson.*

[49] Aux États-Unis, certaines clauses dites « *muzzle clause », littéralement* « clause *muselières »,* interdisent l'entreprise de désavouer le contenu de l'accord devant une juridiction américaine ou étrangère. Il est alors impossible de changer la moindre virgule de l'accord passé, de donner une autre version des faits à la presse, sans être rappelé à l'ordre par le département de la Justice américain.

Au terme de cette analyse, il convient de s'interroger sur les moyens de rétablir la confiance au sein des relations entre acteurs privés et publics, liée aux problématiques de compliance. Le succès de la compliance implique à terme le renforcement de l'arsenal juridique européen en matière de conformité afin de limiter l'ingérence des juridictions américaines. Au niveau de l'Union européenne, il conviendrait qu'un règlement ou une directive impose à tous les États membres de suivre une politique harmonisée en matière de conformité, tout en prévoyant des mécanismes de coopération entre les autorités nationales renforcés, assortis d'un accord multilatéral reconnaissant le principe de *non bis in idem* par les juridictions extracommunautaires. L'Union européenne disposerait ainsi de la capacité d'imposer des sanctions aux entreprises coupables de manquements. Un tel dispositif européen permettrait d'équilibrer la relation très asymétrique existant actuellement entre l'Union européenne et les États-Unis, en gardant à l'esprit que le droit de la compliance constitue une opportunité de consolider un modèle économique et social dans le respect des valeurs éthiques.

DEUXIEME PARTIE :

LES ENJEUX

« Peut-on avoir confiance en l'intérêt général ? Bref plaidoyer en faveur d'une juste méfiance pour surmonter la défiance »

Maxime Maury,
ATER à l'Université Paris 1 Panthéon-Sorbonne

Il est communément admis que l'intérêt général constitue, pour les acteurs publics, leur raison d'être. Cette dernière trouve sa concrétisation juridique à travers ce que Georges Vedel identifiait comme une véritable « directive générale d'intérêt public »[1]. En tant que règle conditionnant l'action administrative[2], cette directive dénote en premier lieu une *méfiance* de principe à l'égard des autorités publiques en cela qu'elles ne peuvent agir sans se prévaloir de ce titre : on sait en effet que l'intérêt général constitue aussi bien l'un des critères de qualification de leurs activités de service public que l'une des conditions de leur action économique[3]. Cette exigence peut être imputée « à l'influence constante de la doctrine libérale »[4] qui est même allée jusqu'à façonner ce qu'Etienne Picard identifie comme l'institution primaire dans laquelle s'inscrivent les différentes branches du droit français[5], dont celui de l'action administrative. Or, on peut affirmer que cette inspiration libérale repose, d'une manière

---

[1] Vedel (Georges), *Essai sur la notion de cause en droit administratif français*, Librairie du Recueil Sirey, 1934, p. 286, p. 315 et p. 442

[2] Comme l'a explicitement affirmé le Conseil d'Etat dans son arrêt *Pagès* rendu le 22 mars 1901 (n° 98812) : « l'administration ne doit se décider que par des motifs tirés de l'intérêt public ».
V. aussi : CE, 31 mai 2006, *Ordre des avocats au barreau de Paris*, n° 275531 et CE, 30 décembre 2014, *Société Armor SNC*, n° 355563

[3] Selon la distinction faite par le Conseil d'Etat dans l'arrêt *Ordre des avocats au barreau de Paris* (*préc.*).

[4] Nicinski (Sophie), *Droit public des affaires*, 6e éd., LGDJ, coll. « Domat Droit public », 2018, p.448

[5] Picard (Etienne), *La notion de police administrative (tome 2)*, LGDJ, coll. « Bibliothèque de droit public », 1984, p. 489

plus ou moins appuyée selon ses versions, sur une certaine confiance dans l'individu[6] ainsi que, par effet de miroir, sur une méfiance certaine à l'égard des pouvoirs publics[7]. Benjamin Constant ne qualifiait-il pas significativement la Constitution d'« acte de défiance »[8] ?

S'agissant de la réflexion politique, la question de la confiance y a vraisemblablement toujours trouvé sa place[9], ce qui ne peut pas être sans implications sur le rapport qu'elle entretient avec l'intérêt général. Ce dernier, bien que pouvant être analysé sous l'angle juridique, se voit toujours reconnaître une dimension politique[10] en

---

[6] Carl Schmitt, dont on a pu dire qu'il était le « meilleur ennemi du libéralisme » (Jean Leca), a tenté d'établir les fondements anthropologiques de diverses doctrines politiques : il a ainsi cru pouvoir trouver ceux du libéralisme dans la croyance de ce dernier en une certaine « bonté de l'homme » (in *La notion de politique*, Flammarion, coll. « Champs classiques », 2009, p. 101).

[7] Carl Schmitt écrivait en ce sens que, selon l'esprit libéral, « la société trouve son ordre en elle-même et que l'Etat n'est que son subordonné, maintenu dans des limites précises et contrôlé avec défiance » (ibid., p.104).

Si cette méfiance à l'endroit des pouvoirs publics a peut-être trouvé une accentuation dans la doctrine libérale – pour confiner à la défiance –, Hannah Arendt a cependant rappelé qu'elle est « aussi [ancienne] que la tradition de la philosophie politique » (in *Qu'est-ce que la politique ?*, Seuil, coll. « L'ordre philosophique », 2014, p. 191).

[8] Feldman (Jean-Philippe), « Le constitutionnalisme selon Benjamin Constant », *RFDC*, 2008, n° 4, p. 678

[9] A titre d'exemple, nous pouvons renvoyer aux réflexions de certains penseurs du politique de différentes époques : Aristote a par exemple envisagé le thème de la confiance à travers les questions du consentement et de l'amitié politiques (in *L'Ethique à Nicomaque*, Flammarion, coll. « GF », 2004, p. 131. et p. 407) ; Machiavel, quant à lui, considérait que le Prince devait « procéder de manière à ce que l'excessive confiance ne le rende pas imprudent et l'excessive défiance ne le rende pas intolérable. » (in *Le Prince*, Le Livre de Poche, coll. « Les classiques de la philosophie », 2009, p. 124) ; plus récemment, Bertrand de Jouvenel, s'interrogeant sur la « miraculeuse obéissance des ensembles humains », affirmait qu'il y entrait « une part énorme de croyance, de créance, de crédit » (in *Du pouvoir*, Ed. Constant Bourquin, 1947, p. 31 et p. 37) ; Hannah Arendt, quant à elle, estimait devoir proposer une réponse à la question du sens de la politique en raison du fait qu'une telle préoccupation était « inspirée par un sentiment de méfiance » (*op. cit.*, p. 183).

[10] Pour un résumé de la question, voir : Truchet (Didier), *Droit administratif*, 7e éd., PUF, coll. « Thémis Droit », 2017, p. 47.

raison du simple fait qu'il constitue rien moins que l'une des finalités du politique.

Et si nous avons vu que, sur le plan des principes, la condition juridique d'intérêt général dénotait une méfiance à l'égard des autorités administratives, elle peut aussi être perçue, d'un point de vue plus technique, comme un véritable vecteur de *confiance* : par elle, l'administration est présumée agir de bonne foi, c'est-à-dire dans les limites de sa raison d'être. On ne saurait manquer de mettre en lumière, non seulement le lien étymologique qui existe entre la notion de confiance et celle de (bonne) foi[11], mais aussi le rapport qu'elles peuvent entretenir d'un point de vue du droit : il a en effet été remarqué que, si la présomption de « bonne foi (...) est la condition essentielle du bon fonctionnement des services publics », elle repose sur la circonstance selon laquelle il est difficile au juge « de faire un procès d'intention à l'administration pour chacun de ses actes », ce qui le mène à devoir lui faire « généralement confiance »[12].

On sait que l'intérêt général ne peut jamais recouvrir un intérêt purement privé – sans pour autant qu'il l'exclue nécessairement[13] – ; il peut cependant être analysé comme oscillant entre deux pôles : c'est ce que résume Maurice Hauriou en affirmant que l'activité de l'administration « doit être considérée comme une sorte d'entreprise de gestion d'affaire dirigée à la fois dans l'intérêt du gouvernement de l'Etat et dans l'intérêt du public »[14]. Et si cette distinction peut se

---

[11] Comme le montre Michela Marzano, « au sens strict du terme, la confiance renvoie à l'idée qu'on peut se fier à quelqu'un ou à quelque chose. Le verbe *confier* (du latin *confidere* : *cum*, « avec » et *fidere* « fier ») signifie, en effet, qu'on remet quelque chose de précieux à quelqu'un, en se fiant à lui et en s'abandonnant ainsi à sa bienveillance et à sa bonne foi. L'étymologie du mot montre par ailleurs les liens étroits qui existent entre la confiance, la foi, la fidélité, la confidence, le crédit et la croyance » (in « Qu'est-ce que la confiance ? », *Etudes*, 2010, n° 1, p. 53).

[12] Gandolfi (A.), « Les motifs déterminants dans le recours pour excès de pouvoir », *JCP*, 1964, I., n° 1835, § 16 et § 19

[13] Voir notamment : CE, 20 juillet 1971, *Ville de Sochaux*, n° 80804 (concernant une mesure d'intérêt général bénéficiant à l'entreprise Peugeot) ; CE, 23 mars 1992, *M. Jean Martin*, n° 87600 (concernant une mesure d'intérêt général bénéficiant à l'entreprise Walt Disney).

[14] Hauriou (Maurice), *Précis de droit administratif et de droit public*, 12e éd., Dalloz, 2002 (1933), p. 17

prévaloir de certaines formulations jurisprudentielles les plus contemporaines – telles que celles mettant en œuvre le contrôle en termes de bilan[15] –, elle ne prétend cependant pas établir une solution de continuité entre ces deux pôles d'intérêts. Néanmoins, certains discours sont parfois tentés d'y voir une opposition et confinent par-là à la défiance envers certaines solutions adoptées. Quelques explications générales peuvent être avancées : l'usage au singulier de la notion d'intérêt général peut laisser croire en son univocité, nécessairement réductrice de la complexité, masquant par-là la richesse de sa teneur et la différence de valeur des éléments qui la composent[16] ; par ailleurs, les caractères essentiellement pathologique[17] et binaire[18] de la décision jurisprudentielle peuvent

---

[15] Depuis l'arrêt *Sainte-Marie de l'Assomption*, rendu le 20 octobre 1972 (n° 78829), le Conseil d'Etat considère qu'« une opération ne peut légalement être déclarée d'utilité publique que si les atteintes à la propriété privée, le coût financier et éventuellement les inconvénients d'ordre social ou *l'atteinte à d'autres intérêts publics* qu'elle comporte ne sont pas excessifs eu égard à l'intérêt qu'elle présente » (nous soulignons).

Dans le même sens, concernant le contrôle de l'autorisation environnementale unique (instaurée par l'ordonnance n° 2017-80 du 26 janvier 2017), le Conseil d'Etat a admis la possibilité pour le juge d'adopter une autorisation provisoire. Pour se prononcer, celui-ci doit notamment prendre en compte tout « *motif d'intérêt général* pouvant justifier la poursuite (...) des activités ou des travaux et l'atteinte éventuellement causée par ceux-ci aux (...) *autres intérêts publics* et privés » (Avis, 22 mars 2018, *Association Novissen*, n° 415852 – nous soulignons).

[16] En précisant que la mention au pluriel d'« intérêts généraux », si elle est courante dans la jurisprudence, n'offre pas une base d'analyse plus subtile concernant la richesse de sa teneur.

[17] Léon Michoud rappelle en ce sens que « si devant un juge il y a toujours une contestation *possible*, il se peut qu'une contestation ne se produise en fait » (in « Le pouvoir discrétionnaire », *Revue générale d'administration*, 1914, t.3, p.22). Concernant l'action économique des autorités publiques, Sophie Nicinski montre dans le même sens que « le juge administratif n'est conduit à censurer l'initiative publique que lorsque les requérants lui opposent le principe de la liberté du commerce et de l'industrie, phénomène qui demeure finalement relativement rare » (*op. cit.*, p. 447).

[18] Car l'activité ne peut qu'être ou ne pas être d'intérêt général. La jurisprudence a cependant affiné son analyse à travers le contrôle de l'« intérêt général suffisant ». Si ce dernier standard est essentiellement utilisé par le Conseil constitutionnel afin de lui permettre de censurer une loi – via un contrôle de proportionnalité – sans avoir à remettre en cause la qualification d'intérêt général du dispositif légal (cf. Merland (Guillaume), *L'intérêt général dans la jurisprudence du Conseil constitutionnel*, LGDJ, coll. « Bibliothèque constitutionnelle et de science

aussi paraître insuffisants et pour le moins sclérosants en ce qui concerne l'appréhension et la critique des mesures envisagées ; quant à l'interprétation souple de la condition d'intérêt général, elle peut révéler, à rebours du caractère exceptionnel de l'intervention publique qu'elle est censée garantir, une véritable liberté d'action *de fait* des personnes publiques[19] en lui faisant jouer un rôle d'amplificateur de leur pouvoir[20].

De nombreuses études et réflexions tentent d'apporter des réponses à ce qui peut être perçu comme une véritable défiance à l'endroit de certaines manifestations de l'intérêt public. Or, si le droit est bien un objet essentiellement « fiduciaire »[21], l'opinion juridique[22] ne peut pas se cantonner à une pure attitude de défiance dont il a été montré qu'elle était la plus éloignée de la confiance en cela qu'elle intègre

---

politique », 2004, p. 267 et s.), le Conseil d'Etat le mobilise aussi parfois dans le même sens afin de pouvoir prononcer l'annulation d'une décision administrative, non pas en raison du fait que celle-ci ne serait pas d'intérêt général, mais parce que ce dernier ne serait pas suffisant pour justifier les moyens mis en œuvre. V. par exemple : CE, 25 février 1983, *Lallement*, n° 32241 (autorisation dérogatoire de permis de construire) ; CE, 7 octobre 1994, *Commune de Saint-Etienne*, n° 115461, (expropriation) ; CE, 6 juin 2012, *RD machines outils*, n° 342328 (droit de préemption) ; CE, 4 juin 2014, *Commune d'Aubigny-les-Pothées*, n° 368895 (résiliation unilatérale d'un contrat administratif) ; CE, 25 janvier 2017, *Commune de Port-Vendres*, n° 395314 (refus de renouvellement d'une autorisation d'occupation du domaine public) ; CE, 25 octobre 2017, *SA Vivendi*, n° 403320 (refus du bénéfice mondial consolidé).

[19] Clamour (Guylain), « Qui peut le moins peut le plus… ! Ou la liberté économique de fait des personnes publiques », *JCP A*, 2007

[20] Voir notamment : Chevallier (Jacques), « Réflexions sur l'idéologie de l'intérêt général », in CURAPP, *Variations autour de l'idéologie de l'intérêt général*, vol.1, PUF, 1978, p. 45 ; Rangeon (François), *L'idéologie de l'intérêt général*, Ed. Economica, coll. « Politique comparée », 1986, p. 141 ; Clamour (Guylain), *Intérêt général et concurrence*, Dalloz, coll. « Nouvelle bibliothèque de thèses », 2006, p. 339 ; Merland (Guillaume), *op. cit.*, p.75 ; Deswarte (Marie-Pauline), « L'intérêt général dans la jurisprudence du Conseil constitutionnel », *RFDC*, 1993, n° 13, p. 50

[21] Picard (Etienne), « Science du droit ou doctrine juridique », in *L'unité du droit. Mélanges en hommage à Roland Drago*, Economica, 1996, p. 158 ; Brunet (François), *La normativité en droit*, Mare et Martin, Droit public, coll. « Bibliothèque des thèses », 2011, p. 417

[22] Qui correspond aussi à l'opinion doctrinale et dont on peut reconnaître l'importance en droit : cf. Picard (Etienne), *art. préc.*, p. 160 et « Le droit comparé est-il du droit ? », *Annuaire de l'Institut Michel Villey*, vol. 1, Dalloz, 2010, p. 249

une part de défi[23]. Paradoxalement, c'est peut-être en assumant et en admettant une certaine dose de juste méfiance que l'intérêt général, et ceux qui ont la charge de le faire advenir, pourront refonder la confiance dont il ne saurait se passer.

I. D'une défiance légitime à l'égard de certaines manifestations de l'intérêt public…

Sans même aller jusqu'à envisager le cas du détournement de pouvoir, les autorités administratives sont parfois perçues comme poursuivant un intérêt qui ne s'inscrirait pas pleinement dans l'intérêt général (et satisferaient par-là une sorte d'intérêt « privé » des personnes publiques[24]). Cette dernière observation constitue sans doute le point de départ d'une certaine *défiance* que Maryse Deguergue a mise en lumière en distinguant *l'intérêt général* de l'*intérêt public* : l'auteur se demande « si parfois l'intérêt général ne cache pas la satisfaction d'un intérêt public, entendu comme *celui des collectivités publiques* et non plus comme *celui du public* »[25].

Cette analyse, qui établit une telle *gradation* – entre l'intérêt de la personne publique et l'intérêt du public –, peut être tentée d'y voir rien moins qu'une *opposition* : en bref, l'intérêt des personnes publiques ne saurait toujours être en phase avec celui du public. Si l'éventualité d'une telle opposition n'est pas à écarter absolument, le constat dont elle peut faire l'objet est cependant délicat à tenir comme le reflètent les nuances dans la réception de certaines solutions jurisprudentielles. Tel fut par exemple le cas concernant un arrêt rendu

---

[23] Servet (Jean-Michel), « Le chapeau » in Bernoux (Philippe) et Servet (Jean-Michel), *La construction sociale de la confiance*, Montchrestien, coll. « Finance et Société », 1997, p. 29

[24] Même si on peut affirmer, à la suite de Philippe Yolka, que la position selon laquelle il existe en soi « un intérêt privé de l'administration (…) ne peut être soutenue, puisque toutes les activités de l'administration (…) sont organisées en vue de l'intérêt public » (*La propriété publique. Eléments pour une théorie*, LGDJ, coll. « Bibliothèque de droit public », 1997, p. 538).

[25] Deguergue (Maryse), « Intérêt général et intérêt public : tentative de distinction », in *L'intérêt général. Mélanges en l'honneur de Didier Truchet*, Dalloz, 2015, p. 138 (nous soulignons).

par le Conseil d'Etat le 30 décembre 2010[26] à l'occasion duquel il lui était demandé de contrôler une décision préfectorale refusant d'affecter à l'usage professionnel un local à usage d'habitation. La Haute juridiction y a considéré qu'en refusant d'accorder une dérogation supplémentaire, le préfet n'avait pas méconnu le principe d'égalité : celui-ci se fondait sur le fait que cette dérogation avait déjà été admise pour d'autres personnes se trouvant certes dans des situations comparables, tout en considérant qu'une application supplémentaire de la dérogation aurait porté atteinte à l'objectif d'intérêt général qui consistait à conserver un niveau suffisant de logements dans la zone concernée. Si une partie de la doctrine a reçu cet arrêt avec enthousiasme, en soulignant la subtilité du raisonnement du juge[27], Maryse Deguergue y voit une véritable « dégradation de l'intérêt général », considérant que celui-ci s'efface « devant l'intérêt public de la politique de la ville »[28]. Cette dernière observation ne manque pas de pertinence. On perçoit cependant que l'intérêt public (de la politique de la ville) n'est pas absolument étranger à l'intérêt général et qu'une telle critique est inévitablement limitée dans sa portée en raison du fait qu'elle ne peut être menée sans intégrer une part d'analyse en termes d'opportunité et de prudence. Cela tient au simple fait que l'intérêt général « échappe partiellement à l'emprise de la rationalité »[29]. Ces critiques ne peuvent donc se départir du processus argumentatif qui constitue leur intérêt mais aussi leur faiblesse car, en matière d'argumentation, « il n'y a pas de certitude absolue : l'interprétation se déploie dans un espace d'échange rationnel et argumentatif qui empêche de prétendre aboutir à une

[26] CE, 30 décembre 2010, *Ministre du logement et de la ville c. Mme Durozey*, n° 308067

[27] Botteghi (Damien) et Lallet (Alexandre), « Le principe d'égalité n'a rien perdu de son charme, ni même de son éclat », *AJDA*, 2011, p. 150 ; Pellissier (Gilles), « Le principe d'égalité, vecteur d'une exigence de cohérence du pouvoir discrétionnaire », *JCP A*, n° 15, p. 2141 (il nous faut cependant préciser qu'il s'agit ici de la doctrine organique du Conseil d'Etat.)

[28] Deguergue (Maryse), art. préc., p. 136

[29] Rangeon (François), *op. cit.*, p. 23

solution définitive »[30]. Cela vaut *a fortiori* pour des questions qui relèvent le plus directement de la prudence politique[31].

La question se pose de savoir si cette distinction entre l'intérêt général et l'intérêt public – à l'origine de la défiance identifiée – ne gît pas au cœur même de la philosophie sous-jacente à l'intérêt général. Guylain Clamour rappelle que cette dernière trouve sa source dans la modernité, laquelle est elle-même fondée sur l'individu et son intérêt[32]. Et c'est dans la mesure où celle-ci « entend établir le Bien commun à partir de l'individu »[33] que l'on peut affirmer que « l'intérêt ne fournit [plus] seulement la clef des comportements individuels » mais qu'il fonde aussi « la légitimité du pouvoir politique »[34]. Cette dernière tient aussi au fait que les divers intérêts particuliers ne peuvent s'ajuster spontanément en un intérêt général[35]. C'est alors qu'est rendue nécessaire l'institution d'une « instance de totalisation »[36] – un « foyer suréminent de détermination des fins du corps social »[37] – qu'incarne l'Etat[38]. Celui-ci est donc marqué du

[30] Brunet (François), *op. cit.*, p. 348.

[31] Par exemple, Frédéric Alhama estime que « la détermination du seuil au-delà duquel la prise en compte de l'intérêt financier public devient excessive est une *opération fondamentalement politique* » (*L'intérêt financier dans l'action des personnes publiques*, Dalloz, coll. « Nouvelle bibliothèque de Thèses », 2018, p. 60 – nous soulignons).

[32] Clamour (Guylain), *op. cit.*, p. 163.

Cela ressort aussi de l'étude de Florence Perrin qui montre que « l'intérêt s'est imposé comme le critère de l'art de gouverner » à partir du XVème siècle au cours duquel la modernité a subordonné « l'impératif du bien à la nécessité de l'intérêt » (*L'intérêt général et le libéralisme politique*, Fondation Varenne, « collection des Thèses », 2012, p. 19).

[33] Clamour (Guylain), « Esquisse d'une théorie générale des contrats publics », in *Contrats publics. Mélanges en l'honneur du Professeur Michel Guibal*, Faculté de droit de Montpellier, coll. « Mélanges », 2006, p.671

[34] Chevallier (Jacques), « Déclin ou permanence du mythe de l'intérêt général ? », in *Mél. Didier Truchet*, *op. cit.*, p. 84.

[35] Chevallier (Jacques), « Réflexions sur l'idéologie de l'intérêt général », *art. préc.*, p. 18.

[36] *Art. préc.*, p. 17.

[37] Gauchet (Marcel), « Les droits de l'homme ne sont pas une politique », *Le Débat*, 1980, n° 3, p. 3-21.

[38] En ce sens, Florence Perrin montre que, dans le processus historique de la formation de l'Etat, « l'impératif de sa puissance n'est pas seulement le fait d'individus avides de pouvoir, il répond à la volonté de neutraliser les conflits

caractère de la « centralité »[39] qui implique à son tour celui de l'« altérité »[40]. L'Etat est donc le *tout autre*, non seulement à titre de *postulat* – puisque la séparation de l'Etat et de la société civile est au fondement du libéralisme qui inspire la structure juridique contemporaine[41] –, mais aussi en tant que *besoin* – dès lors qu'on admet que l'intérêt général est un objet « conflictuel »[42] et « polémique »[43] et que son « caractère contradictoire inhérent »[44] ne peut être résolu qu'à travers cet « instituant symbolique »[45]. Or, à partir du moment où l'intérêt général est perçu comme « l'intérêt d'une personne transcendante »[46], la ligne est vite franchie de considérer cette dernière comme absolument *extérieure* au public. A défaut de consensus sur la teneur de l'intérêt général[47], et du fait de cette *altérité*, le risque est constant de percevoir celui-ci comme le simple intérêt propre des autorités publiques.

---

intérieurs par l'imposition d'une raison unique et incontestable. La raison d'Etat désigne donc à la fois l'étatisation et la rationalisation du bien public, en ce que l'autonomie de l'institution garantit la réalisation d'un intérêt public » (*op. cit.*, p. 37).

39 Chevallier (Jacques), « Réflexions sur l'idéologie de l'intérêt général », *art. préc.*, p.18

40 *Art. préc.*, p.21

41 V. *supra.*

42 Laville (Jean-Louis), « Intérêt général, décision, pouvoir », in CURAPP, *Discours et idéologie*, PUF, 1980, p. 222.

43 Rangeon (François), *art. préc.*, p. 9.

44 Legrand (Cyriaque), Rangeon (François) et Vasseur (Jean-François), « Contribution à l'analyse de l'idéologie de l'intérêt général », in CURAPP, *Discours et idéologie*, PUF, 1980, p. 188.

45 Chevallier (Jacques), « Réflexions sur l'idéologie de l'intérêt général », *art. préc.*, p. 18.

46 Deswarte (Marie-Pauline), « Intérêt général, bien commun », *RDP*, 1988, n° 5, p. 1300.

47 François Rangeon met en lumière ce dilemme propre à l'intérêt général : « Ou bien l'intérêt général est posé comme un principe infaillible, incontestable, mais dans ce cas on aboutit « à une société de consensus qui repose sur le leurre de la concordance générale des intérêts, comme dans les systèmes totalitaires » [J. Chaban-Delmas]. Ou bien l'intérêt général n'est qu'un principe contingent, variable, contestable, mais dans ce cas on débouche sur une société de « dissensus » où le pluralisme favorise une montée subversive des intérêts particuliers » (*art. préc.*, p. 123).

Cette « tension inhérente au libéralisme »[48] est accentuée, aux yeux de certains auteurs, par le « nouveau paradigme de la performance »[49] ou de l'efficacité[50]: si d'aucuns distinguent l'« intérêt » de l'« utilité »[51], on sait cependant que l'intérêt général est « tout imprégné d'utilitarisme »[52]. Comme le remarque Jacques Chevallier, l'intérêt atteste « l'empire de la rationalité à tous les niveaux de la vie sociale »[53]. Par conséquent, l'Etat « n'apparaît pas seulement comme un lieu de pureté, de désintéressement, d'altruisme, mais encore comme le siège de stratégies individuelles, sous-tendues par la recherche d'un profit (matériel ou symbolique) et guidées par l'intérêt personnel »[54]. C'est aussi, dans cet univers inspiré par un certain utilitarisme, que Maryse Deguergue estime que « l'intérêt public, marqué du sceau de la performance, n'est pas nécessairement l'intérêt du public »[55], c'est-à-dire l'intérêt général authentique et dont l'éloignement – tout comme l'*altérité* étatique – ne peut être que cause de défiance[56].

---

[48] Perrin (Florence), *op. cit.*, p. 5 (voir aussi pp. 38-39).

[49] Deguergue (Maryse), « Intérêt général et intérêt public : tentative de distinction », *art. préc.*, p.140.

[50] Ktistaki (Stavroula), *L'évolution du contrôle juridictionnel des motifs de l'acte administratif*, LGDJ, coll. « Bibliothèque de droit public », 1991, p. 266.

[51] Maryse Deguergue considère que « l'intérêt est ce qui importe [et] l'utilité est ce qui sert » (*art. préc.*, p.132).

[52] Deswarte (Marie-Pauline), « Intérêt général, bien commun », *art. préc.*, p.1292.

[53] Chevallier (Jacques), « Déclin ou permanence du mythe de l'intérêt général ? », *art. préc.*, p. 84.

[54] *Art. préc.*, pp. 87-88.

[55] Deguergue (Maryse), « Intérêt général et intérêt public : tentative de distinction », *art. préc.*, p. 141.

[56] Paul Cassia a, par exemple, adressé diverses critiques au Conseil d'Etat (jusqu'à le qualifier de « gardien fonctionnel des intérêts des administrations défenderesses ») in « Le Conseil d'Etat vu par son futur ex-vice-président », *Le Blog de Paul Cassia, Mediapart*, 9 mai 2018.

Par ailleurs, Henry-Michel Crucis a pu montrer l'ambiguïté de la question financière en droit public, laquelle passe parfois du statut de servante de l'intérêt général à celui de maîtresse (« Les objectifs en droit financier public. La Fin en soi ? » *in* Faure (Bertrand), dir., *Les objectifs dans le droit*, Dalloz, coll. « Thèmes et commentaires », 2010, p.115).

II. ...En passant par une juste méfiance...

Si la *distinction* entre l'intérêt général et l'intérêt public ne rime pas avec *séparation*, elle n'est jamais à l'abri d'être perçue comme une véritable *opposition*. C'est d'ailleurs ce biais qui explique les diverses facettes de la critique – aussi bien idéologiques, sociologiques ou économiques[57] – dont l'intérêt général a pu faire l'objet. Et, comme il a déjà été esquissé, le regard critique est important, non seulement pour appréhender les cas les plus extrêmes – qui peuvent aboutir à une sanction pour détournement de pouvoir – mais aussi pour analyser des situations intermédiaires qui mériteraient, le cas échéant, de faire l'objet d'une discussion.

Etablir l'existence d'une gradation dans l'intérêt général ne doit cependant pas avoir pour objet de dévaloriser les intérêts publics de rang inférieur, mais d'ouvrir à la réflexion quant à leur agencement respectif et, surtout, d'entrer dans un processus argumentatif qui permette de déterminer lesquels sont les plus pertinents en fonction des circonstances de temps, de lieu et d'esprit. Pour résumer, ce n'est pas parce qu'un intérêt public est de rang inférieur qu'il ne relève pas de l'intérêt général ; mais, *a contrario*, ce n'est parce qu'il est d'intérêt général qu'une autre solution ne peut pas lui être préférée, au regard de ce même intérêt général.

Ainsi, la critique n'a pas pour objet de remplacer une *confiance* de principe – qui a pu sous-tendre une certaine approche de l'Etat – par une *défiance* systématique – dont certains discours ou constats laissent poindre la tentation[58]. Elle doit reposer, en réalité, sur une *juste méfiance* qui, dans son acception la plus neutre, participe pleinement à

---

[57] Pour un résumé de ces différentes facettes de la critique, voir Pontier (Jean-Marie), « L'intérêt général existe-t-il encore ? », *D.*, chron., 1998, pp. 327-328.

[58] Guillaume Merland remarque, par exemple, que « pour une grande partie de l'opinion publique, la loi est (...) l'acte dans lequel triomphent les intérêts particuliers dominants. Au mieux, le Parlement ne servirait qu'à arbitrer les conflits entre des intérêts particuliers divergents ; au pire, il servirait sciemment la cause de forces partisanes proches des préoccupations du parti au pouvoir » (« L'intérêt général dans la jurisprudence du Conseil constitutionnel » *in* Mathieu (Bertrand) et Verpeaux (Michel), dir., *L'intérêt général, norme constitutionnelle*, Dalloz, coll. « Thèmes et commentaires », 2007, p.35).

la pensée du droit[59]. A l'instar de ce que François Brunet affirme de la normativité juridique, il est possible de penser que l'intérêt général est, lui aussi, « toujours en crise »[60]. L'approche *critique*, comme son épithète le révèle, doit justement prendre à bras le corps cette *crise*. Cette dernière notion s'entend aussi bien dans sa signification la plus contemporaine de « tension » (entre les diverses exigences auxquelles la décision publique doit répondre) que dans son sens le plus originel de « jugement » et de « décision »[61] (pour résoudre ces tensions). La *méfiance* n'est donc rien d'autre qu'un moteur de la critique, laquelle est elle-même « absolument nécessaire à la vie du droit »[62].

L'analyse critique de l'intérêt général se doit donc de reposer sur une approche prudente – au sens méthodique – et prudentielle – au sens politique[63] – qui exclut, *a priori*, toute solution dogmatique. Car en effet, l'intérêt général est une visée « qui n'est pas donnée une fois pour toutes, mais qui se détermine progressivement »[64]. Guylain Clamour estime en ce sens que « la pluralité des buts d'intérêt général, n'en faisant triompher *a priori* aucun, appelle dès lors une

[59] Il suffit, pour le voir, de se reporter à la *Déclaration des droits de l'homme et du citoyen* de 1789 qui n'envisage pas de Constitution sans une séparation des pouvoirs (article 16) ni un exposé écrit des droits qui permet de contrôler la conformité des actes publics à ces derniers (Préambule). Ces exigences sont révélatrices, à notre sens, d'une certaine méfiance légitime au cœur même de l'édifice constitutionnel et illustrent donc sa force motrice en droit.

[60] Brunet (François), *op. cit.*, p. 600.

Pour un aperçu du constat de la crise de l'intérêt général, voir notamment Conseil d'Etat, « Rapport public : considérations générales sur l'intérêt général », *EDCE*, 1999, n° 50, p. 313 et s.

[61] Brunet (François), *op. cit.*, p. 600.

[62] *Op. cit.*, p. 615.

[63] Gil Delannoi a proposé une réflexion sur cette « sagesse dans l'action » (« La prudence en politique », *RFSP*, 1987, n° 5, p. 598), pour montrer que, dans la pensée classique – prolongée en certains points par la philosophie machiavélienne –, la prudence était considérée comme inévitablement « approximative » : « pour la cité tout entière, la prudence est la réponse à l'impossibilité de connaître exactement le bien en même temps qu'à l'irrésistible propension (…) à la recherche du bien » (p. 602) puisqu'elle tend « vers le bien sans pouvoir dire exactement ce qu'il est » (p.598). Autrement dit, « la prudence est tout au plus un savoir sur la contingence, un savoir qui subit la contingence et l'accepte pour mieux la connaître et moins la subir » (p. 605).

[64] Vedel (Georges), *op. cit.*, p. 334 et p. 446.

classification finaliste propre à permettre leur conciliation »[65]. Et si donc il est parfois tentant – voire justifié – de considérer que certaines personnes publiques ont poursuivi un intérêt public plus proche de leur intérêt propre que de celui du public, il ne s'agit cependant pas de dévaloriser systématiquement – voire même d'invalider – certains intérêts intermédiaires considérés comme étant de rang inférieur. Frédéric Alhama a très précisément mis en lumière cette échelle de buts d'intérêt général dans l'action administrative en se concentrant, plus spécifiquement, sur l'intérêt financier dont il ne peut être nié qu'il en relève pleinement[66].

Cette réflexion en termes de gradation appelle donc une *juste méfiance* : il se peut en effet que des personnes publiques ne poursuivent pas ponctuellement l'intérêt général – cas du détournement de pouvoir –, mais aussi qu'elles ne visent pas un intérêt général suffisant[67] – cas qui, s'il ne trouvera pas nécessairement de débouché contentieux, impose néanmoins une vigilance. Ces intérêts considérés comme de rang inférieur, bien que relevant de l'intérêt général, doivent donc toujours pouvoir faire l'objet d'une critique qui permettra d'appréhender ce dernier le plus justement possible.

III. ...Pour redonner confiance en l'intérêt général

La méfiance peut donc être le moteur d'une critique dont le droit ne peut se passer. Cette critique ne doit cependant pas se cantonner à un rôle purement négatif : comme il a été dit, le substantif révèle une *crise* qui est avant tout un moment de *décision*. La critique doit donc

---

[65] Clamour (Guylain), *op. cit.*, p. 354.

[66] L'auteur montre que la satisfaction d'un tel besoin financier est nécessaire pour les personnes publiques (*op. cit.*, p. 12). Cet intérêt appartient donc toujours à l'intérêt général *in abstracto* (p. 16 et p. 95), en ce sens qu'il n'est jamais un intérêt purement « privé » et qu'il présente toutes les caractéristiques lui permettant d'être reconnu d'intérêt général *in concreto* (p. 16). C'est justement à ce second stade que l'intérêt financier peut ne plus être reconnu comme d'intérêt général *in concreto*, dès lors que les inconvénients qui en résultent l'emportent sur les autres aspects de l'intérêt général (*ibid*). Cela ne fait cependant pas de lui une sorte d'intérêt « privé » des personnes publiques (pp. 29-33) mais simplement un « intérêt général de second rang » (p. 38 et p. 57).

[67] V. *supra*, note 18.

savoir se faire positive. C'est en permettant à celle-ci de pouvoir jouer son rôle que l'intérêt général, bien que relevant en premier lieu de la volonté des dirigeants publics, pourra donner des gages de confiance.

François Brunet a montré que la normativité « présuppose toujours une certaine normalité »[68], en ce sens que toute norme se doit d'être reconstruite « à partir de données factuelles »[69] afin, notamment, de ne pas « perdre contact avec la société »[70] qu'elle prétend régir. Cette exigence vaut *a fortiori* pour le modèle normatif que constitue l'intérêt général[71].

Certes, sa dimension politique[72] lui octroie une certaine marge d'abstraction (voire d'irréalisme). Il lui est en effet permis de se dégager, dans une certaine mesure, de cette condition de normalité en tant que l'intérêt général constitue une forme d'*utopie*, entendue « au sens où ce mot désigne un lieu qui n'existe pas, précisément parce que le projet de la norme n'a par définition pas d'existence concrète dans le monde des faits »[73]. Jean-Marie Pontier estime, en ce sens, qu'« avec l'intérêt général qui est (...) l'*alpha* et l'*oméga* du droit administratif, nous sommes bien en utopie » et que la question n'est pas « de savoir si l'intérêt général est *possible*, s'il n'est qu'une *illusion* voire, pour certains, une tromperie » mais simplement de constater qu'« en postulant cet intérêt général, en en faisant un horizon indépassable de la puissance publique, en n'existant qu'en s'y référant, le droit administratif est bien le droit de l'utopie »[74]. La condition de normalité peut donc paraître s'appliquer dans une moindre mesure à l'intérêt général, lequel, en tant que modèle normatif, n'aurait pas tant pour objet de *régir* des situations que de les faire *advenir* (ou du moins d'en indiquer l'horizon désiré). En ce sens,

---

[68] Brunet (François), *op. cit.*, p.591

[69] *Op. cit.*, p. 588.

[70] *Op. cit.*, p. 591.

[71] V. notamment : Coq (Véronique), *Nouvelles recherches sur les fonctions de l'intérêt général dans la jurisprudence administrative*, L'Harmattan, « Logiques juridiques », 2015, p. 183 et p. 251 ; Merland (Guillaume), *op. cit.*, p. 17 et s.

[72] *V. supra.*

[73] Brunet (François), *op. cit.*, p. 206.

[74] Pontier (Jean-Marie), « Le droit administratif et l'utopie », *AJDA*, 2004, p. 1001.

il ne serait pas tant le serviteur de la normalité que le vecteur de sa survenance.

Le spectre de la question de sa normalité doit cependant être élargi. Celle-ci se pose de manière la plus aiguë concernant la détermination de son contenu. Il faut remarquer que l'intérêt général est le plus souvent érigé en *finalité*, ce qui constitue une étape nécessaire à sa normativisation et donc à sa juridicisation. Cependant, l'intérêt général ne doit pas se concevoir uniquement comme un but mais d'abord comme une *réalité* (certes plus ou moins actuelle) : dans son acception la plus large – et donc la plus consensuelle – l'intérêt général, en tant que *réalité*, est appréhendé comme un ensemble de conditions actuelles permettant le mieux-vivre, aussi bien en commun qu'individuellement. Il n'est donc pas uniquement une finalité – puisqu'il peut être doté d'une certaine actualité – mais n'est pas non plus purement actuel – ce qui fait qu'il est toujours visé normativement comme finalité. L'intérêt général a donc bien un ancrage dans une certaine réalité plus ou moins actuelle.

Cette réalité n'est cependant pas univoque et dépend en grande partie des représentations collectives et individuelles[75] (même si la question reste ouverte de savoir s'il n'existe pas certaines conditions *objectives* du bien vivre en commun et donc de l'intérêt général[76]). François Brunet a cependant montré que la normalité est elle-même

---

[75] En effet, « l'intérêt général est un instrument « trans-frontière » qui traduit juridiquement les idéologies politiques » (Coq (Véronique), *op. cit.*, p. 440). Didier Truchet considère en ce sens qu'« il est impossible de le définir de manière plus précise que par les *besoins de la population* ou « l'avantage de tous » (selon l'expression qu'emploie l'article 12 DDHC à propos de la force publique). Son contenu est contingent, dépendant des circonstances de temps et de lieu et des choix politiques, et donc variable. Identifier des besoins d'intérêt général (ou *d'intérêt public*, ou *d'utilité publique*) est une opération politique au sens le plus élevé du terme » (*op. cit.*, pp. 47-48).

[76] Marie-Pauline Deswarte note, en ce sens, que « le droit administratif parle de l'intérêt général né de la nature des choses ou des besoins de la population. Dans ce cas, le juge n'interprète plus la politique des pouvoirs publics, mais constate une situation objective. Ceci lui permet, dans la mesure où cette constatation dépend de sa volonté, de donner une certaine souplesse à sa jurisprudence et de compenser ainsi certaines carences des pouvoirs publics » (« L'intérêt général dans la jurisprudence du Conseil constitutionnel », *art. préc.*, p. 39).

une « construction » dépendant d'un « discours social »[77]. C'est en ce sens que derrière l'intérêt général « se profile une certaine conception de la « normalité », pétrie de représentations dominantes »[78]. Ainsi, l'intérêt général peut recouvrir autant de nécessités (ou ce qui est considéré comme tel à un moment donné) ; de besoins (ou considérés comme tels) ; de désirs ; etc. Cela montre déjà que, si sa détermination positive est l'apanage des autorités publiques – comment pourrait-il en être autrement ? –, sa teneur dépend de nombreux autres facteurs qui en sont autant de déterminants et de sources[79]. C'est aussi en cela qu'il est difficile de déterminer, concrètement, ce qui peut servir d'étalon à sa normalité (d'où la nécessité qu'un choix soit posé, en l'occurrence par les dirigeants publics, à un certain moment). Cette tension, entre l'exigence de normalité et la difficulté d'établir l'étalon à l'aune duquel celle-ci peut être établie, ressort assez clairement de la thèse de Véronique Coq : l'auteur a su mettre en lumière le « statut ontologique »[80] de l'intérêt général – selon lequel celui-ci a une nature politique en ce sens qu'il a pour vocation de transcender les intérêts particuliers[81] –, et montrer ainsi qu'il ne devait pas être considéré comme une « coquille vide »[82] ; cependant, l'aporie y est patente – et à notre sens inévitable – au stade de sa détermination, c'est-à-dire de l'incarnation concrète de sa teneur, puisque celle-ci dépend d'un processus authentiquement prudentiel.

La question de la « normalité » du but d'intérêt général ne peut donc trouver son sens que dans cette *recherche* qui doit aussi – et peut-être même d'abord – être menée par les décideurs publics. Sa teneur n'est donc pas seulement une affaire de volonté et, comme l'écrit Guylain Clamour, si « la transcendance de l'intérêt public

[77] Brunet (François), *op. cit.*, p. 588.
[78] Chevallier (Jacques), « Droit, ordre et institution », *Droits*, n° 10, 1989, p. 20.
[79] Guylain Clamour a montré que la part du déterminisme – et donc de la connaissance – n'est jamais absolument absente des diverses conceptions de l'intérêt général, même dans celles considérées comme les plus « volontaristes » (*op. cit.*, p. 178) même si la volonté y a toujours tendance à prendre le pas sur la raison et sur la connaissance (Deswarte (Marie-Pauline), « Intérêt général, bien commun », *art. préc.*, p. 1298 et p. 1310).
[80] Coq (Véronique), *op. cit.*, p. 41 et p. 336.
[81] *Op. cit.*, p. 41 et p. 431.
[82] *Op. cit.*, p. 171.

perdure dans son principe », elle doit désormais « se justifier rationnellement »[83]. Autrement dit, l'intérêt général ne doit pas être simplement vu comme un vecteur de justification[84] – ce qu'il est – mais aussi comme une finalité devant être elle-même justifiée.

C'est notamment pour répondre à cette exigence de normalité que sont créés des processus d'évaluation et des procédures de participation[85] pour déterminer la teneur de ce but d'intérêt général. Malgré leurs limites, ces procédures visent à refléter davantage la réalité (qu'il s'agisse de celle liée à l'état de conscience collectif ou de celle tenant à l'efficacité des mesures envisagées). Guylain Clamour a particulièrement mis en lumière cette « inflexion de la conception moniste »[86] de l'intérêt général en mettant, avec d'autres auteurs, l'accent sur le « pluralisme »[87] dont sa détermination doit faire l'objet[88].

---

[83] Clamour (Guylain), *op. cit.*, p. 230.

[84] L'ensemble des ouvrages et articles déjà cités insistent, à des degrés divers, sur cette fonction justificatrice.

[85] Jacques Chevallier note, en ce sens, que « l'intérêt général fait l'objet d'une construction progressive, au fil des processus délibératifs » (« Déclin ou permanence du mythe de l'intérêt général ? », *art. préc.*, p. 85).
V. aussi Dubreuil (Charles-André), « L'éthique de la décision publique, garante de l'intérêt général », in *Mél. Didier Truchet*, *op. cit.*, p. 198 et s.

[86] Clamour (Guylain), *op. cit.*, p.194. Jacques Chevallier écrit, dans le même sens, que « l'intérêt général apparaît désormais comme le produit d'un rapport de forces politique et social contingent, résultant de la confrontation d'une série d'acteurs publics et privés, internes et externes, qui entendent peser sur les choix collectifs » (in « Déclin ou permanence du mythe de l'intérêt général ? », *art. préc.*, p. 89).

[87] Clamour (Guylain), *op. cit.*, p. 204 et s.

[88] Voir notamment : Conseil d'Etat, « Rapport public : considérations générales sur l'intérêt général », *art. préc.*, p. 356 ; Pontier (Jean-Marie), « L'intérêt général existe-t-il encore ? », *art. préc.*, p. 329 ; Clamour (Guylain), « Esquisse d'une théorie générale des contrats publics », *art. préc.*, p. 670.
Ce constat, qui fait l'objet d'un consensus doctrinal, n'est cependant pas exempt de toute critique. Jean-Marie Pontier remarque, par exemple, que la transaction suppose « le compromis, qui ne [rime] pas spontanément avec l'intérêt général » (in « L'intérêt général existe-t-il encore ? », *art. préc.*, p. 329). De son côté, Vlad Constantinesco considère que « si l'intérêt général – notion patiemment construite au fil des siècles – s'effrite, c'est aussi parce que le relâchement du lien sociétal qui lui sert de soubassement ou de socle permet à chacun – groupe, individu – de réclamer pour lui-même la capacité définitive de juger, à l'aune de ses propres préoccupations et priorités, de ce que devrait être l'« intérêt général », ainsi

***

L'intérêt général voit donc reposer sur lui une *exigence de réalisme* en ce sens qu'il doit être lui-même suffisamment justifié pour être accepté. Pour ce faire, il ne doit pas être trop éloigné des besoins (réels ou considérés comme tels) tant de la collectivité prise comme un ensemble[89] que de ses membres[90]. Dans ce processus, la part de décision n'est évidemment pas exclue. Celle-ci se doit cependant d'être accompagnée par d'autres facteurs qui en sont autant d'éléments de codétermination et de surdétermination[91]. Et s'il n'est pas possible d'établir avec certitude la teneur exacte que doivent recouvrir les diverses décisions d'intérêt général – tant celles-ci dépendent des représentations collectives mais aussi des besoins le plus souvent contingents –, une chose est cependant certaine : cette normalité de l'intérêt général, *indémontrable* dans sa teneur, est cependant une véritable *exigence* et doit être *recherchée*, non seulement par ceux qui ont la charge des décisions publiques, mais aussi à travers la critique positive sus-évoquée[92]. C'est paradoxalement en s'affublant d'une *juste méfiance* que cette dernière peut permettre aux autorités publiques de dépasser la *défiance légitime* dont elles font parfois l'objet, afin de redonner *confiance* dans un intérêt général qui ne peut s'en passer et dont la société ne peut se passer.

relativisé » (« De « NIMBY » à « BANANA » ou les vicissitudes de l'intérêt général… » in *Mél. Didier Truchet*, *op. cit.*, p. 107).

[89] Coq (Véronique), *op. cit.*, p. 431.

[90] *Op. cit.*, p. 295.

[91] Clamour (Guylain), *op. cit.*, p. 195

[92] Qui, d'ailleurs, « n'intéresse pas le seul cénacle des juristes » car, comme le remarque Frédéric Alhama, « du fait de sa grande portée politique et sociale, cette question est de nature à retenir l'attention de la communauté citoyenne dans son entier » (*op. cit.*, p. 62).

« Confiance et responsabilité de la puissance publique »

Laetitia Janicot,
Professeur à l'Université Cergy-Pontoise (LEJEP)

La confiance est principalement appréhendée par le droit à travers le principe de protection de la confiance légitime. Ce principe, consacré après la seconde guerre mondiale, en droits allemand et suisse, est étroitement lié à l'émergence du concept d'Etat de droit. Il ne joue qu'en faveur de l'administré, du citoyen et ne peut en revanche être invoqué par les autorités publiques, qui disposent de moyens juridiques suffisants pour sanctionner tout comportement irrégulier des administrés. Il a en effet comme fonction de « protéger la position de l'individu face au pouvoir croissant des personnes publiques », de « limiter et rationaliser le pouvoir étatique »[1]. En vertu de ce principe, reconnu par la suite par la Cour de justice de l'Union européenne[2] et dans d'autres Etats[3], l'administré, et plus généralement

[1] Calmes (Sylvia), *Du principe de protection de la confiance légitime en droits allemand, communautaire et français*, Dalloz, Nouvelle bibliothèque de thèses, 2001, p. 356. V. également la contribution de Patrick Dollat, qui figure dans le présent ouvrage.

[2] V. pour un arrêt récent, CJUE 5 mars 2019, n° C 349/14, point 97 : « le droit de se prévaloir du principe de la protection de la confiance légitime suppose que des assurances précises, inconditionnelles et concordantes, émanant de sources autorisées et fiables, ont été fournies à l'intéressé par les autorités compétentes de l'Union. En effet, ce droit appartient à tout justiciable à l'égard duquel une institution, un organe ou un organisme de l'Union, en lui fournissant des assurances précises, a fait naître à son égard des espérances fondées. Constituent de telles assurances, quelle que soit la forme sous laquelle ils sont communiqués, des renseignements précis, inconditionnels et concordants ». V. sur cette question notamment, Planchon (Marie-Hélène), « Le principe de la confiance légitime devant la Cour de justice des Communautés », *Droit prospectif* 1994, p. 447 ; Boulouis (Jean), « Quelques observations à propos de la sécurité juridique », in *Du droit international au droit de l'intégration : liber amicorum Pierre Pescatore*, Nomos Verlasgesellschaft, 1987, p 53.

[3] Par exemple, Schwarze (Jürgen), *Doit administratif européen*, Bruylant, coll. Droit Administratif, 2009, p. 915.

le citoyen, qui se trouve dans une « situation dans laquelle [il se fie] à une base de confiance, posée par la puissance publique, [peut] invoque[r] la protection de sa confiance par la suite déçue »[4]. Ce principe permet ainsi à « un citoyen de bonne foi de faire prévaloir devant un juge le respect des engagements pris par les pouvoirs publics et dans lesquels il a légitiment pu avoir confiance […] »[5].

La confiance emporte ainsi des attentes particulières des citoyens sur le comportement futur des autorités publiques, que ce comportement consiste dans des actes positifs ou des abstentions ou encore dans l'adoption de règles de droit ou la réalisation d'actions matérielles. Ces attentes envers les autorités publiques, en qui la confiance est placée, sont doubles. Tout d'abord, l'administré est en droit d'attendre d'elles un comportement cohérent, logique et non contradictoire. « La confiance est une foi ferme que quelqu'un se comporte d'une manière déterminée »[6]. L'autorité publique doit, à ce premier titre, se conformer à ses propres décisions, à ses propres engagements. Ainsi, « il y a, entre la confiance légitime et la bonne administration, une idée commune de « raisonnabilité », de cohérence de comportement »[7]. La confiance légitime implique également la croyance légitime en la stabilité de la situation juridique créée, admise, autorisée par la personne publique. La confiance est ici étroitement liée à l'exigence de sécurité juridique. « L'administré est en droit de prévoir les interventions possibles de la puissance publique et de prendre les dispositions appropriées. Il doit pouvoir avoir confiance que son comportement conforme au droit en vigueur reste reconnu comme tel par l'ordre juridique avec toutes les conséquences originaires qui y étaient originairement attachées »[8]. Cette confiance en la stabilité de la situation juridique est rompue lorsque la personne publique modifie ou supprime, de manière inattendue ou soudaine, la situation de confiance. La confiance est aussi déçue lorsque l'administration ne prend pas les mesures qu'elle s'est pourtant engagée à adopter.

---

[4] Calmes (Sylvia), *thèse préc.*, p. 356.

[5] Truchet (Didier), *Droit administratif*, Thémis, Droit, 4ème édition, 2011, Paris, p. 1959.

[6] Calmes (Sylvia), *thèse préc.*, p. 367.

[7] Bousta (Rhita), *Essai sur la notion de bonne administration en droit public*, Logiques juridiques, 2010, p. 248 et s.

[8] Truchet (Didier), *op. cit.*, p. 1959.

Au regard de cette définition, il est possible d'identifier différents types de situations de confiance susceptibles d'être protégées : les situations dans lesquelles l'autorité publique n'agit pas conformément aux informations ou aux assurances qu'elle a pu donner aux administrés, ne tient pas ses promesses, rompt brutalement des négociations, n'applique pas une pratique constante ou encore modifie ou met fin de manière brutale et imprévisible à l'application de règles de droit. La confiance joue un rôle particulier dans la relation contractuelle[9]. Le contrat repose, en effet, sur un rapport de confiance, qui découle notamment de l'exigence de bonne foi. Les cocontractants s'entendent sur leurs engagements réciproques qu'ils inscrivent dans le contrat. Ils espèrent également que l'état du droit positif, sur la base duquel le contrat a été conclu, ne sera pas modifié à l'avenir. En dehors du contrat, la confiance suppose une relation particulière entre la personne publique et l'administré, qui repose sur un engagement fondateur, sur une « base de confiance » qui peut toutefois être limitée dans le temps[10]. Ainsi, toute autorité publique peut être considérée, sous certaines conditions, comme ayant suscité des attentes fondées. En ce qui concerne la justice, le principe de protection de la confiance légitime est invoqué pour contrer des changements de jurisprudence, mais avec des limites liées à son caractère casuistique[11]. Il est également opposable au législateur, mais dans une moindre mesure en raison du caractère général de la loi. Celle-ci peut toutefois constituer une base de confiance dès lors qu'elle contient des dispositions claires et précises[12]. Le principe de confiance légitime joue enfin, et surtout, à l'égard de l'administration, dont le comportement peut susciter des attentes déterminées et de formes diverses. La confiance doit toutefois être légitime, « fondée » pour être digne de protection, ce qui justifie que seul l'administré de bonne foi peut s'en prévaloir. Si la base de confiance est entachée d'un vice que celui-ci ne peut ignorer, la situation qu'elle a créée ne peut être digne de protection. Elle n'est pas légitime.

Les modalités de la protection de la confiance légitime, ainsi définie, sont nombreuses : elle peut consister dans l'obligation pour la

---

[9] V. la contribution de Nicolas Boulouis, qui figure dans le présent ouvrage.
[10] Expression empruntée à celle retenue par Sylvia Calmes (*thèse préc.*).
[11] V. la contribution de François Molinié, qui figure dans le présent ouvrage.
[12] V. en ce sens, Calmes (Sylvia), *thèse préc.*, p. 316.

personne publique de se comporter conformément aux attentes légitimes de l'administré. Elle peut consister également dans l'obligation d'adopter des mesures transitoires. Enfin, elle peut donner lieu à une indemnisation. La protection de la confiance légitime n'est toutefois pas sans limite ; elle doit être conciliée au cas par cas avec les éventuels intérêts publics ou intérêts des tiers en présence.

Le principe de confiance légitime n'a pas été consacré en tant que tel en droit français. Mais la confiance légitime « irrigue en réalité souterrainement le droit administratif français depuis bien plus longtemps qu'on ne le croit »[13].

D'une part, elle explique la reconnaissance d'un certain nombre des droits au profit des administrés. Elle justifie ainsi la protection des droits acquis telle qu'elle résulte du régime du retrait et de l'abrogation des actes créateurs de droits. Dans le domaine du droit fiscal, également, un nombre important de dispositifs, tels que le rescrit fiscal, les accords fiscaux préventifs ou encore l'opposabilité de la doctrine fiscale relèvent de la logique de la protection de la confiance légitime. Plus récemment, la loi n° 2018-727 du 10 août 2018 *Pour un Etat au service d'une société de confiance* participe de cette évolution générale[14]. L'institution d'un droit d'obtenir pour tout usager, préalablement à l'exercice de certaines activités, un certificat d'information sur l'ensemble des règles applicables à cette activité[15] obligent l'administration à respecter ses prises de position formelles. Il en va de même de la reconnaissance du droit pour « toute personne de se prévaloir de l'interprétation d'une règle, même erronée, opérée par certains documents administratifs, pour son application à une situation qui n'affecte pas des tiers, tant que cette interprétation n'a pas été modifiée »[16]. Tous ces exemples constituent autant de formes nouvelles de la confiance de l'administré dans ses relations avec l'administration.

D'autre part, un certain nombre de mécanismes, qui ne sont pas fondés sur la responsabilité, a déjà été introduit en droit français pour protéger la confiance légitime.

---

[13] V. pour une démonstration récente, Plessix (Benoît), « Sécurité juridique et confiance légitime », *RDP* 2016, p. 799.

[14] Saunier (Sébastien), « Une administration qui s'engage », *AJDA* 2018, p. 1828.

[15] Art. L 114-11 du CRPA.

[16] Nouvel art. L 312-3 du CRPA.

Tout d'abord, le principe de sécurité juridique, tel qu'il a été consacré par le Conseil d'Etat dans l'arrêt du 24 mars 2006, *KPMG*[17], a eu pour effet d'imposer aux autorités réglementaires d'adopter des mesures transitoires, lorsque l'effet immédiat d'une nouvelle réglementation porte une atteinte excessive à la stabilité de la situation juridique de ses destinataires, à laquelle ils pouvaient légitiment croire[18]. Or, l'obligation d'adopter des mesures transitoires qui implique celle d'organiser une application différée des nouvelles normes constituent, à n'en pas douter, l'une des formes de la protection de la confiance légitime. Assurée par la puissance publique elle-même, elle est mise en oeuvre en cas de remise en cause d'un dispositif existant.

Des décisions récentes du Conseil d'Etat et du Conseil constitutionnel ont également imposé dans certains cas à l'administration de maintenir la situation initiale de confiance créée par le législateur[19]. Dès lors qu'aucun motif d'intérêt général ne s'y oppose, l'espérance ou l'attente légitime d'un contribuable de ne pas subir de nouvelles impositions ou de continuer à bénéficier d'avantages fiscaux est ainsi protégée par la déclaration d'illégalité de la décision administrative ou la déclaration d'inconstitutionnalité de la loi rompant cette confiance. La situation de confiance est alors rétablie. Certes, le Conseil d'Etat se fonde, dans ces affaires, sur l'espérance légitime au sens de l'article 1er du Premier Protocole, qui ne peut être totalement assimilée à la confiance légitime. L'espérance légitime s'inscrit, en effet, dans une logique différente, fondée sur la reconnaissance d'un droit, en l'occurrence, le droit de propriété. Elle fait « corps avec ce droit »[20]. « L'espérance légitime n'a pas pour objet direct l'engagement de la responsabilité. Elle n'est qu'un vecteur

[17] CE Ass. 24 mars 2006, *Sté KPMG*, n° 288460.

[18] V. à propos des dérogations apportées à la rétroactivité de la jurisprudence, CE Ass. 16 juillet 2007, *Tropic Travaux signalisation*, n° 291545.

[19] CE 9 mai 2012, *Ministre du budget, des comptes publics et de la fonction publique c./ Sté EPI* n° 308996, *AJDA* 2012, p. 1392. Pour des applications récentes, CE 6 juin 2018, *Decra France*, n° 414482 ; CE 25 octobre 2017, *Ministre c./ Société Vivendi*, n° 403320, à propos d'un agrément fiscal.

[20] Sur l'analyse de ces deux notions, Jean Baptiste (Walter), *L'espérance légitime*, Fondation Varenne, collection de thèses, 2011, p. 166 ; Blanc-Fily (Charlotte), « La notion conventionnelle d'espérance légitime : convergences et divergences entre appréhensions prétoriennes nationale et européenne », *RFDA* 2015, p. 527

permettant de reconnaître le droit à la protection d'un bien. Ce n'est qu'ensuite, si des atteintes illégales ont été portées à ce bien, que la responsabilité de l'auteur de ces atteintes pourra être recherchée »[21].

Même si cette jurisprudence n'a pas pour objet direct l'engagement de la responsabilité de la puissance publique, elle introduit bien un mécanisme de protection, qui consiste à maintenir une situation de confiance initiale. Conçue de manière large, et indépendamment de l'article 1er du Premier Protocole, la confiance peut être fondée sur l'apparence, et donc sur une croyance, mais elle peut aussi résulter d'une attente et donc d'une espérance. C'est d'ailleurs nous semble-t-il le sens de la jurisprudence récente du Conseil constitutionnel qui sanctionne le législateur pour avoir trompé les attentes du contribuable qu'il a fait naitre légitimement, celui-ci ayant cru au maintien de règles fiscales avantageuses[22]. Si celui-ci juge qu' « il est à tout moment loisible au législateur, [...] de modifier des textes antérieurs ou d'abroger ceux-ci en leur substituant, le cas échéant, d'autres dispositions », il ajoute toutefois en se fondant sur la garantie des droits proclamée par l'article 16 de la Déclaration de 1789, que « ce faisant, il ne saurait toutefois priver de garanties légales des exigences constitutionnelles ; qu'en particulier, il ne saurait sans motif d'intérêt général suffisant, ni porter atteinte aux situations légalement acquises, ni remettre en cause *les effets qui peuvent légitimement être attendus de telles situations* »[23]. Sur ce fondement, il a censuré des dispositions

---

[21] B. Canguilhem, note sous CE, 25 novembre 2013, n° 361118, *Min. Économie et Finances c/ Stés France Télécom et Orange France*, *RJEP* 2014, n° 28.

[22] V. sur ce contentieux, Delaunay (Benoît), « Le contentieux des espérances légitimes en droit fiscal » in *Le contentieux fiscal en débats*, LGDJ, 2013, p. 293 et « Faut-il reconnaitre un principe de confiance légitime ? » in *La sécurité fiscale*, L'Harmattan, 2012, p. 39.

[23] CC 19 décembre 2013, n° 2013-682DC, *Loi de financement de la sécurité sociale pour 2014*, cons. 14 à propos d'une disposition augmentant le rendement des prélèvements sociaux appliqués aux produits des contrats d'assurance vie : « qu'il ressort de l'ensemble des dispositions législatives énumérées que l'application des taux de prélèvements sociaux « historiques » aux produits issus de certains contrats d'assurance-vie est l'une des contreparties qui sont attachées au respect d'une durée de six ou huit ans de conservation des contrats, accordées aux épargnants pour l'imposition des produits issus de ces contrats ; que, par suite, *les contribuables ayant respecté cette durée de conservation pouvaient légitimement attendre l'application d'un régime particulier d'imposition lié au respect de cette durée légale ».* C'est nous qui soulignons.

législatives, ayant pour objet de revenir sur des régimes fiscaux favorables et remettant ainsi en cause les attentes légitimes des contribuables au regard de l'application de ces régimes[24]. Qu'en est-il de la responsabilité, qui constitue un autre mode de protection de la confiance légitime, puisqu'elle conduit à la réparation financière du préjudice causé par la violation de la confiance légitime et qu'elle peut inciter les autorités publiques à respecter, par crainte de cette condamnation, leurs engagements[25] ?

Si la confiance légitime ne constitue pas un fondement immédiat de la responsabilité de la puissance publique (I.), elle explique très largement différents régimes de responsabilité existants (II.). Ce décalage conduit à s'interroger sur l'intérêt qu'il y aurait à reconnaitre aujourd'hui un nouveau cas de responsabilité fondé sur la confiance légitime (III.).

I. La confiance légitime exclue des fondements de la responsabilité de la puissance publique

Dans un jugement remarqué, le Tribunal administratif de Strasbourg a tenté d'introduire le principe de confiance légitime comme fondement de la responsabilité de l'administration en 1994[26]. Il a en effet jugé que « dans la mise en œuvre de son activité, l'administration doit veiller à ne pas porter aux tiers un préjudice anormal en raison d'une modification inattendue des règles qu'elle édicte ou du comportement qu'elle adopte si le caractère soudain de ce changement n'est pas rendu nécessaire par l'objet de la mesure ou par les finalités poursuivies […] *qu'à défaut de respecter le principe de la confiance légitime* dans la clarté et la prévisibilité des règles juridiques et de l'action administrative, l'administration engage sa responsabilité

---

[24] CC 19 décembre 2013, *préc.*, et CC 5 décembre 2014, n° 2014-435 QPC : « la volonté du législateur d'augmenter les recettes fiscales ne constitue pas un motif d'intérêt général suffisant pour mettre en cause les effets qui pouvaient légitimement être attendus d'une imposition à laquelle le législateur avait conféré un caractère libératoire pour l'année 2011 ».

[25] Belrhali (Hafida), *Responsabilité administrative*, Lextenso, 2017, p. 48 et s. sur les fonctions de la responsabilité.

[26] TA Strasbourg, 8 décembre 1994, *Entreprise Freymuth c/ Ministre de l'environnement*, n° 913085, conclusions J. Pommier, *AJDA* 1995, p. 555 ; *Europe* 1995, comm. D. Simon ; *RFDA* 1995, p. 963, note M. Heers.

à raison du préjudice anormal résultant d'une modification inutilement soudaine de ces règles ou comportement ».

Mais cette audace n'a pas trouvé écho auprès du Conseil d'Etat, qui a affirmé, à plusieurs reprises depuis cette affaire, son refus de consacrer, en droit interne, le principe de confiance légitime comme fondement de la responsabilité publique[27].

Principe général du droit de l'Union européenne, il ne trouve, en définitive, à s'appliquer dans l'ordre juridique français que dans le cas où la situation juridique dont a à connaitre le juge administratif est régie par le droit de l'Union européenne[28]. Le caractère subjectif de la protection de la confiance légitime explique en grande partie le refus du Conseil d'Etat de consacrer un tel principe. Celui-ci est en effet présenté comme étranger à la tradition objective et légaliste du droit français, fondée sur le principe de légalité. Le principe de mutabilité de la réglementation est également présenté comme un obstacle à l'introduction du principe de confiance légitime[29]. Le juge administratif est en effet attaché au principe selon lequel nul n'a de droit acquis au maintien d'un règlement[30] et reconnaît à l'autorité administrative le pouvoir de modifier à tout moment la réglementation en vigueur, y compris lorsque celle-ci a été édictée pour une durée déterminée à l'avance. Admettre en droit français ce principe pourrait ainsi conduire à « pétrifier » ou « cimenter » la réglementation, la loi, la pratique administrative. Plus généralement, il pourrait constituer un frein pour l'évolution générale du droit objectif[31].

Mettant à mal « cette croyance, fortement ancrée dans les mentalités » [32], l'analyse du droit de la responsabilité de la puissance

---

[27] CE 9 mai 2001, *Entreprise personnelle de transports Freymuth*, n° 210944, confirmant l'arrêt de la CAA de Nancy du 17 juin 1999, n° 95NC00226. V. par la suite, par exemple, CE 23 juillet 2014, *Syndicat national des collèges et des lycées*, p. 277.

[28] Par exemple, CE 5 mars 1999, *Rouquette, Mme Lipietz et autres* n° 194658 ; CE 9 mai 2001, *Sté mosellane de transaction*, n° 211162.

[29] V. en ce sens, Bonnet (Baptiste), « L'analyse des rapports entre administration et administrés au travers du prisme des principes de sécurité juridique et de confiance légitime », *RFDA* 2013, p. 71.

[30] CE 25 juin 1954, *Syndicat national de la meunerie à seigle*, *Rec. Leb.* p. 379 et conclusions Donnedieu de Vabres, *D.* 1955, p. 49 ; CE 27 janvier 1961, *Vannier*, p. 60, conclusions Kahn.

[31] Calmes (Sylvia), *thèse préc.*, p. 496.

[32] Plessix (Benoît), *art. préc.*, p. 799.

publique montre au contraire que la confiance légitime constitue une vraie source d'inspiration des régimes existants.

II. La confiance, logique sous-jacente de la responsabilité de la puissance publique

La confiance légitime irrigue tout à la fois les mécanismes de la responsabilité pour faute (A) et de la responsabilité sans faute (B).

A) La responsabilité sans faute

Un certain nombre de cas dans lesquels la responsabilité sans faute de la puissance publique est engagée sur le fondement de l'égalité devant les charges publiques trouvent leur raison d'être dans l'idée de confiance.

Camille Broyelle a tout d'abord démontré que la responsabilité sans faute du fait des décisions administratives régulières est très largement inspirée par l'idée de confiance légitime trompée[33]. L'arrêt *Couitéas* en vertu duquel le bénéficiaire d'une décision de justice a droit à être indemnisé du préjudice qu'il subit du fait de l'inexécution d'une décision de justice pour des motifs d'ordre public, traduit notamment le point de départ de la prise en compte de la confiance légitime dans la responsabilité extra-contractuelle de l'administration pour rupture de l'égalité devant les charges publiques. Dans ses conclusions, le commissaire du gouvernement Rivet soulignait en ce sens que « le requérant possède un titre — la formule exécutoire apposée sur son jugement — qui lui fait, ou qui doit lui faire [...] par le lien juridique qu'il crée entre lui et l'État, une situation nettement à part ». En se fondant sur ce lien particulier, qu'il considère similaire à celui que peuvent avoir les parties à un contrat, Rivet conclut que l'administré est « *fondé à compter* sur l'efficacité de son titre ». En d'autres termes, dans le cas spécifique du refus de concours de la force publique pour l'exécution d'une décision de justice, l'indemnisation, fondée sur la rupture de l'égalité devant les charges publiques,

[33] Broyelle (Camille), « Confiance légitime et responsabilité publique », *RDP* 2009, p. 321.

s'explique en réalité par la confiance déçue du justiciable dans l'exécution des décisions de justice.

L'idée de confiance légitime peut également expliquer la responsabilité sans faute de l'administration, lorsqu'elle ne respecte pas sa propre réglementation sans pour autant commettre d'illégalité[34]. Dans tous ces cas, « l'égalité est un habillage »[35] derrière lequel se cache la confiance.

La même logique se retrouve enfin dans la jurisprudence relative à la responsabilité du fait des lois. Dans le silence de la loi, tout préjudice grave et spécial, causé par une loi et « excédant les aléas que comporte nécessairement l'activité exercée » doit être réparé[36], quelle que soit la nature de l'intérêt général poursuivi[37]. Le juge recherche, dans ce cas, si le dommage causé à l'administré relève ou non de ceux auxquels il pouvait légitimement s'attendre ou prévoir. Le préjudice grave, seul indemnisable, est celui qui résulte d'un aléa imprévisible, d'un « évènement qui *trompe la confiance légitime* »[38]. Les conclusions du rapporteur public sur l'arrêt du 2 novembre 2005, *Cie Ax'ion*, sont à ce titre éclairantes : « la requérante, en décidant d'exploiter une installation classée, s'est d'une certaine manière exposée au risque de se voir imposer une fermeture. Dans ces conditions, une part du dommage subi découle *normalement* de l'application de la loi [...]. Il en constitue *la conséquence prévisible et légitime* »[39].

---

[34] Camguilhem (Benoît), *Recherche sur les fondements de la responsabilité sans faute en droit administratif*, Nouvelle Bibliothèque des thèses,2014, vol. 132, p. 367 et s. Par exemple, CE Ass. 7 mai 1971, *Ministre de l'économie et des finances et ville de Bordeaux c./ Sieur Sastre*, Rec. P. 334 à propos de l'indemnisation d'un préjudice grave et anormal sur le fondement de la responsabilité sans faute de l'Etat qui n'assure pas le respect d'une réglementation.

[35] Broyelle (Camille), *art. préc.*

[36] CE 2 novembre 2005, *Coopérative agricole Ax'ion* n° 266564. V. pour des applications, CE 25 juillet 2007, *Leberger et Cortie* n° 278190 et CE 11 avril 2008, *SCI Moulin du Roc*, n° 288528.

[37] CE Sect. 30 juillet 2003, *ADARC* n° 215957.

[38] Broyelle (Camille), *art. préc.* (c'est nous qui soulignons).

[39] *RFDA* 2006, p. 349 (c'est nous qui soulignons).

B) La responsabilité pour faute

La protection de la confiance légitime explique aussi certains cas de responsabilité pour faute de l'administration.

C'est le cas, tout d'abord, de la responsabilité de l'administration pour non-respect de ses engagements non contractuels[40]. Si l'administration n'adopte pas un comportement conforme aux engagements et promesses, clairs et fermes qu'elle a pu prendre ou faire, l'administré peut engager sa responsabilité pour faute, sous réserve qu'il n'ait pas fait preuve d'imprudence[41]. Cette jurisprudence couvre d'ailleurs aussi bien l'hypothèse où la promesse peut être légalement tenue[42] que celle qui ne peut l'être[43]. Dans tous ces cas, il y a bien l'idée selon laquelle « l'administration ne doit pas tromper la confiance et les espérances légitimes nées des engagements qui sont pris en son nom »[44].

La confiance légitime explique aussi la responsabilité pour faute de l'administration lorsqu'elle change de manière imprévisible et soudaine soit des règles, soit son comportement. Par exemple, dans un arrêt du 22 novembre 1929, *Cie des mines de Siguiri*, le Conseil d'Etat a jugé qu'en ordonnant à la société de cesser et d'abandonner complètement ses travaux alors qu'aucune plainte des indigènes ne lui imposait une décision aussi brusque, « l'administration de la colonie a

---

[40] André (Jean-Marie), « La responsabilité de la puissance publique du fait de diverses formes d'engagements non contractuels de l'administration », *AJDA* 1976, p. 20 ; Fickler-Després (Odile), « Les promesses de l'administration », *JCP G* 1998, I, 104 ; Deguergue (Maryse), « Promesses, renseignements, retards », *Responsabilité de la puissance publique, Répertoire Dalloz* 2016.

[41] CE 24 avril 1964, *Sté Huileries Chauny*, Rec, p. 249, concl. Braibant ; CE 7 avril 1965, *Sté Air Couzinet Transocéanic*, Rec., p. 229 ; CE 10 juin 1978, *Min. chargé P. et T. c/ Cie générale des eaux*, Rec., tables, p. 1004 ; CE 5 mars 1989, *Sté Sagatour et Min. Dom-Tom*, Rec. tables, p. 905. En l'absence d'engagements précis et clairs, le juge rejette le recours : par exemple, CE 23 mai 1986, *EPR Bretagne c/ Sté Ouest audio-visuel,* Rec., p. 703 ; CE 16 octobre 1992, *SA Garage de Garches*, Rec. tables, p. 1281.

[42] Par exemple, CE 12 février 1990, *Secr. D'Ét. Chargé P. et T. c/ Clouet, Rec., p. 970*.

[43] CE 12 octobre 1984, *Cne de Riedisheim et SA La Centrale de charcuterie alsacienne*, n° 29146.

[44] CE 30 juin 1922 *Lamiable*, S. 1922, 3, 25, note Hauriou.

fait de ses pouvoirs un usage abusif de nature à engager sa responsabilité pécuniaire à l'encontre de la société » [45].

Au vu de cette jurisprudence, ne faut-il pas alors mettre enfin « un mot sur la chose »[46] et admettre un nouveau cas de responsabilité fondé sur le principe de confiance légitime ?

III. Vers un nouveau cas de responsabilité fondé sur la confiance légitime ?

L'introduction, en droit français, de certains mécanismes de protection du principe de confiance légitime appelle à une réévaluation de la position du juge administratif et à l'éventuelle admission, malgré les réserves qu'elle a pu susciter, d'un nouveau cas de responsabilité fondé sur ce principe.

D'emblée, il faut préciser qu'une telle évolution nécessiterait la reconnaissance en droit positif du principe de confiance légitime. Il est, en effet, difficile de concevoir un droit à indemnisation fondé sur ce principe s'il n'est pas consacré en tant que tel[47].

Or aucun principe, ni aucune règle ne semble pouvoir faire obstacle à la reconnaissance de ce principe. Le principe de légalité comme celui de mutabilité des actes administratifs ne sont pas exclusifs du principe de confiance légitime. Le droit administratif français a bénéficié « tout autant des enrichissements du subjectivisme juridique que des apports incontestables de la vision objective et duguiste du droit »[48]. Il est possible d'identifier, comme cela a été déjà démontré,

---

[45] Rec., p. 1022 ou encore CE, 29 oct. 1986, *Ville de Beauchamp*, *RDP* 1987, p. 487, dans lequel une commune est considérée comme ayant commis une faute pour avoir renoncé à faire construire un groupe scolaire pour lequel plusieurs projets avaient été réalisés par un architecte, lequel avait obtenu préalablement un accord de principe.

[46] Pour reprendre les mots de Denys Simon, précisant que le Conseil d'Etat a consacré la chose sans le mot (« Le principe de confiance légitime est-il soluble dans la sécurité juridique ? », note sous CE Ass. 24 mars 2006, *Sté KPMG*, *Europe* 2006, n° 142).

[47] V. sur cette question, Heers (Mireille), « La sécurité juridique en droit administratif français : vers une consécration du principe de confiance légitime ? », *RFDA* 1995, p. 963 ; Tartour (Laurence), « Le principe de confiance légitime en droit public français », *RDP* 2013, p. 307 ; Woerhling (Jean-Marie), « La France peut-elle se passer du principe de confiance légitime ? » in *Gouverner, administrer, juger, Liber amicorum Jean Waline*, Dalloz 2002, p. 750.

[48] Plessix (Benoît), *art. préc.*, p. 799.

des hypothèses dans lesquelles « la confiance légitime trompée » fait déjà l'objet d'une protection. Ainsi, le détenteur d'une décision de justice est en droit d'espérer son exécution ; l'administré est en droit d'attendre de l'administration qu'elle fasse respecter sa réglementation, qu'elle mette en œuvre ses projets, ses promesses, ses engagements, sauf si un motif d'intérêt général s'y oppose.

En outre, et alors même que le Conseil constitutionnel a refusé jusqu'à présent de reconnaitre un tel principe[49], celui-ci pourrait s'appuyer sur la garantie des droits, qui a pour fonction de protéger les situations légalement acquises contre les changements que le juge considérerait comme imprévisibles ou brutaux[50].

A supposer que le principe de confiance légitime puisse être un jour consacré en droit positif, il conviendrait encore d'identifier le cadre et les conditions d'engagement de cette responsabilité, ce qui ne serait pas, en revanche, sans soulever des difficultés.

Admettre l'engagement de la responsabilité de la puissance publique sur le fondement immédiat du principe de confiance légitime conduit, tout d'abord, à s'interroger sur la place que ce principe pourrait occuper par rapport aux autres fondements de responsabilité. On l'a vu, les cas, dans lesquels la responsabilité de la puissance publique s'explique par une logique de la confiance, relèvent tout autant de la responsabilité pour faute que de la responsabilité sans faute. Il serait donc nécessaire, dans ces conditions, d'admettre un nouveau fondement, dépassant la distinction entre responsabilité pour faute et sans faute. Si ce principe était consacré, l'administré serait en effet en droit de pouvoir compter sur le respect des obligations qui en découlent. La violation de ces obligations, qu'elle soit légalement justifiée ou non, qu'elle soit constitutive d'une faute ou non, devrait conduire à reconnaitre que la confiance a été trompée et qu'elle doit à ce titre engager la responsabilité de la puissance publique.

---

[49] Le Conseil constitutionnel a jugé que « aucune norme constitutionnelle ne garantit par ailleurs un principe dit de confiance » (déc. Cons. Const. n° 96-385DC du 30 décembre 1996, cons. 18).

[50] Garantie fondée sur l'article 16 de la DDHC par le Conseil constitutionnel (V. jurisprudence précitée). Sur cette même idée, v. Moderne (Franck), « A la recherche d'un fondement constitutionnel du principe de protection de la confiance légitime » in *Au carrefour des droits : Mélanges en l'honneur de Louis Dubouis*, Dalloz, 2002, p. 598.

Admettre l'existence d'une telle responsabilité impliquerait également d'identifier les conditions dans lesquelles la responsabilité de la puissance publique pourrait être engagée. Deux conditions spécifiques nous paraissent devoir être réunies. D'une part, l'autorité publique doit avoir créé une situation initiale susceptible d'engager de manière certaine et non ambigüe la confiance de l'administré. D'autre part, l'autorité publique doit avoir remis en cause de manière imprévisible cette situation. Mais il faut encore pour que la confiance soit digne de protection qu'elle soit qualifiée de légitime. La question se pose alors de savoir si le caractère digne de protection est une condition d'engagement de la responsabilité ou s'il doit être pris en compte au stade de l'analyse des causes exonératoires de responsabilité. Cette question n'est pas sans conséquence, puisque selon les cas, la mauvaise foi de l'administré, par exemple, pourrait lui interdire de se prévaloir de ce principe ou, au contraire, pourrait exonérer en partie ou totalement la puissance publique de sa responsabilité.

Une autre difficulté, liée à la reconnaissance d'un nouveau cas de responsabilité fondé directement sur le principe de confiance légitime, résiderait dans l'évaluation du montant de la compensation financière du « dommage de confiance ». Cette condition ne devrait pas poser de difficultés particulières, lorsque la personne publique circonscrit, dans un temps limité et prédéterminé, la situation de confiance qu'elle s'est engagée à respecter (par exemple, en prévoyant l'octroi d'un avantage fiscal pour une durée déterminée). En l'absence de durée déterminée, le préjudice devrait être plus difficile à évaluer. Il pourrait être calculé de la même manière que celui que subit l'administré en l'absence ou en cas d'insuffisance de dispositions transitoires[51].

L'indemnisation du préjudice pourrait être, en outre, limitée, dans la mesure où elle ne devrait pas avoir pour effet de permettre à l'administré d'obtenir ce qu'il aurait dû avoir si l'administration n'avait pas déçu sa confiance. Cela reviendrait, sinon, à rétablir la situation de confiance initiale, ce à quoi un intérêt public prédominant peut s'opposer, notamment si cette situation initiale est illégale. Si la jurisprudence relative aux aides d'Etat attribuées illégalement n'est

---

[51] CAA Paris, 23 janvier 2014, n° 13PA03011, *Courtoux et autre* ; CAA Douai, 23 janvier 2014, n° 13DA00421, *Sedard.* V. sur cette question, Eveillard (Gweltaz), « Sécurité juridique et dispositions transitoires », *AJDA* 2014, p. 492.

pas fondée sur l'idée de confiance légitime[52], elle mérite d'être rappelée, dès lors qu'elle applique cette règle selon laquelle le bénéficiaire d'une aide illégale ne peut obtenir, par la voie de l'indemnisation, la somme correspondant à l'aide déclarée illégale, ni les intérêts dus en raison du retard de l'Etat à récupérer l'aide. La solution contraire reviendrait en effet à écarter la primauté du droit de l'Union européenne et l'effet utile du droit des aides d'Etat[53]. Dans le même sens, le dommage de confiance devrait donc être distinct du préjudice causé par la remise en cause de la situation de confiance. L'administré risque alors de se heurter à des difficultés de preuve de ce préjudice qui doit trouver sa cause directe dans la rupture de la confiance. Il devrait, par exemple, démontrer la perte de ces capacités d'autofinancement causée par le paiement de sommes devant être rendues à l'administration ou encore le préjudice correspondant à la perte de ce qu'il aurait pu avoir s'il avait pu anticiper le changement de comportement de l'administration.

Enfin et surtout, les effets potentiels de la reconnaissance d'un nouveau cas de responsabilité fondé sur la confiance légitime devraient être en définitive limités.

Tout d'abord, ce mécanisme de responsabilité ne devrait pas pouvoir jouer dans l'hypothèse où l'autorité publique a prévu des dispositions transitoires. L'adoption de telles mesures a justement pour effet de prévenir et donc d'empêcher toute hypothèse de situation de confiance légitime trompée. Dès lors que la puissance publique avertit, prévient, adopte des mesures de transition, elle ne trompe pas.

En outre, les autorités publiques ne doivent pas systématiquement satisfaire la confiance fondée des administrés. Un intérêt public jugé prééminent pourrait l'emporter sur la confiance légitime et interdire toute protection quelle qu'elle soit, y compris lorsqu'elle prend la forme d'une indemnisation. « Le citoyen voit ainsi sacrifiée sa

---

[52] Sur ce point, CJUE 5 mars 2019, n° C 349/17 point 104 : « le principe de protection de la confiance légitime ne peut être invoqué à l'encontre d'une disposition précise d'un texte de droit de l'Union et que le comportement d'une autorité nationale chargée d'appliquer le droit de l'Union, qui est en contradiction avec ce dernier, ne saurait fonder, à l'égard d'un opérateur économique, une confiance légitime à bénéficier d'un *traitement contraire au droit de l'Union* (arrêts du 20 juin 2013, Agroferm, C-568/11, point 5 ».

[53] CE 7 juin 2017, *Sté le Muselet Valentin*, n° 386627, *AJDA* 2017, p. 1445, chron. Odinet et Roussel.

confiance légitime lorsqu'un intérêt plus important entre en jeu »[54]. Tel pourrait être le cas lorsque le maintien de la situation de confiance est illégal. Si le principe de légalité est aujourd'hui de plus en plus limité au nom de l'exigence de sécurité juridique[55], il pourrait prévaloir, au terme d'une analyse *in concreto*, sur l'intérêt de l'administré à maintenir une situation de confiance.

En définitive, ce nouveau cas de responsabilité fondé sur le principe de la confiance légitime risque d'être difficile à mettre en place et devrait produire peu d'effets. Se pose alors la question plus générale, qui est celle de savoir s'il est vraiment opportun de reconnaitre un principe de confiance légitime, là où il existe déjà divers mécanismes qui assurent, sans le dire, mais assez efficacement, le respect de la confiance. Il n'est pas sûr que la protection de la confiance légitime sortirait plus efficiente de sa clandestinité ![56]

---

[54] Calmes (Sylvia), *thèse préc.*, p. 4155 et s.

[55] Par exemple, CE, Ass., 18 mai 2018, *Fédération des finances et affaires économiques de la CFDT (CFDT Finances)*, n° 414583 sur la limitation temporelle de l'invocation de certains moyens de légalité. V. sur cette question, Rotouillié (Jean-Charles), « Sécurité juridique et tolérance des illégalités », *AJDA* 2019, à paraître.

[56] Pour reprendre les mots de Bertrand Mathieu à propos de la sécurité juridique (« La sécurité juridique : un principe constitutionnel clandestin mais efficient », in *Mélanges Patrice Gélard*, Montchrestien, 2000, p. 301).

« La confiance dans l'administration à l'ère du numérique : l'exemple du traitement des données à caractère personnel »

Vivian Laugier,
Doctorant contractuel à l'Université Paris I Panthéon-Sorbonne

« Il n'y a bien entendu pas moyen de savoir si l'on est observé à tel ou tel moment. À quelle fréquence et selon quel système la Mentopolice se branche sur un individu donné relève de la spéculation. Il n'est pas exclu qu'elle surveille tout le monde tout le temps. [...] Il faut donc vivre — et ainsi vit-on, l'habitude devenant une seconde nature — avec le présupposé que le moindre bruit sera surpris et le moindre geste — sauf dans le noir — scruté»[1].

Plus de 70 ans après la mise en garde prophétique de George Orwell, le spectre du *Big Brother* hante plus que jamais nos sociétés. La menace que l'usage immodéré des nouvelles technologies fait peser sur les libertés individuelles n'est cependant plus l'apanage d'un État tout-puissant. En effet, si d'un côté le recours aux technologies de l'information et de la communication en tant qu'outil d'une meilleure administration a encouragé la création d'innombrables fichiers destinés à faciliter la relation des citoyens avec la puissance publique, de l'autre, l'exploitation des données des services et objets connectés qui rythment notre quotidien fonde aujourd'hui le modèle économique de géants du numérique, qui concurrencent la figure traditionnelle de l'État. Dans ce contexte, la collecte des données à caractère personnel, réalisée tant par les autorités publiques, que par des acteurs privés, constitue un véritable défi pour la protection de la vie privée des citoyens.

---

[1] Orwell (George), *1984,* Gallimard, 2018 (nouv. trad.), p. 13.

Depuis le début des années 1970, des législations à forte teneur symbolique sont venues encadrer les collectes de données à caractère personnel par les autorités publiques en Europe. À la suite de l'émoi suscité par la révélation en 1974 d'un projet d'interconnexion de tous les fichiers de l'administration — le projet SAFARI — suspecté de faire « la chasse aux Français »[2], la France s'est dotée, après l'Allemagne, la Suède et le Danemark, d'une loi ambitieuse : la loi du 6 janvier 1978 relative à l'informatique, aux fichiers et aux libertés[3]. La définition de la notion de donnée à caractère personnel est à rechercher dans le règlement européen du 27 avril 2016, texte auquel se reporte la loi idoine. Celui-ci précise qu'il s'agit de « toute information se rapportant à une personne physique identifiée ou identifiable [...], directement ou indirectement, notamment par référence à un identifiant, tel qu'un nom, un numéro d'identification, des données de localisation, un identifiant en ligne, ou à un ou plusieurs éléments spécifiques propres à son identité physique, physiologique, génétique, psychique, économique, culturelle ou sociale »[4]. La question de la protection de ces données se pose au regard du « traitement » dont elles peuvent faire l'objet, ce qui renvoie, dans une acception large, à « toute opération ou tout ensemble d'opérations effectuées ou non à l'aide de procédés automatisés et appliquées à des données ou des ensembles de données à caractère personnel »[5]. Pour autant, si les craintes en matière de protection de la vie privée se sont historiquement cristallisées face aux tentations inquisitrices de l'État, elles se sont ensuite progressivement déplacées vers les entreprises privées. Avec l'avènement d'Internet et des géants du numérique, la loi fondatrice s'est en effet avérée insuffisamment protectrice pour les citoyens. Cette législation « toute de droit public vêtue »[6] fut ainsi complétée par des règles issues du droit européen poursuivant essentiellement des objectifs économiques,

---

[2] V. Boucher (Philippe), « SAFARI ou la chasse aux Français », *Le Monde*, 21 mars 1974.

[3] Loi n°78-17. Ci-après désignée « LIL ».

[4] Art. 4 du règlement (UE) 2016/679 du Parlement européen et du Conseil du 27 avr. 2016.

[5] *Ibid.*

[6] Ochoa (Nicolas), « Pour en finir avec l'idée d'un droit de propriété sur ses données personnelles : ce que cache véritablement le principe de libre disposition », *RFDA*, 2015, p. 1157.

pour partie déconnectées de la qualité de l'entité responsable du traitement des données personnelles.

Le premier acte de cette évolution en deux temps amorcée à l'aube du XXIe siècle est intervenu avec la transposition, par la loi du 6 août 2004[7], de la directive européenne du 24 octobre 1995[8], dont l'ambition première était de favoriser le développement du marché commun en harmonisant les législations nationales en la matière. L'accroissement des risques inhérents au développement du *Big data*[9] a toutefois incité le législateur européen à intervenir de nouveau. C'est dans ce contexte qu'a été adopté le RGPD, acronyme du règlement général relatif à la protection des données des personnes physiques[10], texte dont la stratégie préventive imprègne la récente loi du 20 juin 2018[11]. Celle-ci entérine une conception européenne de la protection des données personnelles, fondée sur une triple logique de renforcement des droits des citoyens, de responsabilisation des acteurs du numérique et de développement du rôle des autorités de régulation. Par suite, alors que son encre était à peine sèche, le gouvernement a procédé, suivant les vœux de la doctrine[12], des acteurs du numérique[13] et du législateur[14], à une réécriture globale de la loi originelle par

---

[7] Loi n° 2004-801 du 6 août 2004 relative à la protection des personnes physiques à l'égard des traitements de données à caractère personnel et modifiant la loi n° 78-17 du 6 janv. 1978 relative à l'informatique, aux fichiers et aux libertés.

[8] Directive 95/46/CE du Parlement européen et du Conseil du 24 oct. 1995, relative à la protection des personnes physiques à l'égard du traitement des données à caractère personnel et à la libre circulation de ces données.

[9] Expression qui « désigne non seulement l'expansion du volume des données, mais aussi celle de la capacité à les utiliser » (Conseil d'État, *Numérique et droits fondamentaux*, La Documentation française, 2014, p. 48).

[10] Règlement (UE) 2016/679 du Parlement européen et du Conseil du 27 avr. 2016 relatif à la protection des personnes physiques à l'égard du traitement des données à caractère personnel et à la libre circulation de ces données, et abrogeant la directive 95/46/CE.

[11] Sur cette loi, v. Cluzel-Métayer (Lucie), Debaets (Emilie), « Le droit de la protection des données personnelles : la loi du 20 juin 2018 », *RFDA*, 2018, p. 1101-1111. V. également le décret n° 2018-687 du 6 août 2018, qui contient diverses mesures d'application de la loi qui intéressent le secteur public.

[12] Martial-Braz (Nathalie) « L'abus de textes peut-il nuire à l'efficacité du droit ? », *Dalloz IP/IT*, 2018, p. 459-470.

[13] CNIL, délibération n° 2017-299 du 30 nov. 2017 portant avis sur un projet de loi d'adaptation au droit de l'Union européenne de la loi n° 78-17 du janv. 1978, p. 5.

[14] Habilitation prévue par l'article 32 de la loi du 20 juin 2018.

ordonnance[15] afin d'y intégrer les évolutions les plus récentes et de mettre en cohérence un droit jusqu'alors dispersé entre plusieurs textes. Mais en dépit de l'unité apparente de son cadre, le régime juridique de la protection des données personnelles est aujourd'hui caractérisé par une certaine illisibilité. Car si la loi autorise des approches sectorielles en fonction de la nature du traitement, elle rend laborieuse toute tentative d'identification du corps de règles applicables spécialement aux administrations publiques, alors même qu'une partie des principes visant à protéger les citoyens des intentions mercantiles des acteurs privés ne leur sont pas destinés. L'existence d'un régime général n'oblitère donc en rien celle d'un droit public de la protection des données personnelles, entendu comme le droit applicable aux traitements de données mis en place par les personnes publiques (ou privées) dans le cadre de leurs missions d'intérêt général.

La question du traitement des données personnelles par les administrations publiques revêt une acuité particulière. Elle infuse notamment le débat public depuis les révélations d'Edward Snowden mettant en lumière les dérives d'une collecte massive et indiscriminée d'information réalisée par un organisme gouvernemental — la NSA — dans un cadre débordant largement l'objectif affiché de lutte contre le terrorisme[16]. Malgré tout, les pouvoirs publics sont, en la matière, le plus souvent victimes de dérives dont ils ne perçoivent pas toujours la menace. Ainsi que le montre régulièrement l'actualité, les systèmes d'information institutionnels sont particulièrement exposés aux dangers inhérents à l'immatériel (piratages, vols de données, etc.)[17]. Or, à l'image du monsieur Jourdain de Molière, de nombreuses collectivités publiques brassent quotidiennement, sans le savoir, des données personnelles afin de faciliter la mise en œuvre de leurs politiques publiques. Dès lors, face à ces menaces de plus en plus prégnantes et protéiformes, le droit entend fournir aux acteurs publics

[15] Ordonnance n° 2018-1125 du 12 décembre 2018, JO du 13 décembre 2018.

[16] V. notamment l'échange autour d'Edward Snowden organisé à l'Université Paris 1 le 6 décembre 2018 : « Que faire face à la société de surveillance ? » (https://www.youtube.com/watch?v=lqj-n921PpA).

[17] *Etat de la menace liée au numérique en 2018*, rapport de la délégation ministérielle aux industries de sécurité et à la lutte contre les cybermenaces, mai 2018.

des outils adaptés aux missions qui sont les leurs, conciliant le développement de la société du numérique avec la protection des libertés publiques.

Ces préoccupations s'ordonnent autour d'un même constat : l'administration doit pouvoir disposer de facilités pour collecter les données personnelles des citoyens dès lors que cela lui permet de répondre plus efficacement aux besoins de ces derniers. C'est donc, suivant une logique comparable à celle qui fonde l'impôt, au regard de la confiance placée par les citoyens dans l'administration que se dessine un régime spécifique relativement à l'utilisation des données des premiers par la seconde. L'idée de confiance ponctue d'ailleurs les interventions successives du législateur en la matière, qu'il s'agisse précisément de la loi du 21 juin 2004 *pour la confiance dans la vie numérique* ou de la plus récente loi du 20 juin 2018, qui ambitionne de « renforcer la confiance des citoyens dans l'utilisation qui est faite de leurs données personnelles. »[18] Mais au-delà de la dimension performative de cette novlangue technocratique, la notion de « confiance », définie par le *Trésor de langue française* comme « [la] croyance spontanée ou acquise en la valeur morale, affective, professionnelle... d'une autre personne, qui fait que l'on est incapable d'imaginer de sa part tromperie, trahison ou incompétence »[19], semble offrir une grille de lecture ajustée au régime qui gouverne aujourd'hui le traitement des données personnelles par l'administration. En effet, si l'existence d'un droit public de la protection des données à caractère personnel est justifiée par la relation de confiance entre l'administration et les citoyens (I.), elle devient contestée lorsque le lien précédemment noué s'émousse (II.).

[18] Extrait du compte rendu du Conseil des ministres du 13 décembre 2017.

[19] *Trésor de la langue française, dictionnaire de la langue du XIXe et du XXe siècle*, CNRS, 1976-1994. Accessible en ligne : http://atilf.atilf.fr/tlf.htm.

I. La relation de confiance entre l'administration et les citoyens, fondement fragile d'un droit public de la protection des données à caractère personnel

Le droit applicable à l'administration en matière de protection des données personnelles a subi une évolution majeure depuis le début des années 2000. La loi du 6 janvier 1978, conçue pour encadrer les traitements réalisés par les organismes publics, reposait sur une approche essentiellement défensive : la légalité de l'opération était présumée dès lors que les principes préventifs contenus dans la loi étaient respectés. Cette conception adaptée aux activités publiques s'est toutefois avérée insuffisamment protectrice des libertés fondamentales. Tout en conservant symboliquement cette loi historique, le législateur l'a ainsi fait dévier du postulat sur lequel elle reposait (A), faisant de la recherche de la confiance le nouvel horizon du droit de la protection des données à caractère personnel (B).

A) Une confiance initialement présumée

Les traitements de données à caractère personnel reposent sur un socle commun d'obligations que les interventions récentes du législateur n'ont pas remises en cause : la finalité du traitement ; la proportionnalité de la collecte au regard de sa finalité ; la conservation des données pour une durée limitée ; la sécurité et la confidentialité des données[20]. Mais alors que ces principes généraux, pour la plupart inscrits dans le droit français depuis 1978, s'appliquent aujourd'hui indifféremment aux acteurs publics et privés, tel n'est pas le cas des droits reconnus aux citoyens pour assurer une protection plus efficace de leurs données personnelles. Ceux-ci disposent en effet, en amont du traitement, d'un droit d'information et de la possibilité de consentir ou non à la collecte de leurs données. En aval, ils bénéficient également d'un droit d'accès, de rectification, d'opposition et d'effacement. Pour autant, une partie de ces droits ne peuvent être exercés ou font l'objet d'aménagements lorsque leur mise en œuvre est susceptible de

[20] Pour un aperçu plus complet, v. Mattatia (Fabrice), *RGPD et droit des données personnelles*, Eyrolles, 2018.

compromettre l'objectif d'intérêt général poursuivi par le responsable du traitement.

Parmi les droits purement et simplement écartés, l'exemple le plus topique est celui de l'exigence de consentement. En vertu de ce principe introduit en droit français par la loi du 6 août 2004[21], la légalité du traitement est subordonnée à l'accord préalable des personnes concernées. Aussi, dans la mesure où il trouve son origine dans la nature contractuelle de la relation qui lie ces dernières à l'entreprise responsable du traitement, il ne s'applique logiquement pas aux administrations publiques. La loi dispense ainsi ces dernières de cette obligation lorsque la mise en œuvre du traitement « est nécessaire à l'exécution d'une mission d'intérêt public ou relevant de l'exercice de l'autorité publique dont [elles sont investies] », ou lorsqu'il est rendu nécessaire au respect d'une obligation légale à laquelle elles sont soumises[22]. De même, le droit d'opposition, qui permet à toute personne physique de demander au responsable du traitement de faire disparaitre ses données d'un fichier[23], ne peut être exercé lorsque l'opération répond à une obligation légale (état civil, listes électorales, etc.) ou lorsqu'il a été expressément écarté par une disposition de l'acte autorisant le traitement[24]. Le cas échéant, le titulaire de ce droit doit justifier d'un « motif légitime » pour le mettre en œuvre, ce qui rend son exercice très hypothétique lorsque l'intérêt général lui est opposé par l'administration.

Sans aller aussi loin, le législateur a pu limiter certains droits uniquement dans la mesure où leur exercice pourrait nuire à l'un des objectifs poursuivis par la personne publique. Suivant cette logique, les droits d'accès, de rectification et d'effacement ne sauraient notamment être mis en œuvre s'ils conduisent à remettre en cause la finalité des traitements intéressants la sûreté de l'État, la défense et la

[21] Il existait déjà, dans le texte de 1978, une obligation comparable pour les traitements les plus sensibles.
[22] Art. 5 de la *LIL*.
[23] Art. 110 de la *LIL*.
[24] V. par ex. CE, 16 juill. 2008, n° 308666, mentionné au recueil Lebon (à propos de la licéité d'un arrêté portant création d'un traitement automatisé de données de recensement de la population de la Polynésie française).

sécurité publique[25], ou réalisés dans le cadre d'une mission de contrôle ou de recouvrement des impositions[26]. Dans ces hypothèses, le demandeur doit préalablement s'adresser à la CNIL, laquelle procède aux vérifications nécessaires.

Ainsi, même si le régime applicable à l'administration ne saurait être synthétisé sans entrer dans le détail des différents principes et des multiples exceptions prévues par la loi « informatique et liberté », il demeure envisageable d'en esquisser les traits caractéristiques. Aussi, dès lors que le traitement de données s'inscrit dans le cadre d'une mission d'intérêt général ou que sa mise en œuvre est rendue nécessaire par une obligation légale, la personne publique bénéficie généralement d'une plus grande souplesse pour pouvoir y procéder. Dans cette optique, la validité de l'opération repose sur l'adéquation entre l'étendue de la collecte et l'objectif poursuivi par la personne publique. C'est la raison pour laquelle le droit des données personnelles eut pendant longtemps pour objet de réglementer l'activité des traitements, plus que de protéger les droits et libertés des citoyens. Ce « choix de société »[27] érigeant « la liberté du traitement en principe et sa restriction en exception »[28], s'est toutefois rapidement avéré inadapté. En effet, cet encadrement juridique qui visait, en 1978, à éteindre la menace d'une collecte généralisée de données réalisée par l'administration au moyen d'un fichier unique, ne permettait plus de protéger efficacement les citoyens face au déploiement d'une multitude de traitements lui permettant de satisfaire ses différentes missions. Mue par la préoccupation de maintenir la confiance des citoyens envers l'administration, le législateur s'est alors attaché à redéfinir l'équilibre sur lequel reposait le droit des données à caractère personnel en atténuant le rapport asymétrique entre le responsable du traitement et les personnes concernées par celui-ci.

---

[25] Art. 118 de la *LIL*.
[26] Art. 52 de la *LIL*.
[27] Ochoa (Nicolas), *op. cit.*, p. 1157.
[28] Galustian (Gohar), « La protection des données personnelles à l'épreuve du numérique », *RDP*, 2018, p. 1389.

B) Une confiance désormais recherchée

À la confluence des intérêts de l'État et des citoyens, deux notions complémentaires issues du droit européen dominent aujourd'hui le droit de la protection des données personnelles : l'*empowerment* et l'*accountability*. La première pose comme principe la maîtrise par l'individu de ses données[29]. La loi du 20 juin 2018 consacre cette philosophie en approfondissant le droit à l'information[30], en permettant aux personnes concernées par un traitement d'exercer directement une réclamation auprès de la CNIL en cas de manquement du responsable aux obligations légales[31], et en étendant l'action collective instituée par la loi de modernisation de la justice du XXIe siècle du 18 novembre 2016 à la « réparation des préjudices matériels et moraux subis en cas de violation des données personnelles »[32]. Cependant, l'essentiel des innovations introduites par les réformes récentes de ce point de vue ne s'applique pas aux administrations publiques. Par exemple, les décisions administratives individuelles sont expressément placées par la loi hors du champ du principe suivant lequel les citoyens ne peuvent se voir appliquer une décision résultant exclusivement d'un traitement automatisé, le Conseil constitutionnel précisant néanmoins que cela ne concerne pas les données dites « sensibles »[33] et que le responsable de la collecte doit,

---

[29] Sur cette philosophie importée dans le domaine informatique, sans équivalent dans la langue française, v. Peugeot (Valérie), « Brève histoire de l'*empowerment* : à la reconquête du sens politique », in *Citoyenneté dans la société numérique,* 13 nov. 2015 : https://vecam.org/Breve-histoire-de-l-empowerment-a-la-reconquete-du-sens-politique.

[30] Parmi les nouvelles informations que le responsable du traitement devra rendre public, se trouvent en particulier la base juridique précise du traitement, les droits reconnus aux personnes concernées ainsi que leurs modalités d'exercice, et l'existence éventuelle d'une prise de décision automatisée (Art. 104 de la *LIL*).

[31] Art. 9 de la *LIL*.

[32] Art. 37 de la *LIL*.

[33] Ce qui renvoi aux données dont le traitement est interdit par principe, c'est-à-dire celles « qui révèlent la prétendue origine raciale ou l'origine ethnique, les opinions politiques, les convictions religieuses ou philosophiques ou l'appartenance syndicale d'une personne physique ou de traiter des données génétiques, des données biométriques aux fins d'identifier une personne physique de manière unique » (Art. 8 de la *LIL*).

dans tous les cas, garder la maîtrise du traitement[34]. Il en va de même s'agissant du droit à la portabilité des données, qui permet aux personnes concernées d'obtenir les informations qu'elles ont fournies sous un format facilement réutilisable, mais qui ne peut, là encore, être mis en œuvre lorsque la collecte est nécessaire à « l'exécution d'une mission d'intérêt public ou relevant de l'exercice de l'autorité publique dont est investi le responsable du traitement. »[35]

Partant, si la promotion de la notion d'*empowerment* n'a pas sensiblement affecté le régime sur lequel reposait la collecte des données personnelles par les administrations publiques depuis 1978, il en va différemment s'agissant de la notion d'*accountability*[36]. Celle-ci implique en effet une responsabilisation accrue des responsables de traitement ; elle impose à ces derniers de mettre en œuvre les mesures nécessaires afin de garantir, par défaut, le niveau de protection le plus élevé à tous les stades de l'opération. Suivant cette inclinaison, l'entrée en vigueur du RGPD a imposé un très lourd travail de mise en conformité pour les administrations publiques, en particulier pour les collectivités territoriales. Désormais, les traitements de données susceptibles de constituer une menace pour les droits et libertés doivent donner lieu à la réalisation d'une « analyse d'impact » permettant d'évaluer les risques et d'anticiper sur les mesures à prendre pour se conformer aux règles en vigueur[37]. Cette logique proactive impose également aux collectivités locales la désignation d'un « délégué à la protection des données » chargé, en lien avec l'autorité de contrôle, d'assurer la coordination de la politique de protection des données personnelles[38]. Surtout, la loi renforce

[34] Cons. const., 12 juin 2018, n° 2018-765 DC, Loi relative à la protection des données personnelles.

[35] Art. 22 du RGPD ; Art 55 de la *LIL*.

[36] Maxwell (Winston), Taïeb (Sarah), « *L'accountability*, symbole d'une influence américaine sur le règlement européen des données personnelles ? », *Dalloz IP/IT*, 2016, p. 123.

[37] Cette obligation s'impose notamment lorsque le traitement procède à l'analyse des données d'individus dans l'objectif de prendre des décisions produisant des effets juridiques les concernant ou les affectant gravement, ainsi que lorsqu'il a pour finalité la surveillance systématique, à grande échelle, de zones accessibles au public (Art. 35 du RGPD).

[38] Art. 103 de la *LIL*.

l'obligation de sécurité pesant sur les responsables de traitement et accroit les pouvoirs de la CNIL. Cette dernière peut aujourd'hui prononcer des sanctions pouvant aller jusqu'à la limitation — temporaire ou définitive — du traitement, voir une amende administrative de 10 millions d'euros[39]. De ce fait, même si ces mesures correctrices ne s'appliquent pas aux traitements mis en œuvre par l'État, elles font peser sur les collectivités locales et sur le fonctionnement des services publics locaux un risque particulièrement incitatif.

Consacrant cette approche par les risques, la loi de 2018 procède dans le même temps à un aménagement des formalités préalables au traitement : elle supprime le principe d'une déclaration préalable, mais soumet les opérations les plus sensibles à un régime d'autorisation spécifique. Les traitements qui intéressent « la sûreté de l'État, la défense ou la sécurité publique », ainsi que ceux « qui ont pour objet la prévention, la recherche, la constatation ou la poursuite des infractions pénales ou l'exécution des condamnations pénales ou des mesures de sûreté », doivent par conséquent faire l'objet d'une autorisation par arrêté du ou des ministres compétant, pris après avis motivé et publié de la CNIL[40]. De même, « les traitements de données à caractère personnel mis en œuvre pour le compte de l'État, agissant dans l'exercice de ses prérogatives de puissance publique, qui portent sur des données génétiques ou sur des données biométriques nécessaires à l'authentification ou au contrôle de l'identité des personnes », doivent être autorisés par décret en Conseil d'État, pris après avis motivé et publié de la CNIL[41].

Le droit public de la protection des données personnelles se polarise donc aujourd'hui essentiellement autour de l'attitude du responsable de traitement ; il fonde la protection des données sur le comportement vertueux des administrations publiques plus que sur la capacité d'agir des citoyens. À ce titre, les évolutions actuelles de l'administration électronique ne sont pas sans soulever certains doutes

[39] Marchand (Jennifer), « La protection des données à caractère personnel : quels risques pour les collectivités territoriales ? », *JCP A*, 2018, p. 2287.
[40] Art. 31 de la *LIL*.
[41] Art. 32 de la *LIL*.

quant à l'effectivité d'une protection fondée sur la confiance envers les responsables publics de traitement.

II. Une confiance mise à l'épreuve par les évolutions contemporaines de l'administration électronique

Le droit à la protection des données à caractère personnel n'a rien d'un droit absolu. Il peut devoir fléchir devant des considérations impérieuses imposant aux libertés individuelles des restrictions justifiées par la nature des missions exercées par les responsables de traitement. La simplicité de cet énoncé tranche pourtant avec la diversité des enjeux liés aujourd'hui à la mobilisation par les pouvoirs publics des outils et ressources numériques dont ils disposent. Pour nous restreindre à notre objet, nous n'en citerons que deux. D'une part, ceux-ci sont amenés, au nom du maintien de l'ordre public, à procéder à la création de fichiers électroniques massifs compilant les données personnelles d'une large partie de la population, alors même que le droit des données personnelles s'est structuré en France face aux craintes nées d'un tel projet. D'autre part, dans un contexte de forte tension pour les finances publiques, l'État peut être séduit par l'opportunité de commercialiser les données qu'il collecte dans le cadre de ses missions de service public. Dans le premier cas (A) comme dans le second (B), la relation de confiance sur laquelle repose la protection des données personnelles est mise à mal.

A) Les risques avérés d'une collecte massive de données

Le 30 octobre 2016, paraissait au Journal officiel un décret autorisant la création par le Gouvernement d'un fichier d'une ampleur inédite en France depuis la Seconde Guerre mondiale[42], regroupant les données biométriques (empreintes digitales, images numériques du visage, etc.) de tous les détenteurs d'un passeport et d'une carte d'identité, soit près de 60 millions de Français. Baptisé « TES », pour « titres électroniques sécurisés »[43], ce fichier administratif, à

[42] Décret n°2016-1460 du 28 octobre 2016.

[43] Ce fichier avait été institué par le décret n° 2008-426 du 30 avril 2008 modifiant le décret n° 55-1397 du 22 octobre 1955 relatif à la carte nationale d'identité. Le présent décret l'a étendu à l'ensemble de la population.

l'ambition affichée de « simplifier les démarches des usagers et de fiabiliser les titres d'identité en luttant plus efficacement contre la fraude »[44], a immédiatement généré de nombreuses inquiétudes parmi les défenseurs des libertés individuelles et certains acteurs du numérique[45]. Tous se sont émus des dangers inhérents à une collecte de cette nature, arguant notamment du caractère disproportionné du traitement et pointant les risques d'abus et de détournement d'un tel fichier, susceptible d'être élargi à fin d'identification d'une personne à partir de ses données biométriques.

Ayant eu à se prononcer sur ces arguments à l'occasion de recours formés contre le décret instaurant le fichier TES, le Conseil d'État a estimé, par une décision du 18 octobre 2018, que la création de cette base centralisée était « justifiée par un motif d'intérêt général », jugeant que « les finalités ainsi poursuivies, qui excluent toute possibilité d'identifier une personne à partir de ses données biométriques, sont au nombre de celles qui justifient qu'il puisse être porté [...] atteinte au droit des individus au respect de leur vie privée »[46]. La haute juridiction administrative a ainsi déduit le caractère proportionné du traitement du fait que sa configuration technique actuelle autorise seulement l'authentification des personnes dont les données sont conservées, et non l'identification des individus à partir des données biométriques elles-mêmes. Et effectivement, seul le porteur d'un titre d'identité peut ouvrir l'accès au fichier à des personnes tierces chargées d'en vérifier l'authenticité. Partant, même si ce jugement n'est pas surprenant au point de vue de la légalité objective du texte, il n'éteint pas les menaces liées aux utilisations futures de ce dispositif. Celui-ci pourrait en effet être renversé au gré d'une grave actualité par un pouvoir malintentionné, et devenir le socle d'un système de surveillance plus global. Car si le gouvernement a ménagé sa marge d'appréciation pour mettre en œuvre ce traitement en privilégiant, en dépit des réserves émises par la CNIL[47], le règlement à la loi[48], il en a, par cela même, facilité les

---

[44] « Le système des titres électroniques sécurisés », communication du ministère de l'intérieur (interieur.gouv.fr, consulté le 1er février 2019).
[45] V. en particulier, s'agissant de la CNIL, l'avis n° 2016-292 du 29 septembre 2016.
[46] CE, 18 oct. 2018, n°404996.
[47] V. l'avis précité du 29 septembre 2016.

modifications futures, si bien qu'il est possible de se demande si le pouvoir réglementaire « ne sera pas tenté d'en élargir les finalités ? »[49] Reste que toute entreprise de ce type se heurterait, si ce n'est à la censure du Conseil constitutionnel, au moins aux exigences posées par celui-ci en matière de protection des données personnelles[50].

Quoi qu'il en soit, pour l'heure, la proportionnalité de l'opération ne préjuge en rien de sa fiabilité. Or le risque d'attaques et de piratages et d'autant plus grand que le traitement est étendu et qu'il contient des informations sensibles. De ce point de vue, le choix d'une base de données centralisée revient à exposer les informations personnelles de la quasi-totalité de la population française à l'ingérence de puissances étrangères et aux actes malveillants de cybercriminels rompus aux vols massifs de données, ce qui pose problème lorsque l'on sait que les données concernées se caractérisent par leur unicité et qu'elles ne peuvent être modifiées comme des mots de passe classique. Au regard de ces considérations, même si le préjudice éventuel pour les citoyens est sans doute infiniment supérieur aux bénéfices escomptés pour la société, la menace qui précipita l'adoption de la loi 1978 n'a pas freiné le législateur 30 ans après.

---

[48] Même si juridiquement cette matière relève du domaine réglementaire, le vecteur législatif aurait permis l'établissement d'une étude d'impact et un débat parlementaire.

[49] Latour (Xavier), « Sécurité intérieure : un droit « augmenté » ? », *AJDA*, 2018, p. 435.

[50] Cons. const., 22 mars 2012, n° 2012-652 DC, *Loi relative à la protection de l'identité.*

Il avait alors censuré partiellement la loi du 27 mars 2012, proche de l'actuel dispositif, au motif que les moyens mis en œuvre étaient disproportionnés au regard des finalités poursuivies (l'exploitation d'une base de données personnelle permettait en l'espèce d'identifier une personne à partir de ses données biométriques).

B) Le choix discutable d'une commercialisation des données personnelles collectées par l'administration

Désignées comme « le pétrole du XXIe siècle »[51], les données personnelles constituent aujourd'hui le principal carburant du développement de l'économie numérique. Cette matière première d'un nouveau genre n'acquiert cependant de la valeur que si elle fait l'objet d'un raffinage particulier. Le potentiel économique des données personnelles est effet quasi nul lorsqu'elles sont prises isolements, ce qui n'est plus le cas une fois compilées et noyées dans la masse de données de plusieurs milliers d'individus. De ce fait, même si la reconnaissance d'un droit de propriété sur les données personnelles paraît illusoire[52], l'exploitation commerciale de ce gisement ininterrompu présente un intérêt croissant pour un grand nombre d'administrations publiques en quête de ressources financières nouvelles.

Deux régimes juridiques gouvernent aujourd'hui la possibilité de commercialiser les données à caractère personnel. Le premier est le plus classique. Il s'apprécie au regard de la loi du 6 janvier 1978 et permet aux responsables de traitement de monnayer les données personnelles qu'ils détiennent dès lors que cela ne contrevient pas aux exigences posées par la loi. C'est donc à l'aune du cadre imposé par ce texte que les données personnelles sont généralement exploitées aujourd'hui par les entreprises privées.

Le second régime, plus spécifique, dérive de la nature particulière des traitements de données institués par les personnes publiques. Parce que l'exploitation des données personnelles vise à permettre à l'administration de répondre à des exigences d'intérêt général, la relation juridique qui la lie aux citoyens ne saurait s'analyser dans une optique purement contractuelle. Les facilités reconnues aux administrations par la loi « informatique et liberté » pour collecter ces

[51] Galloux (Jean-Christophe), « Ébauche d'une définition juridique de l'information », *Dalloz*, 1994, p. 229.

[52] Sur les débats soulevés par la reconnaissance d'un droit de propriété sur les données personnelles, v. Ochoa (Nicolas), *op. cit.* ; J. Eynard, *Essai sur la notion de données à caractère personnel*, thèse, Toulouse I, 2011.

informations ne peuvent ainsi déboucher sur une exploitation non conforme à cet objectif premier. Ce blocage a donc incité le législateur à intervenir pour contourner le texte de 1978, ce qu'il a fait, dans un domaine spécifique, par la loi du 20 avril 2009[53]. Modifiant l'article L 330-5 du code de la route, son article 29 autorise l'État à céder à des entreprises privées l'ensemble des données figurant sur les cartes grises des véhicules (nom, date de naissance, adresse, marque et caractéristiques du véhicule), à des fins d'enquêtes et de prospections commerciales[54]. Le législateur a néanmoins assorti cette opération de garanties en subordonnant la commercialisation des données au respect des principes communs du droit applicable à leur protection. Les automobilistes disposent ainsi notamment de la possibilité de refuser cette exploitation au moment où ils effectuent une demande de certificat d'immatriculation ou ultérieurement, à tout moment. Il n'empêche, cette pratique prête le flanc à la critique, et ce, au moins pour deux raisons. La première tient au fait qu'elle ne satisfait aux principes de la loi historique qu'au prix d'une interprétation peu exigeante de ces derniers. Et pour cause, le citoyen se trouve ici dans une situation paradoxale : il se voit accorder le droit de refuser l'une des modalités d'exploitation d'un traitement qui lui est imposé. Or, comme le relève Lucie Cluzel-Métayer, « le choix d'utiliser la technique dite de l'« opt-out actif », qui implique que l'accord est acquis par défaut si aucune opposition n'est expressément manifestée, est révélateur d'une dégradation de la protection de ces données »[55]. Le Conseil constitutionnel ne s'est d'ailleurs jamais expressément prononcé sur ce « contournement législatif du droit des données personnelles »[56], alors même que la loi de 1978, qu'il considère comme une « garantie légale » de l'exigence constitutionnelle du droit

---

[53] Loi n° 2009-431 du 20 avr. 2009 de finances rectificatives pour 2009.

[54] Depuis un arrêté du 11 avril 2011, le montant de la redevance due en contrepartie de la mise à disposition des informations issues du système d'immatriculation des véhicules varie entre 0,2 et 0,087 € par dossier. Le montant rapporté par cette opération oscille entre trois et quatre millions d'euros par an.

[55] Cluzel-Métayer (Lucie), « Les téléservices publics face au droit à la confidentialité des données », *RFAP*, 2013, n° 146, p. 411.

[56] Ochoa (Nicolas), *op. cit.*, p. 1169.

au respect de la vie privée[57], constitue pour lui une norme de référence. La seconde touche plus particulièrement aux ambiguïtés de ce procédé qui conduit l'État à détourner partiellement le traitement automatisé de sa finalité première, en l'espèce l'immatriculation des véhicules. À terme, le développement de ce genre de pratique, pour l'instant circonscrite au seul cas des fichiers de cartes grises, pourrait voir les missions d'intérêt général concurrencées par les prétentions financières des administrations publiques. N'importe quel service public serait ainsi mobilisé pour récolter des données susceptibles d'être monétisées et vendues à des organismes privés aux intentions nébuleuses.

Dans ce contexte où la circulation des données personnelles est traversée par des impératifs économiques, et où il s'agit de concilier la sauvegarde de la vie privée avec le mouvement d'ouverture des données publiques[58], l'effectivité du droit relatif à leur protection soulève de légitimes interrogations. Car si la majorité des principes applicables en 1978 ont résisté à l'épreuve du temps, l'efficacité de la protection qui en résulte est désormais en grande partie indexée sur l'attitude des administrations responsables de traitement. À cet égard, les exemples qui précèdent fournissent une illustration circonstanciée à l'assertion émise en 2002 dans le livre blanc consacré à la protection des données personnelles, selon laquelle « la confiance des usagers vis-à-vis de l'administration conditionne très largement l'essor de l'administration électronique. » Aujourd'hui encore, « elle dépend de la capacité des administrations à restituer aux usagers l'information qu'elle détient sur eux »[59] ; que cette restitution se manifeste par davantage de transparence ou par une utilisation plus précautionneuse de leurs données.

---

[57] Cons. const., 20 janv. 1993, n° 92-316 DC, Loi relative à la prévention de la corruption et à la transparence de la vie économique et des procédures publiques ; RFDA, 1993, p. 902, étude Pouyaud (Dominique).

[58] Lanna (Maximilien), « Données publiques et protection des données personnelles : le cadre européen », *RFAP*, 2018, n°167, pp. 501-511.

[59] Truche (Pierre), Faugère (Jean-Paul), Flichy (Patrice), *Administration électronique et protection des données personnelles*, Livre blanc, La Documentation française, 2002, p. 45.

« Les relations de confiance entre l'administration et ses agents publics : l'exemple des emplois fonctionnels de la fonction publique »

Valentin Vince,
Doctorant contractuel à l'Université Paris I Panthéon-Sorbonne (CERAP)

Après avoir reconnu qu'au sein des administrations nationales, « certains postes comportent une mission d'intérêt général ou une participation à l'exercice de la puissance publique », la Cour européenne des droits de l'homme a rappelé que tout État était légitime « à exiger de ces agents un lien spécial de confiance et de loyauté »[1]. Ce lien de confiance est d'autant plus marqué s'agissant des emplois fonctionnels.

Bien qu'elle permette d'expliquer nombre de situations juridiques et qu'elle constitue une forme de standard, la confiance demeure rétive à toute définition définitive[2]. D'un point de vue subjectif, elle repose sur un apprentissage et décrit une certaine relation consistant en « la croyance spontanée ou acquise en la valeur morale, affective, professionnelle, d'une autre personne, qui fait que l'on est incapable d'imaginer de sa part tromperie, trahison ou incompétence »[3]. Elle permet alors de déterminer « le degré des responsabilités et des échanges respectivement confiés et confidentiels »[4], ces deux termes

---

[1] CEDH 8 déc. 1999, *Pellegrin c/ France*, § 65 ; *AJDA* 2000, p. 530, chron. Flauss (Jean-François) ; Melleray (Fabrice), « L'adoption d'un critère fonctionnel d'applicabilité de l'article 6 § 1 de la CEDH au contentieux des agents publics », *Petites affiches*, 17 mai 2000, n° 98, p. 7.

[2] Colin (Frédéric), « De la confiance dans les agents publics », *AJFP* 2006, p. 310.

[3] *Trésor de la langue française*, accessible en ligne sur https://www.le-tresor-de-la-langue.fr

[4] Lewy (Patrick), de la Burgade (Denis), « La relation de confiance dans l'occupation des emplois supérieurs de la fonction publique territoriale », *AJFP* 2003, p. 16.

ayant la même racine latine : *confidentia*. Il est donc logique que la création ou la rupture du lien de confiance affecte directement les relations que peuvent entretenir les bénéficiaires d'emplois fonctionnels et leurs employeurs publics.

La notion d'emploi fonctionnel n'est pas définie par le statut général de la fonction publique et n'apparaît que de manière sectorielle pour désigner, à l'article 53 de la loi du 26 janvier 1984[5], une série d'emplois de direction au sein de la fonction publique territoriale. C'est la raison pour laquelle la doctrine « ne se réfère habituellement à cette notion qu'à propos de la fonction publique territoriale »[6], alors qu'elle est commune aux trois fonctions publiques[7]. Par définition, les emplois fonctionnels impliquent de hautes responsabilités – à la jonction de l'administratif et du politique –, dérogent au principe du concours et sont pourvus par voie de nomination. A l'instar de Gérard Marcou[8] et compte-tenu de l'objet de cette étude, on retiendra une notion globale d'emploi fonctionnel composée de diverses catégories d'emplois dont les emplois supérieurs, les fonctions de cabinet, les emplois de direction des administrations de l'État, certains emplois de la fonction publique territoriale et, finalement, les emplois de direction de la fonction publique hospitalière.

---

[5] Loi n° 84-53 du 26 janvier. 1984 *portant dispositions statutaires relatives à la fonction publique territoriale*, JORF du 27 janvier 1984, p. 441.

[6] Marcou (Gérard), *L'accès aux emplois publics*, Paris, LGDJ, coll. « Systèmes », 2014, p. 78. L'auteur mentionne notamment les ouvrages de Dord (Olivier), *Droit de la fonction publique*, Paris, PUF, coll. « Thémis », 2e éd. 2012, p. 105, et de Melleray (Fabrice), *Droit de la fonction publique*, Paris, Economica, coll. « Corpus droit public », 2e éd., 2010. Il semble toutefois qu'Olivier Dord ait, « à la suite de G. Marcou », intégré la notion d'emploi fonctionnel aux logiques de la fonction publique territoriale et hospitalière. Sur ce point, voir Dord (Olivier), *Droit de la fonction publique*, Paris, PUF, coll. « Thémis », 3e éd., 2017, n° 146 et 147.

[7] Depuis le 1er janvier 2017, les employeurs publics doivent, en application de la loi n° 2012-347 du 12 mars 2012, choisir au moins 40% de personnes de chaque sexe pour les nominations aux emplois les plus importants des trois fonctions publiques. Sur ce point, voir Bui-Xuan (Olivia), « L'égalité professionnelle entre hommes et femmes dans la fonction publique. Une révolution manquée ? », *AJDA* 2012, p. 1100 ; de Montecler (Marie-Christine), « Parité dans la fonction publique : le compte n'y est pas », *AJDA* 2019, p. 430.

[8] Marcou (Gérard), *L'accès aux emplois publics*, *op. cit.*, p. 80.

Les emplois supérieurs de la fonction publique d'Etat, qualifiés par le statut général d'emplois « à la décision » du Gouvernement, sont les plus importants et sans doute les plus représentatifs des emplois fonctionnels. D'origine jurisprudentielle[9] puis institutionnalisés par le statut général de 1946[10], ces emplois se sont étendus aux fonctions publiques territoriale et hospitalière. Caractérisés par leur grande précarité et la nature politico-administrative des responsabilités qui en découlent[11], ils se distinguent des emplois de cabinet qui ne s'inscrivent pas dans la hiérarchie administrative et font participer leurs titulaires de « l'autorité du pouvoir politique »[12]. Si ces emplois de cabinet ne sont juridiquement pas assimilables aux emplois supérieurs, en particulier, et aux emplois fonctionnels, en général, ils peuvent être rapprochés de ces derniers compte tenu du lien de confiance existant avec l'autorité publique. De la même manière, les emplois fonctionnels de direction des administrations de l'Etat se distinguent des emplois supérieurs au regard de la réglementation des conditions de nomination limitant, entre autres, le caractère discrétionnaire du recrutement. Nous passerons sur la multiplication des statuts d'emplois spécifiques répondant aux besoins nouveaux de l'administration – en matière d'audit et d'expertise – afin de nous consacrer davantage aux emplois fonctionnels de la fonction publique territoriale ainsi qu'aux emplois fonctionnels et au recrutement direct dans les emplois de direction de la fonction publique hospitalière. Les premiers concernent des emplois de direction, plus nombreux que dans la fonction publique d'Etat, caractérisés par la proximité

---

[9] Voir notamment CE, 24 janv. 1934, *Veber*, Rec. p. 116.

[10] Loi n° 46-2294 du 19 octobre 1946 *relative au statut général des fonctionnaires*, JORF n° 0246 du 20 octobre 1946, p. 8910, spéc. art. 2 et 3. Aujourd'hui, ces emplois sont visés par l'article 25 de la loi n° 84-16 du 11 janvier 1984 *portant dispositions statutaires relatives à la fonction publique de l'Etat*, JORF du 12 janvier 1984, p. 271 (Titre II du statut général des fonctionnaires). Pour une liste, non limitative, de ces emplois, voir le décret n° 85-779 du 24 juillet 1985 *portant application de l'article 25 de la loi n° 84-11 du 11 janvier 1984 fixant les emplois supérieurs pour lesquels la nomination est laissée à la décision du Gouvernement*, JORF du 27 juillet 1985, p. 8535 ; décret modifié par le décret n° 2018-694 du 3 août 2018, JORF n° 0178 du 4 août 2018, texte n° 14.

[11] Ces emplois doivent être distingués de ceux pourvus suite à une nomination au tour extérieur et ayant vocation à diversifier la composition des différents corps de la fonction publique.

[12] Marcou (Gérard), *L'accès aux emplois publics*, *op. cit.*, p. 88.

politique et géographique de leurs bénéficiaires avec l'employeur public. S'il n'existe plus qu'un seul emploi supérieur dans la fonction publique hospitalière – directeur général d'Assistance publique-Hôpitaux de Paris[13] – il persiste nombre d'emplois fonctionnels et de recrutements directs s'agissant, notamment, des emplois de direction d'établissements publics de santé, en application du décret du 2 août 2005[14] et de la loi du 21 juillet 2009[15].

Bien que chacune de ces catégories d'emplois réponde à des règles spécifiques, elles procèdent d'une logique commune : la dérogation au principe du concours et « la nécessité [...] d'un fort lien de confiance (certains diront de dépendance voire parfois de servilité) entre l'employeur public et ses agents »[16]. Comme le relevait René Chapus s'agissant des emplois supérieurs de la fonction publique d'Etat : « situés à la jonction entre la politique et l'administration », ces emplois doivent être « occupés par des personnes ayant, notamment en raison de leur orientation politique, la confiance du Gouvernement [...] de façon que sa politique générale soit mise en œuvre [...] avec le minimum de déformation ou de blocage »[17]. Effectivement, les emplois fonctionnels sont occupés par des personnes en qui l'employeur public peut avoir confiance et avec lesquelles il partage généralement les mêmes opinions politiques. De ce fait, ils participent d'une certaine politisation de la fonction publique et de l'émergence

---

[13] Sur ce point, voir Renaudie (Olivier), « Le directeur général de l'Assistance publique-Hôpitaux de Paris », *Revue de droit sanitaire et social* 2016, p. 1028.

[14] Décret n° 2005-921 du 2 août 2005 *portant statut particulier des grades et emplois des personnels de direction des établissements mentionnés à l'article 2 (1° et 2°) de la loi n° 86-33 du 9 janvier 1986 portant dispositions statutaires relatives à la fonction publique hospitalière*, JORF n° 181 du 5 août 2005, p. 12817, texte n° 50.

[15] Complétée par la loi n° 2012-347 du 12 mars 2012 *relative à l'accès à l'emploi titulaire et à l'amélioration des conditions d'emploi des agents contractuels dans la fonction publique, à la lutte contre les discriminations et portant diverses dispositions relatives à la fonction publique*, JORF n° 0062 du 13 mars 2012, p. 4498, texte n° 4.

[16] Melleray (Fabrice), *Droit de la fonction publique*, Paris, Economica, coll. « Corpus droit public », 4e éd., 2017.

[17] Chapus (René), *Droit administratif général*, t.2, Paris, LGDJ, coll. « Précis », 15e éd., 2001, p. 194.

d'un *spoil system* en « circuit fermé »[18]. Ce phénomène, qui n'est pas une spécificité française, apparaît plus clairement encore aux États-Unis[19], depuis les présidences de Thomas Jefferson et d'Andrew Jackson, en Allemagne avec les « *politische Beamte* », recrutés en fonction de leurs opinions politiques et de leur loyauté, ainsi qu'en Belgique et en Autriche où un « système de partage [...] assure à chaque communauté linguistique ou à chaque famille politique une représentation jugée équitable au sein de la fonction publique »[20]. Parmi ces exemples, la fonction publique française fait presque figure d'exception en ce qu'elle hybride subtilement les logiques de la carrière et de l'emploi à travers ces emplois fonctionnels. S'il arrive que l'employeur public cherche davantage la loyauté – voire l'allégeance – de ces agents, ces derniers bénéficient de garanties professionnelles croissantes, limitant les dérives d'une telle politisation.

En somme, l'étude de ce lien de confiance permet de mettre en lumière un double mouvement de politisation de la fonction publique (I.) et de professionnalisation des emplois fonctionnels (II.). La confiance figure alors sur les deux faces d'une même médaille : elle est une condition du recrutement aux emplois fonctionnels qui, une fois perdue, peut en légitimer la perte.

I. Confiance et politisation de la fonction publique

L'accès aux emplois fonctionnels est largement dépendant de la satisfaction d'une condition : l'existence d'un lien de confiance entre l'agent et l'employeur public (A). En pratique, il est assez courant que cette relation de confiance se mue en une forme d'allégeance vis-à-vis de l'autorité de nomination. Ce faisant, les emplois fonctionnels traduisent davantage une logique de fonction publique ouverte et participent au phénomène de politisation de la fonction publique (B).

---

[18] Quermonne (Jean-Louis), *L'appareil administratif de l'Etat*, Paris, Le Seuil, coll. « Point Politique », 1991, p. 230.

[19] Sur ce point, voir particulièrement Calvès (Gwénaële), « La réforme de la fonction publique aux États-Unis : un démantèlement programmé ? », *EDCE* n° 54, 2003, p. 389-398.

[20] Quermonne (Jean-Louis), *L'appareil administratif de l'Etat*, *op. cit.*, p. 226-229.

A) La confiance : une condition du recrutement aux emplois fonctionnels

En dépit de la diversité des règles juridiques qui leurs sont applicables, la confiance est une condition essentielle du recrutement aux emplois fonctionnels. Elle atteste de la spécificité de ces emplois et des responsabilités qui en découlent, tout en légitimant une forme de discrétionnalité dans le recrutement des agents.

Il en va ainsi s'agissant des emplois supérieurs de la fonction publique d'Etat, qualifiés d'emplois à la décision du Gouvernement et dont le haut niveau de responsabilité laisse transparaître une porosité entre les sphères administratives et politiques. Comme le précisait le commissaire du gouvernement Laurent dans ses conclusions sur l'arrêt *Guille*, ces emplois impliquent un véritable « loyalisme » et non une simple « loyauté »[21] qui ne serait alors perçue que comme la conséquence « de la neutralité politique du fonctionnaire, et donc du respect de la souveraineté nationale »[22]. La catégorie des emplois supérieurs est composée des emplois à la discrétion du Gouvernement, visés à l'article 25 de la loi du 11 janvier 1984[23], et des emplois dont la nomination est considérée comme « essentiellement révocable » par le juge administratif. Cette formule traduit la grande latitude du juge administratif concernant l'identification de ces emplois, dont la liste a été élargie au gré de ses décisions compte-tenu de la « nature » des fonctions exercées – critère proposé par les commissaires du gouvernement Donnedieu de Vabres et Laurent dans leurs conclusions sur les arrêts *Teissier*[24] et *Guille*[25]. Dans ses conclusions, Jean Donnedieu de Vabres justifiait l'existence de ces emplois par « le souci de donner aux autorités gouvernementales des moyens d'action suffisants », tout en soulignant qu'il lui apparaissait logique que « ces

---

[21] CE, Sect., 1er oct. 1954, *Guille*, *Rev. adm.* 1954, p. 542, concl. Laurent (Pierre) ; *D.* 1955, p. 431, note Braibant (Guy).

[22] Marcou (Gérard), *L'accès aux emplois publics*, *op. cit.*, p. 81.

[23] Et dont la liste est fixée par le décret n° 85-779 du 24 juillet 1985 *portant application de l'article 25 de la loi n° 84-16 du 11 janvier 1984 fixant les emplois supérieurs pour lesquels la nomination est laissée à la décision du Gouvernement*, *op. cit.*

[24] CE, Ass., 13 mars 1953, *Teissier*, Rec. p. 133, *D.*, 1953, p. 735, concl. Donnedieu de Vabres (Jean).

[25] CE, Sect., 1er oct. 1954, *Guille*, *op. cit.*

autorités, qui, par définition même, ont une certaine politique à poursuivre, puissent choisir les collaborateurs immédiats les plus aptes à servir cette politique »[26]. Le critère de la « nature » des fonctions fut d'ailleurs discuté et confirmé par le commissaire du gouvernement Braibant dans sa note sous l'arrêt *Guille*[27]. Ont ainsi été inclus dans la catégorie des emplois supérieurs, le poste d'administrateur représentant de la France à la Banque européenne pour la reconstruction et le développement[28], de directeur du Centre national de la recherche scientifique[29], de président du conseil d'administration de la société concessionnaire du tunnel du Mont Blanc[30] ou, encore, le président de l'Office des rapatriés[31].

La nature du lien de confiance et des fonctions exercées implique que ces emplois soient pourvus de manière discrétionnaire et constituent, à ce titre, une dérogation au droit commun de la fonction publique. La plupart des emplois supérieurs sont effectivement pourvus par décret en conseil des ministres, signé par le premier ministre et le président de la République[32], au profit de fonctionnaires[33] et de non-fonctionnaires[34]. Par ailleurs, le Conseil constitutionnel a considéré que cette pratique était conforme à l'article 6 de la Déclaration de 1789, en n'omettant pas de préciser que « si la disposition contestée réserve au Gouvernement un large pouvoir

---

[26] Donnedieu de Vabres (Jean), concl. sur CE, Ass., 13 mars 1953, *Teissier*, *op.cit.*

[27] Braibant (Guy), note sous CE, 1er oct. 1954, *Guille*, *op. cit.*

[28] CE, Sect., 20 oct. 2000, *Mme Elisabeth Bukspan*, Rec. Tab., p. 802, *RDP* 2001, p. 311, concl. Mitjaville (Marie-Hélène).

[29] CE, Ass., 13 mars 1953, *Teissier*, *op. cit.*

[30] CE, 23 nov. 1992, *Portier*, Rec. Tab. p. 1042, *DA*, 1993, n° 28.

[31] CE, Ass., 22 décembre 1989, *Morin*, Rec., p. 279, *AJDA* 1990, p. 90, chron. Honorat (Edmond) et Babtiste (Éric).

[32] Marcou (Gérard), *L'accès aux emplois publics*, *op. cit.*, p. 84.

[33] Dans ce cas, la nomination emporte détachement dans l'emploi en cause. Sur l'évolution du contrôle de la nomination des fonctionnaires en matière d'emploi à la décision du Gouvernement, voir CE, Ass., 31 mai 2006, *Syndicat CFDT du ministère des Affaires étrangères*, *AJDA* 2006, p. 1899, concl. Olson (Terry) ; CE, Ass., 11 juill. 2012, *Syndicat autonome des inspecteurs généraux et inspecteurs de l'administration au ministère de l'Intérieur*, Rec. p. 275 ; *RFDA* 2012, p. 953, concl. Escaut (Nathalie) ; *AJDA* 2012, p. 1624, chron. Domino (Xavier) et Bretonneau (Aurélie) ; *AJFP* 2012, p. 310, note Fortier (Charles).

[34] Dans ce cas, la nomination n'entraîne pas la titularisation du non-fonctionnaire dans les statuts de corps. Sur ce point, voir notamment CE, 27 mars 1995, *Copsérac*, Rec. Tab., p. 848.

d'appréciation pour la nomination aux emplois supérieurs de la fonction publique, dont les titulaires sont étroitement associés à la mise en œuvre de sa politique, elle ne lui permet pas de procéder à ces nominations en méconnaissant les dispositions de l'article 6 de la Déclaration de 1789, en vertu desquels son choix doit être fait en prenant en considération les capacités requises pour l'exercice des attributions afférente à l'emploi »[35]. Aussi convient-il que l'intéressé respecte les conditions générales d'accès à la fonction publique tenant, notamment, à la détention de la nationalité française, à la jouissance des droits civiques et à l'aptitude physique exigée par l'exercice des fonctions. En outre, le juge administratif se révèle assez sensible à l'existence de procédures ou de garanties particulières applicables à tel ou tel type d'emploi[36] – bien qu'il fasse prévaloir, en certaines hypothèses, la spécificité des emplois supérieurs sur l'applicabilité de règles statutaires.

Cette liberté de choix s'exprime également lorsque sont en cause des emplois de cabinet ministériels ou locaux. Sur ce point, « le choix des collaborateurs de cabinet déroge au principe de l'égal accès aux emplois publics » et suppose « la pleine confiance du ministre et le loyalisme des collaborateur »[37]. Mais si le ministre nomme librement son directeur de cabinet et l'ensemble de ses conseillers[38], le premier ministre peut tout de même formuler des recommandations dans le but de garantir l'existence d'une relation de confiance. La pratique du recrutement atteste d'ailleurs que les ministres sélectionnent généralement les candidatures selon les besoins du ministère, la compétence et la spécialité des individus. Confiance et compétence se combinant alors.

En dernier lieu, il est des cas dans lesquels la liberté de choix de l'autorité de nomination paraît davantage réglementée. Ainsi des

[35] Cons. const., 28 janv. 2011, déc. n° 2010-94 QPC, *Casanovas*, *AJFP* 2011, p. 154, obs. Boutelet (Pierre).

[36] C'est notamment le cas en matière diplomatique puisque, contrairement aux chefs de missions, les membres du corps peuvent être nommés dans un emploi correspondant à leur grade : CE, Sect., 6 nov. 2002, *M. Jean-Claude G…*, n° 227147.

[37] Marcou (Gérard), *L'accès aux emplois publics*, *op. cit.*, p. 91.

[38] En pratique, rien n'empêche le ministre de procéder à la nomination d'un ressortissant de l'un des États membres de l'Union européenne même si, en théorie, la nature des fonctions exercées s'y oppose.

emplois fonctionnels de direction des administrations de l'Etat et, particulièrement, des emplois de direction des administrations centrales. Pour ce type d'emplois, le décret du 9 janvier 2012 formalise la procédure de recrutement en précisant que l'autorité dont relève l'emploi doit assurer la publicité de la vacance, que chacun de ces avis décrit précisément les fonctions et compétences recherchées, que les candidatures sont transmises et analysées par le premier ministre qui procède, après avis du ministre de la fonction publique, à la nomination par arrêté conjoint[39]. Il en va de même pour l'accès aux emplois fonctionnels locaux puisqu'en application de l'article 47 de la loi du 26 janvier 1984, le recrutement direct ne peut être opéré que sous conditions de diplôme ou de titre fixées par décret en Conseil d'Etat. En dernier lieu, l'article 53 de la loi de 1984 prévoit que seuls des fonctionnaires territoriaux en position de détachement peuvent occuper les emplois fonctionnels dont il fait mention.

B) De la confiance à l'allégeance des titulaires d'emplois fonctionnels

Le lien de confiance tissé entre l'agent et son employeur participe, tout au long de l'exercice des fonctions, à la définition et à la répartition des compétences au sein même de l'administration. De fait, il se manifeste quasi exclusivement par le biais de la délégation de signature, « présumée résulter d'un acte de confiance personnelle du déléguant envers le délégataire »[40]. À titre d'exemple, les maires, les présidents de conseils généraux et régionaux peuvent déléguer leur signature aux responsables de leurs services respectifs, en application des articles L 2122-19, L 3221-3 et L 4231-3 du code général des collectivités territoriales. Au niveau national, l'article 1er du décret n°

---

[39] Pour les diverses autorités impliquées par la signature, voir l'art. 7 du décret n° 2012-32 du 9 janvier 2012 *relatif aux emplois de chef de service et de sous-directeur des administrations de l'Etat*, modifié par l'article 20 du décret n° 2015-984 du 31 juillet 2015 *portant diverses mesures relatives à certains emplois de l'encadrement supérieur de l'Etat et à l'accompagnement des fonctionnaires occupant des emplois supérieurs concernés par la nouvelle organisation des services déconcentrés régionaux*, JORF n° 0179 du 5 août 2015, p. 13437, texte n° 39.

[40] CAA Marseille, 8 juill. 2005, *Université de la Méditerranée Aix-Marseille* II, n° 01MA00079.

2005-850 du 27 juillet 2005[41] dispose que les titulaires des emplois supérieurs de l'administration centrale, les chefs de service, les sous-directeurs et les chefs de service à compétence nationale peuvent, dès leur entrée en fonction, bénéficier d'une délégation de signature concernant les actes relatifs aux affaires des services placés sous leur autorité[42].

Pour autant, cette proximité et ce lien de confiance ne sont jamais synonymes d'une liberté totale dans l'exercice des fonctions. Si l'article 26 du Titre premier du statut général des fonctionnaires prescrit, dans l'intérêt du service, une obligation de non divulgation – de discrétion professionnelle – à la charge des fonctionnaires et des non-titulaires, cette dernière est d'autant plus marquée s'agissant des emplois fonctionnels. Il est effectivement impératif qu'au regard de la nature des données auxquelles ils ont pu avoir accès, ces agents ne puissent les divulguer sous peine d'une rupture du lien de confiance et, donc, d'une décharge de fonction. De la même manière, les titulaires d'emplois fonctionnels locaux et les collaborateurs de cabinets sont astreints à un devoir de réserve identique à celui des titulaires d'emplois à la décision du Gouvernement. Enfin, ces agents sont soumis au respect de règles déontologiques de nature à prévenir toute forme de collusion et de confusion entre l'intérêt général et leurs intérêts privés ; une prise illégale d'intérêt pouvant être sanctionnée en application de l'article L 432-12 du code pénal. En somme, les emplois fonctionnels ne s'affranchissent jamais d'une forme de tutelle hiérarchique[43] et de contrôle juridictionnel ; cette tutelle étant d'autant plus flagrante au niveau local que « l'enchevêtrement des prérogatives de l'exécutif local et des fonctions couramment assignées au directeur général des services n'interdit nullement au premier, souvent mû par des considérations d'ordre politique ou pratique, de s'immiscer dans le

---

[41] Décret n° 2005-850 du 27 juillet 2005 *relatif aux délégations de signature des membres du Gouvernement*, JORF n° 174 du 28 juillet 2005, p. 0, texte n° 3.

[42] Dès lors, les titulaires d'emplois fonctionnels peuvent être considérés comme dépositaires de l'autorité étatique.

[43] Ce qui est particulièrement visible au niveau local puisque l'autorité publique détentrice du pouvoir de nomination possède, dans le même temps, « la qualité de supérieur hiérarchique » : Aubin (Emmanuel), *La fonction publique*, Paris, Gualino, coll. « Master », 6e éd., 2017, n° 125.

fonctionnement régulier des services et de chaperonner momentanément le second »[44].

Reste que l'existence et la nature des emplois fonctionnels contribuent directement au phénomène de politisation de la fonction publique. Aussi semble-t-il logique que ce phénomène soit accentué au niveau local compte-tenu du « rapport de dépendance et d'influence » existant « [...] entre l'exécutif et son plus proche collaborateur »[45]. C'est sur ces bases que s'est développée une pratique consistant, pour le vainqueur d'une élection, à décharger de leurs fonctions les bénéficiaires d'emplois fonctionnels[46] – qu'il s'agisse de fonctionnaires placés en position de détachement ou d'agents recrutés par voie directe. Corrélativement, il arrive que les territoriaux tournent ce système à leur avantage et voient dans ce *turn over* une possibilité de développer leur carrière et d'occuper des postes à responsabilité les rapprochant de personnalités politiques influentes. Ce changement de cap professionnel n'en demeure pas moins risqué en raison de la précarité des emplois fonctionnels[47]. En réalité, ce phénomène n'est pas propre à la fonction publique territoriale car nombre de titulaires d'emplois supérieurs ou de fonctions de cabinet jouent de leur proximité avec les cercles politico-administratifs afin de participer activement à l'exercice du pouvoir politique, d'endosser un rôle de secrétaire particulier et politique, de conseiller politique ou encore d'assistant politique du ministre dans la mise en œuvre de ses fonctions de direction et de coordination des services[48].

Au demeurant, les dérives de cette politisation de la fonction publique doivent être nuancées au regard de la pratique des

---

[44] Lewy (Patrick), de la Burgade (Denis), « La relation de confiance dans l'occupation des emplois supérieurs de la fonction publique territoriale », *op. cit.*

[45] *Ibid.*

[46] *Ibid.*

[47] A titre d'exemple, la fin prématurée du détachement sur emploi fonctionnel peut conduire l'autorité territoriale à enjoindre l'agent de libérer, à l'expiration de ses fonctions, le logement qui lui avait été confié dans l'intérêt du service ; cette décision n'ayant pas à être motivée. Sur ce point, voir CAA Paris, 8 nov. 2004, *M.X. c/ Commune de Tournan-en-Brie*, n° 01PA03601.

[48] Voir notamment Ziller (Jacques), *Administrations comparées. Les systèmes politico-administratifs de l'Europe des douze*, Paris, Montchrestien, 1993, p. 325.

recrutements qui atteste d'une meilleure prise en compte de la compétence des agents[49] et de l'accroissement des garanties juridictionnelles et professionnelles qui leurs sont offertes.

II. Confiance et professionnalisation des emplois fonctionnels

Le lien de confiance tissé entre le titulaire de l'emploi fonctionnel et son employeur public n'est pas indéfectible : il peut se rompre, pour des considérations personnelles ou partisanes, et légitimer l'éviction de l'agent (A). Si la situation de ces agents est marquée du sceau de la précarité, ces derniers bénéficient de garanties professionnelles croissantes (B).

A) La rupture du lien de confiance : un motif d'éviction propre aux emplois fonctionnels

En premier lieu, il convient de rappeler qu'en matière d'emplois fonctionnels, la cessation de fonction peut résulter de la survenance de la limite d'âge[50] ou du terme du détachement – lorsque sont recrutés des fonctionnaires locaux ou nationaux. Mais en dehors de ces hypothèses, la situation juridique des bénéficiaires d'emplois fonctionnels demeure précaire eu égard à la spécificité des tâches qui leurs sont confiées. A la charnière du politique et de l'administratif ces emplois reposent sur un lien de confiance personnel justifiant que l'employeur public puisse y mettre un terme à tout instant, dans l'intérêt du service et, plus particulièrement, au motif d'une perte de confiance. Pour autant, la précarité de ces emplois ne saurait légitimer une éviction arbitraire de la part de l'employeur.

Tout d'abord, la mesure de révocation doit être prise par une autorité compétente sans que soit exercé de détournement de pouvoir.

---

[49] S'agissant des emplois fonctionnels locaux, voir Taillefait (Antony), « Les emplois fonctionnels dans la fonction publique territoriale », *Dr. adm.* n° 3, Mars 2006, chron. 6.

[50] Pour les dérogations à ce principe s'agissant des emplois supérieurs de la fonction publique d'Etat, voir notamment Taillefait (Antony), *Droit de la fonction publique. État, Collectivités locales, Hôpitaux, Statuts autonomes*, Paris, Dalloz, coll. « Précis », 2018, n° 847.

Par suite, le bénéficiaire d'un emploi fonctionnel a droit, en application de l'article 65 de la loi du 22 avril 1905[51], à la communication de son dossier dès qu'il est mis fin à ses fonctions pour des raisons tenant à sa personne[52] ; le non-respect de cette formalité entraînant l'annulation de la décision[53]. S'agissant des emplois supérieurs, la mesure de révocation n'est soumise à aucune obligation de motivation eu égard au caractère non créateur de droits de l'acte de nomination[54] et au caractère essentiellement révocable des fonctions. Comme le rappelait Gérard Marcou, le décret du 29 juillet 1964[55] écartait initialement le droit à communication du dossier pour les préfets. Discutée par une partie de la doctrine, cette dérogation a été neutralisée par le Conseil d'Etat[56] avant d'être supprimée par le décret du 20 novembre 2003[57]. Les emplois de direction des services déconcentrés ne relevant pas de l'autorité préfectorale sont également affectés d'une grande précarité puisqu'il peut y être mis un terme à tout instant, dans l'intérêt du service. En pareille hypothèse, le juge administratif contrôle strictement les motifs du retrait et procède au contrôle du respect de la procédure disciplinaire dès lors que la mesure revêt un tel caractère[58].

Pour leur part, les titulaires d'emplois fonctionnels locaux peuvent faire l'objet d'une révocation *ad nutum*, suite à la perte de confiance l'exécutif local, comme le souligne le Conseil d'Etat dans la célèbre décision *Broulhet* du 7 janvier 2004 : « eu égard à l'importance du rôle des titulaires de ces emplois et à la nature particulière des responsabilités qui leur incombent, le fait pour le secrétaire général d'une commune de s'être trouvé placé dans une situation ne lui

---

[51] Loi du 22 avril 1905 *portant fixation du budget des dépenses et des recettes de l'exercice 1905*, Recueil Duvergier, p. 268.

[52] Que le motif soit disciplinaire ou non. Sur ce point, voir CE, Sect., 20 oct. 2000, *Mme Elisabeth Bukspan, op. cit.*

[53] CE, 9 avr. 2010, *M. Michel B…*, n° 316388 ; CE, 26 févr. 2014, *M. B…*, n° 664153.

[54] CE, 14 mai 1986, *R…*, Rec. p. 351 ; CE, 14 mai 2014, *Comis*, Rec. Tab. p. 490.

[55] Décret n° 64-805 du 29 juillet 1964 *fixant les dispositions réglementaires applicables aux préfets*, JORF du 5 août 1964, p. 7156.

[56] CE, 5 juill. 2000, *Mermet*, n° 200622 et 203356, *AJFP* mars 2001, p. 43.

[57] Décret n° 2003-1101 du 20 novembre 2003 *modifiant le décret n° 64-805 du 29 juillet 1964 fixant les dispositions réglementaires applicables aux préfets*, JORF n° 270 du 22 novembre 2003, p. 19833, texte n° 4.

[58] CE, 27 avr. 2012, *M. Jacques A…*, n° 327732

permettant plus de disposer de la part de l'autorité territoriale de la confiance nécessaire au bon accomplissement de ses missions peut légalement justifier qu'il soit, pour ce motif, déchargé de ses fonctions »[59]. Partant, de simples divergences de vues entre l'autorité territoriale et le titulaire de l'emploi fonctionnel ont permis de caractériser une perte de confiance et de légitimer la perte de l'emploi[60]. Si la perte de confiance a également été invoquée à l'appui d'une décision de licencier un contractuel nommé sur un tel emploi[61], elle ne saurait, en revanche, être opposée aux autres agents de la fonction publique[62]. Ainsi, ce n'est qu'après avoir constaté que l'emploi litigieux correspondait bien à un « emploi fonctionnel supérieur qui implique d'avoir la confiance de la collectivité [...] »[63] que la Cour administrative d'appel de Bordeaux a admis le motif invoqué tenant à la rupture du lien de confiance[64]. Comme le relève Yan Laidié[65], le doute était permis s'agissant des emplois de cabinet au niveau local puisque le Conseil d'Etat avait jugé, dans une décision *Lavenu*[66], que ce motif ne pouvait légitimer la perte d'un tel emploi. Surprenante et discutée en doctrine tant ces emplois impliquent la confiance de la collectivité, cette décision a été remise en cause par le Conseil d'Etat lui-même, dans une décision rendue quelques mois plus tard[67].

En pratique, c'est la discrétionnalité à la base du recrutement, de l'exécution et de la cessation de fonction qui conduit le juge à « ne pas

---

[59] CE, 7 janv. 2004, *M. B... c. Maire de Port-Saint-Louis-du-Rhône*, n° 250616, *AJDA* 2005, p. 825, note Aubin (Emmanuel).

[60] CAA Paris, 8 nov. 2004, *M. H.*, n° 01PA03601.

[61] CAA Paris, 25 mars 2004, *Ville de Paris*, *AJFP* 2004, p. 270, concl. Trouilly (Pascal) ; CAA Versailles, 30 nov. 2018, n° 15VE02627.

[62] CE, 3 mai 1993, *Camy-Peyret*, Rec. Tab. p. 758 ; *AJDA* 1995, p. 185, chron. Touvet (Laurent) ; *Dr. adm.* 1993, n° 327 ; CAA Bordeaux, 22 févr. 2018, n° 17BX02310.

[63] CAA Bordeaux, 12 juin 2001, *Commune de Saint-Denis de la Réunion*, *AJDA* 2001, p. 1094, concl. Heinis (Marc) ; *Dr. adm.* 2001, n° 221.

[64] Cette méthode a d'ailleurs été reprise quelques années plus tard par le tribunal administratif de Paris : TA Paris 9 janv. 2003, *M. Rigolet*, n° 0110521/5, inédit.

[65] Laidié (Yan), « La perte de confiance peut-elle justifier la rupture des liens unissant un agent à son administration ? », *AJFP* 2006, p. 94.

[66] CE, 6 avr. 2001, *M. Lavenu*, n° 207.685.

[67] CE, 28 déc. 2001, *Commune de Saint-Jory*, *Dr. adm.* 2002, n° 89, note Jean-Pierre (Didier).

trop s'immiscer dans le contentieux de ces emplois situés à la jonction du politique et de l'administratif »[68]. Reste qu'à l'instar des emplois supérieurs, ce caractère discrétionnaire ne saurait céder le pas à une pratique arbitraire : s'agissant des emplois fonctionnels des articles 53 et 47 de la loi de 1984, la décision de l'autorité exécutive doit être motivée, en application de l'article L 211-2 du code des relations entre le public et l'administration, et les faits justifiant de la perte de confiance doivent être clairement précisés[69]. De surcroît, le juge administratif exerce un contrôle de l'erreur manifeste d'appréciation et contrôle l'appréciation portée sur les faits justifiant la décision. Il veille ainsi à ce que les pièces du dossier ou la présence d'indices sérieux justifient les motifs avancés par l'employeur public[70]. Sur ce point[71], la méthode du juge administratif semble inspirée de celle employée par le juge judiciaire consistant à ne retenir le motif de la perte de confiance que sous couvert d'éléments objectifs[72].

B) L'accroissement des garanties professionnelles des titulaires d'emplois fonctionnels

Depuis quelques années déjà semble se dessiner un mouvement de professionnalisation des emplois fonctionnels tenant, d'une part, à l'accroissement des garanties professionnelles et, d'autre part, à la prise en compte croissante des compétences des agents. Sans prétendre à l'exhaustivité, il apparaît nécessaire de souligner quelques-unes de ces garanties parmi les plus remarquables.

Proches de l'exécutif local, ce sont principalement les emplois fonctionnels locaux qui sont assujettis au plus d'instabilité. C'est la raison pour laquelle le législateur a nettement accru les garanties

---

[68] Jean-Pierre (Didier), note sous CE, 28 déc. 2001, *ibid.*

[69] CE, Sect., 27 juin 2005, *Jacques X… c. Commune de Montmorency*, n° 266767.

[70] CAA 12 juin 2001, *Commune de Saint-Denis de la Réunion, op. cit.* ; CE, 28 déc. 2001, *Commune de Saint-Jory, op. cit.* ; TA Nîmes, 16 juin 2018, n° 1600043.

[71] On peut toutefois relever que ces garanties juridictionnelles ne s'étendent pas, *a priori*, aux emplois de cabinet.

[72] Sur ce point, voir notamment Cass. Soc., 29 nov. 1990, *Mme Fertray*, *Bull. civ. V* n° 597, p. 359 ; *D.* 1991, p. 190, note Pélissier (Jacques) ; Cass. Soc., 25 juin 1991, *Laga*, *RJS* oct. 1991, n° 1081.

professionnelles de leurs bénéficiaires[73]. A titre d'exemple, l'article 53 de la loi de 1984 règle la situation des fonctionnaires territoriaux qui, placés en situation de détachement, occupent un emploi fonctionnel. Ces garanties s'appliquent également lorsque le détachement de l'agent arrive à son terme mais ne concernent pas les agents recrutés directement en application de l'article 47 ; ces derniers bénéficiant des protections issues des articles 40 et 41 du décret du 15 février 1988[74] tenant à l'existence d'un préavis de licenciement et à l'interdiction de licenciement des agents en état de grossesse médicalement constaté, de congé de maternité, de paternité, d'accueil d'un enfant ou d'adoption – cette protection s'étendant à une période de quatre semaines suivant l'expiration de ces congés, sous réserve de formalités devant être mises en œuvre par l'agent.

Tout d'abord, l'article 53 prévoit qu'un fonctionnaire, titulaire d'un emploi fonctionnel, ne peut être démis de ses fonctions qu'au terme d'un délai de six mois après sa nomination ou après la désignation de l'autorité territoriale[75]. Aussi ne peut-il être mis fin à ses fonctions qu'au terme d'un entretien avec l'autorité territoriale – et le représentant de l'Etat pour les emplois de directeurs départementaux et directeurs-adjoints des services d'incendies et de secours – puis d'une information de l'assemblée délibérante, du Centre National de la Fonction publique Territoriale (CNFPT) voire du conseil d'administration du service départemental d'incendie et de secours et du ministre de l'intérieur lorsque sont en cause les emplois de directeur et directeur-adjoint susmentionnés. Ce faisant, les fonctions ne prennent fin que trois mois après l'information de l'assemblée délibérante ou du conseil d'administration du service départemental. Cet entretien est fondamental et le Conseil d'Etat a jugé qu'il

---

[73] Carrère (Lorène), Abbal (Marjorie), « Emplois fonctionnels. Les garanties des agents déchargés de fonction », *Gaz. cnes* 3 mars 2014, p. 44 ; Brisson (Jean-François), « Les emplois fonctionnels dans la fonction publique territoriale, un excès de loyauté ? », *in* Niquège (Sylvain) (dir.), *Les figures de la loyauté en droit public*, Paris, Mare & Martin, coll. « Droit Public », 2017, p. 181.

[74] Décret n° 88-145 du 15 février 1988 pris *pour l'application de l'article 138 de la loi du 28 janvier 1984 modifiée portant dispositions statutaires relatives à la fonction publique territoriale et relatif aux agents non titulaires de la fonction publique territoriale*, JORF du 16 février 1988, p. 2176.

[75] Cela concerne également sa réélection : CE, 21 juill. 2006, *Commune d'Épinal*, n° 279502, *Dr. adm.* 2006, n° 172, note Glaser (Emmanuel).

« constitue pour l'agent concerné une garantie dont la privation entache d'illégalité la décision mettant fin au détachement sur l'emploi fonctionnel »[76]. Comme le notait Gérard Marcou, « aucun texte ne réglemente cet entretien, mais il appartient à l'autorité territoriale d'éviter toute ambiguïté quant à son objet, s'agissant d'une mesure prise en considération de la personne, et impliquant que l'intéressé ait la possibilité de consulter son dossier avant la décision »[77].

La seconde garantie posée par l'article 53 est d'autant plus importante qu'elle concerne le devenir du fonctionnaire démis de ses fonctions et qu'elle traduit l'un des versants de la professionnalisation des emplois fonctionnels. Premièrement, le fonctionnaire doit être reclassé au sein de la même collectivité dans un emploi correspondant à son grade. Il s'agit là d'une obligation de la collectivité, contrôlée par le juge administratif[78], et à laquelle elle ne peut déroger qu'en cas d'emploi vacant. Deuxièmement, le fonctionnaire peut être pris en charge par le CNFPT dans l'attente de son reclassement s'il ne peut avoir lieu au sein de la collectivité qui l'employait. Du reste, la loi du 12 mars 2012 a précisé que le fonctionnaire conserve son traitement, que la collectivité qui l'employait doit payer, pendant les deux premières années, une contribution égale à une fois et demie voire à deux fois le traitement brut – augmenté des cotisations sociales –, que les missions pouvant lui être confiées doivent correspondre à son grade et que sa prise en charge ne cessait qu'à partir du moment où le fonctionnaire refusait trois emplois correspondant à son grade. Relativement coûteuses pour les collectivités, ces mesures visent à les dissuader de procéder au renouvellement systématique des titulaires d'emplois fonctionnels locaux[79].

Dans le même esprit, l'article 53 prévoit la possibilité d'un congé spécial de cinq ans avec maintien du traitement par la collectivité, sous réserve de conditions tenant à l'âge et aux années de service, dont les directeurs départementaux et directeurs-adjoints des services

---

[76] CE, 16 déc. 2013, *M. B…A…*, n° 367007.

[77] Marcou (Gérard), *L'accès aux emplois publics*, *op. cit.*, p. 108.

[78] CE, 8 juill. 2011, *Commune de Bondy*, n° 343674.

[79] Aujourd'hui, les mesures tenant à la pénalisation financière des collectivités sont présentées aux articles 97 et 97 *bis* du Titre III du statut général.

d'incendie et de secours ne peuvent toutefois bénéficier. Cet article laisse finalement le choix au fonctionnaire de se saisir d'une indemnité de licenciement lui permettant de rompre tous les liens qu'il avait pu tisser au sein de la fonction publique territoriale, sous réserve des droits à pension alors acquis. Si l'indemnité doit correspondre à au moins une année de traitement et varie selon l'âge et les années de service, le fonctionnaire ne pourra se prévaloir d'avoir été involontairement privé de son emploi afin de bénéficier d'une allocation d'aide au retour à l'emploi[80].

Pour conclure sur cette question de la professionnalisation, on peut mentionner l'une des manifestations de la prise en compte des compétences professionnelles de l'agent dans le cadre des recrutements aux emplois fonctionnels. Dans un jugement en date du 1er février 2012, le Tribunal administratif de Montpellier[81] a considéré qu'il était possible de recruter en contrat à durée indéterminée le bénéficiaire d'un emploi fonctionnel sur le fondement de l'article 47 de la loi de 1984. Comme le relève Emmanuel Aubin, de tels recrutement en CDI précaires permettraient de « renforcer la professionnalisation de ce type d'emploi et d'en atténuer la politisation parfois exacerbée qui nourrit des pratiques excessives sacrifiant la compétence sur l'autel du « spoil system » »[82]. Cette manifestation doit être mise en perspective avec la prise en compte des compétences et spécialités des agents recrutés en tant que collaborateurs de cabinet, au niveau national et local.

---

[80] CE, 6 nov. 2013, *Commune de Peymeinade*, n° 364654.

[81] TA Montpellier, 1er févr. 2012, *Préfet de la région Languedoc-Roussillon, Préfet de l'Hérault*, *AJCT* 2012, p. 325, obs. Aubin (Emmanuel).

[82] Aubin (Emmanuel), *La fonction publique*, *op. cit.*, p. 264.

« Confiance et contrôle administratif de la légalité des actes des collectivités territoriales »

Antonin Gras,
Docteur en droit public (CRDP – EA 381)

Depuis l'entrée en vigueur de la loi du 2 mars 1982[1], la tutelle de l'Etat sur les collectivités territoriales a disparu. La décentralisation a profondément modifié les relations entre l'Etat et les collectivités territoriales. Rompant le « *contrôle tutélaire* » antérieur de l'Etat sur les collectivités, la loi a créé un « *mécanisme de contrôle propre et différent* »[2]. Le contrôle administratif de légalité *a posteriori* donne-t-il lieu, cependant, à une relation de confiance ?

Il existe deux manières de considérer la confiance, selon qu'elle s'applique à des relations entre personnes ou à une personne. D'un point de vue intersubjectif, il s'agit d'un sentiment selon lequel on se fie à quelqu'un ou à quelque chose. D'un point de vue subjectif, il s'agit du sentiment selon lequel on se fie à soi-même (prendre ou perdre confiance en soi). L'examen de la confiance dans le domaine du contrôle de légalité implique ainsi d'observer dans quelle mesure les relations entre l'Etat et les collectivités reposent sur la confiance. Le contrôle constitue un support rassurant depuis la disparition de la tutelle. Il s'agit également, pour les collectivités, de mesurer la confiance qu'elles peuvent avoir dans leurs propres actes. Le contrôle est, par conséquent, un indicateur de la confiance qu'elles peuvent avoir en elles-mêmes. Ces dimensions de la confiance ne sont pas seules en jeu. Il convient d'évoquer la nécessaire confiance des administrés dans les mécanismes de contrôle de légalité des normes produites par les collectivités : ces productions les concernent au premier chef.

---

[1] Loi n° 82-213 du 2 mars 1982 relative aux droits et libertés des communes, des départements et des régions.
[2] Plessix (Benoît), *Droit administratif général*, LexisNexis, 2016, p. 272.

Certaines caractéristiques du contrôle, trop connues pour s'y arrêter longuement, doivent être rapidement évoquées. Si l'article 72 alinéa 3 de la Constitution reconnaît la libre administration des collectivités territoriales, cette liberté trouve presque immédiatement une limite dans l'alinéa 6, qui impose aux représentants de l'Etat une mission de contrôle administratif. Si ce contrôle porte aussi bien sur la légalité que sur les questions budgétaires et financières[3], seule la première sera abordée dans les lignes suivantes.

Les circulaires rappellent régulièrement que l' « exercice du contrôle de légalité permet, en assurant un respect homogène de la hiérarchie des normes sur l'ensemble du territoire, d'inscrire l'égalité devant la loi de tous les citoyens dans l'organisation décentralisée de la République, telles qu'elles sont l'une et l'autre affirmées par l'article Ier de la Constitution. Il constitue donc un fondement de l'Etat de droit »[4]. Le contrôle administratif de légalité n'est donc « pas synonyme de défiance »[5].

Le mécanisme de contrôle, en effet, vise au rétablissement de la légalité, à l'exclusion de toute considération d'opportunité. Les difficultés se font davantage jour lorsque l'on s'intéresse aux modalités du contrôle. Les collectivités peuvent-elles correctement administrer en l'absence de cadre effectif de l'Etat ? Cette question rhétorique met en relief les enjeux liés à la qualité du contrôle. Pour l'essentiel, celui-ci n'est pas satisfaisant pour des raisons qui tiennent tant aux moyens alloués (I), qu'à la pratique (II).

---

[3] Auby (Jean-Bernard), Auby (Jean-François), Noguellou (Rozen), *Droit des collectivités locales*, PUF, 6e éd., 2015, p. 353 s.

[4] Circulaire du 25 janvier 2012 relative à la définition nationale des actes prioritaires en matière de contrôle de légalité (NOR : IOC/B/12/02426/C).

[5] Sénat, *Rapport d'information fait au nom de la délégation aux collectivités territoriales et à la décentralisation sur les contrôles de l'État sur les collectivités territoriales*, n° 300, 2012, p. 13.

I. Les moyens alloués au contrôle, enjeux de confiance pour les collectivités

Organisé par les textes comme un contrôle purement objectif proscrivant toutes considérations subjectives, la confiance ne semble pas constituer, de prime abord, un élément d'appréciation pertinent du contrôle administratif de légalité. Ce serait oublier que l'enjeu du contrôle est aussi de donner confiance aux collectivités dans leur production normative. En raison de l'insuffisance des moyens déployés par l'Etat, elles ne sont pourtant pas en mesure d'être rassurées dans l'exercice de leurs compétences.

A) Un cadre contribuant à la mise en confiance des collectivités territoriales

Le contrôle de légalité constitue une mise en confiance des collectivités territoriales par rapport à la situation qui prévalait avant 1982 : les collectivités ne sont plus sous tutelle et maîtrisent leur production normative, sans que l'Etat n'intervienne en amont. Elles ne sont toutefois pas isolées, leurs actes étant transmis et contrôlés par l'Etat. Un tel contrôle *a posteriori* est d'autant plus sécurisant pour les collectivités que le contexte juridique est « complexe et mouvant »[6]. Les contrôles « contribuent à une sécurisation de l'environnement juridique » et « sont souvent qualifiés de rassurants par des élus qui ne maîtrisent pas nécessairement l'ensemble du corpus de règles auxquelles ils sont soumis »[7]. Ce contrôle participe d'autant plus à la confiance des collectivités qu'il ne permet pas à l'Etat de contrôler l'opportunité des actes des collectivités. Il ne peut dès lors être interprété « comme la marque d'une défiance envers des autorités locales »[8]. Ce contrôle « exclut la soumission » et « valorise la neutralité »[9].

---

[6] Sénat, *op. cit.*, n° 300, 2012, p. 17.
[7] *Ibid.*
[8] Clepkens (Hugues), dir., *Réformer la décentralisation, Pour la République ou pour l'Etat*, Berger-Levrault, 2017, p. 441.
[9] *Ibid.*

Le mécanisme mis en place par la loi est composé de quatre temps : transmission de l'acte ; contrôle ; dialogue ; déféré. Cette présentation systématique ne correspond pas exactement à la réalité du contrôle administratif de légalité. Tous les actes des collectivités ne sont pas, en effet, soumis à l'obligation de transmission en préfecture même si, pour les actes visés, les collectivités sont incitées à respecter leurs obligations puisque la transmission conditionne le caractère exécutoire des actes[10]. Il s'agit des actes des collectivités[11] (communes, départements, régions[12]) et de leurs établissements publics[13]. La transmission concerne les actes les plus importants[14] mais la liste reste large.

Dès l'origine, les contrôles se sont « heurtés aux limites des capacités de traitement des services qui en étaient chargés. Le nombre considérable d'actes transmis, la complexité croissante de certains montages juridiques, [...] ont réduit la portée de celles-ci »[15]. La loi est ainsi intervenue pour resserrer les catégories d'actes concernées[16]. La transmission concerne désormais la plupart des actes unilatéraux sauf, par exemple, certaines décisions d'urbanisme ou en matière de police de la circulation et du stationnement, de tarifs des droits de voirie et de stationnement, de débits de boisson temporaires, de taux de promotion pour l'avancement de grade des fonctionnaires et de recrutement d'un vacataire. La transmission concerne également la plupart des catégories de contrats, sauf ceux dont le montant est

[10] V., notamment, articles L 2131-1, L 3131-1 et L 4141-1 CGCT.

[11] Certaines collectivités spécifiques, telles l'Assemblées de Corse (article L 4423-1 CGCT) et certaines autorités municipales et conseil d'arrondissement (articles L 2511-32 et L 2511-23 CGCT), sont également concernées.

[12] Respectivement, articles L 2131-1 et L 2131-2, L 3131-1 et L 3131-2, L 4141-1 et L 4141-2 CGCT.

[13] V., pour les établissements public communaux, l'article L 2131-12 CGCT et, pour les établissements publics de coopération intercommunale, l'article L 5211-3 CGCT.

[14] V., en ce sens, Auby (Jean-Bernard), Auby (Jean-François), Noguellou (Rozen), *op. cit.*, p. 307 ; Clepkens (Hugues), dir., *op. cit.*, p. 448.

[15] Cour des comptes, *Rapport public annuel 2016*, La Documentation française, 2016, p. 329.

[16] Résultant de la loi n° 2004-809 du 13 août 2004, de la loi n° 2007-1787 du 20 décembre 2007 et de l'ordonnance n° 2009-1401 du 17 novembre 2009. Pour cette dernière, la liste des actes soustraits à l'obligation de transmission est précisée par la circulaire du 24 février 2010 (NOR : IOC/B/100/1440/C).

inférieur à 209 000 euros HT[17]. Ce resserrement est contrebalancé par le pouvoir d'évocation reconnu au préfet, qui lui permet de demander la communication d'un acte non soumis à l'obligation de transmission[18].

Les réformes successives ont permis de circonscrire le contrôle sur les actes les importants[19] relatifs, notamment, aux libertés publiques, aux contrats et à la fonction publique territoriale. Il est difficile d'évoquer des chiffres récents puisque le dernier rapport triennal du Gouvernement au Parlement sur le contrôle *a posteriori* date de 2013[20]. A titre indicatif, le nombre d'actes reçus en préfecture est passé de 8 300 000 en 2004 à 5 121 668 en 2013[21].

Par ailleurs, la restriction des actes transmis s'est doublée, du fait de circulaires prises par le ministre de l'intérieur (et rédigées par la direction du générale des collectivités territoriales)[22], d'une véritable « stratégie de contrôle »[23] mise en œuvre dès 2006[24], lorsque le ministre de l'intérieur a invité les préfets à cibler leur contrôle. Elle a été synthétisée par une circulaire du 25 janvier 2012[25] confirmant l'existence d'un contrôle selon trois niveaux de priorité : national, local, non prioritaire. Les priorités nationales doivent conduire à un contrôle systématique de certains actes dans les domaines de l'urbanisme et de l'environnement, de la fonction publique territoriale (surtout les actes de recrutement) et de la commande publique. Des

[17] Article D. 2131-5-1 CGCT.
[18] V. articles L 2131-3, L 3131-4 et L 4141-4 CGCT.
[19] Ferstenbert (Jacques), Priet (François), Quilichini (Paule), *Droit des collectivités territoriales*, Dalloz, Hypercours, 2e éd., 2016, p. 743.
[20] DGCL, *Rapport du Gouvernement au Parlement sur le contrôle a posteriori exercé par le représentant de l'Etat sur les actes des collectivités territoriales, Années 2010-2011-2012*, 2013.
[21] Cour des comptes, *Rapport public annuel 2016*, La Documentation française, p. 334.
[22] Plus d'une dizaine depuis 2005.
[23] Aubin (Emmanuel), « Fasc. 911 : CONTRÔLE ADMINISTRATIF DE LÉGALITÉ. – Différents types de contrôles », *JurisClasseur Collectivités territoriales*, LexisNexis, § 21.
[24] Circulaire du 17 janvier 2006 sur la modernisation du contrôle de légalité (NOR : MCT/B/06/00004/C).
[25] Préc.

circulaires spécifiques à chacun de ces domaines précisent la méthode de contrôle[26]. Les priorités locales sont définies par les préfets selon une méthodologie proposée par la directive, pour tenir compte notamment d'irrégularités répétées de certaines collectivités, de la géographie et des caractéristiques locales. Les actes dont le contrôle n'est pas prioritaire peuvent faire l'objet d'un contrôle aléatoire. Grâce à ces efforts, le nombre d'actes prioritaires était de 985 851 en 2012 (contrôlés à 91,5 %)[27]. Dans leur mission de contrôle, les services déconcentrés peuvent saisir d'autres services spécialisés, tel le pôle interrégional d'appui au contrôle de légalité (PIACL)[28].

L'efficacité du contrôle administratif de légalité repose aussi sur le caractère dissuasif du déféré préfectoral. Le préfet peut dans un délai de deux mois à compter de la date à laquelle les actes sont devenus exécutoires, saisir le tribunal administratif aux fins de les faire annuler[29]. Si la décentralisation a consisté en un mouvement de « *banalisation de la tutelle* »[30], rapprochant le déféré préfectoral du recours pour excès de pouvoir, elle n'a pas privé le préfet de certains privilèges qui renforcent la dissuasion. D'abord, le déféré permet au préfet de contester des actes normalement exclus du recours pour excès de pouvoir ou de l'obligation de transmission, tels les actes préparatoires des collectivités[31] et les vœux des assemblées

[26] Circulaire du 1er septembre 2009 relative au contrôle de légalité en matière d'urbanisme (NOR : IOCK0920444C) ; Circulaire du 10 septembre 2010 relative à la légalité des actes des collectivités territoriales et de leurs établissements publics en matière de commande publique (NOR : IOCB1006399C) ; Instruction du 25 janvier 2012 relative aux axes prioritaires du contrôle de légalité en matière de fonction publique territoriale (NOR : 10CB1206762C).

[27] DGCL, *op. cit.*, p. 25-26.

[28] V. circulaire du 24 février 2010, préc. Sur l'action du PIACL, v. DGCL, *op. cit.*, p. 18 s. : il s'agit d'un service rattaché à la direction générale des collectivités territoriales (ministère de l'intérieur), qui assiste juridiquement les préfectures dans leurs missions de conseil et de contrôle, qui les informe par le biais de supports accessibles en ligne et qui propose également des formations.

[29] Articles L 2131-3, L 3131-4 et L 4141-4 CGCT.

[30] Faure (Bertrand), *Droit des collectivités territoriales*, Dalloz, 5e éd., 2018, p. 709.

[31] CE, 15 avril 1996, *Syndicat CGT des hospitaliers de Bédarieux*, n° 120273, *Lebon*, p. 130 ; *AJDA*, 1996, p. 405 ; *Ibid.*, p. 366, chron. Stahl et Chauvaux.

délibérantes[32]. Contrairement aux autres requérants, le préfet est toujours recevable à contester les actes détachables du contrat avant la signature[33] et à contester la validité du contrat signé, sans avoir, dans chacun de ces cas, à justifier d'un intérêt à agir[34]. Ne sont en revanche pas « déférables » les actes de droit privé des collectivités[35] ainsi que ceux pris au nom de l'Etat[36]. Le préfet peut encore assortir son déféré d'une demande de suspension sans avoir à justifier de la condition d'urgence[37], et le juge a l'obligation de suspendre l'acte dès lors qu'un doute sérieux quant à sa légalité existe, là où il s'agit habituellement d'une faculté[38]. En outre, la suspension est automatiquement prononcée si, en matière d'urbanisme, de marchés et de concessions, le préfet saisit le juge dans les dix jours de la transmission de l'acte[39]. Ces éléments illustrent « les conséquences redoutables du contrôle de légalité »[40], d'autant que le préfet est incité à saisir le juge puisque la responsabilité de l'Etat peut être engagée en cas de négligence dans le contrôle de légalité, à la condition toutefois de caractériser une faute lourde[41].

---

32 CE, Sect., 29 décembre 1997, *SARL* Enlem, n° 157623, *Lebon*, p. 500 ; *RFDA*, 1998 p. 552, concl. Touvet ; *DA*, 1998, comm. n° 165, note L. T. ; CE, 30 décembre 2009, *Département du Gers*, n° 308514, *Lebon T.*, p. 638 et 878 : opposition de principe d'un département à la culture d'OGM sur son territoire.

33 CE, Ass., 4 avril 2014, *Département de Tarn-et-Garonne*, n° 358994, *Lebon*, p. 70 avec concl. Dacosta ; *RFDA*, 2014, p. 425, concl. Dacosta ; *ibid.*, p. 438, note Delvolvé ; *AJDA*, 2014 p. 945, tribune Braconnier ; *ibid.*, p. 1035, chron. Bretonneau et Lessi ; *RDI*, 2014, p. 344, obs. Braconnier ; *AJCT*, 2014, p. 375, obs. Dyens.

34 *Ibid.* ; CE, Sect., 28 février 1997, *Commune du Port*, n° 167483, *Lebon*, p. 61 ; *RFDA*, 1997, p. 1190, concl. Stahl, note Douence ; *AJDA*, 1997, p. 476, chron. Chauvaux et Girardot.

35 CE, Sect., 27 février 1987, *Commune de Grand-Bourg de Marie-Galante c. Lancelot*, *Lebon*, p. 79 ; *RFDA*, 1987, p. 212, concl. Stirn ; *ibid.*, p. 777, note Douence ; *AJDA*, 1987, p. 419, obs. Prétot.

36 CE, Sect., 16 novembre 1992, *Ville Paris*, n° 96016, *Lebon*, p. 406 ; *AJDA*, 1993, p. 54, concl. Legal ; *RFDA*, 1993, p. 602, note Morand-Deviller et D. Moreno.

37 Articles L 2131-6, al. 3 et 5, L 3132-6, al. 4 et 6 et L 4142-6, al. 3 et 5 CGCT.

38 CE, 15 juin 2001, *Société Robert Nioche*, n° 230637, *Lebon T.*, p. 1120.

39 Articles L 2131-6 CGCT, al. 4, L 3132-6, al. 5, et L 4142-6, al. 4 CGCT.

40 Linditch (Florian), « Recours du préfet – Suspension de l'exécution du marché », *JCP A*, 2018, n° 47.

41 CE, 6 octobre 2000, *Commune de Saint-Florent*, n° 205959, *Lebon*, p. 395 ; *D.*, 2002, p. 526, obs. de Béchillon ; *RFDA*, 2001 p. 152, note Bon.

Le contrôle administratif de légalité a donc fait l'objet d'efforts pour contribuer à son efficacité. « Reste à savoir si [les] réformes [engagées] sont efficaces. Mais faut-il ne raisonner qu'en termes d'efficience ? N'est-ce pas l'objectif d'une force de frappe d'être seulement dissuasive ? »[42]. On peut néanmoins être frappé par l'écart qui existe entre les ambitions affichées et la réalité du contrôle, qui est de nature à dégrader la confiance des collectivités.

B) Le manque de confiance au regard des moyens alloués au contrôle

Le contrôle de légalité, « loin de mettre en scène le *Big Brother* des institutions publiques »[43], n'est pas satisfaisant. Ses insuffisances sont régulièrement évoquées et constituent une source d'inquiétude pour les collectivités et les organes de contrôle de l'Etat[44]. De nombreux éléments y contribuent.

La méthode de contrôle par priorité n'a pas complètement porté ses fruits. Comme le relève la Cour des comptes, les préfectures ne contrôlent pas tous les actes considérés comme prioritaires au niveau national[45]. La moitié seulement des préfectures contrôlait l'ensemble des actes prioritaires en 2016, alors que le contrôle aléatoire était peu mis en œuvre. Par ailleurs, il existe de grandes disparités entre les préfectures, que ce soit dans la définition des priorités ou dans l'effectivité du contrôle (de 8 % à 78 % des actes reçus, selon la Cour[46]). Le contrôle est donc inégal, alors qu'il est censé assurer l'unité de l'application de la loi.

Le Sénat relevait déjà en 2012, du fait de la révision générale des politiques publiques, une « réduction considérable des moyens »[47].

---

[42] Plessix (Benoît), *op. cit.*, p. 275-276.
[43] Clepkens (Hugues), dir., *op. cit.*, p. 448.
[44] V., par ex., Sénat, *op. cit.*, n° 300, 2012, p. 26 s. ; Cour des comptes, *op. cit.*, p. 333 s.
[45] Cour des comptes, *op. cit.*, p. 335.
[46] *Ibid.*, p. 337.
[47] Sénat, *op. cit.*, n° 300, 2012, p. 33. En 2011, le contrôle de légalité représentait 930 équivalents temps plein travaillés, dont environ 210 en sous-préfecture et 720 en préfecture.

Ainsi, « le pari de la RGPP selon lequel les réductions de personnels seraient compensées par une amélioration de l'efficacité des contrôles s'est avéré être, sans surprise, un leurre »[48]. Entre 2009 et 2013, 780 équivalents temps plein travaillé (ETPT) ont été supprimés[49]. Les suppressions d'emplois se sont ensuite stabilisées[50]. Néanmoins, sur la période 2007-2017, le nombre d'ETPT affectés au contrôle de légalité et au conseil aux collectivités a baissé de 1433 unités, passant de 4052 à 2619 ETPT… chargés d'assurer le contrôle de plusieurs millions d'actes transmis, dont un million d'actes prioritaires. On ne peut écarter que le « manque de moyens humains, tant sur le plan quantitatif que qualitatif, est aussi, et peut-être surtout, la cause de la faiblesse du contrôle tel qu'il est pratiqué »[51]. La difficulté apparaît d'autant plus grande que les compétences des agents chargés du contrôle ne sont pas toujours satisfaisantes. En 2011, moins de 19 % d'entre eux étaient de catégorie A[52]. La formation n'est pas suffisante et n'est pas toujours adaptée à la mission[53]. Il a même pu être relevé que certains agents « prennent leurs fonctions sans avoir suivi de formation particulière, la formation […] intervenant parfois plusieurs mois après »[54]. En conséquence, l'expertise de l'Etat serait même « en net recul, par rapport à celle de collectivités territoriales qui ont su tenir compte de la complexification croissante du droit […] et du renforcement sensible de leurs responsabilités, en étoffant leurs services juridiques »[55]. De manière générale, le contrôleur serait moins qualifié que le contrôlé[56].

[48] *Ibid.*, p. 33.
[49] Sénat, *Rapport d'information au nom de la commission des finances sur l'avenir des préfectures*, n° 753, 2014, p. 38.
[50] Sénat, *Rapport d'information fait au nom de la commission des finances sur la réforme de l'administration sous-préfectorale et sa contribution au maintien de la présence de l'État dans les territoires*, n° 420, 2017, p. 64.
[51] Ferstenbert (Jacques), Priet (François), Quilichini (Paule), *op. cit.*, p. 743.
[52] Sénat, *op. cit.*, n° 300, 2012, p. 34.
[53] Cour des comptes, *op. cit.*, p. 349.
[54] Sénat, *op. cit.*, n° 300, 2012, p. 29.
[55] *Ibid.*, p. 26.
[56] *Ibid.*, p. 36 ; Sénat, *Rapport d'information fait au nom de la délégation aux collectivités territoriales et à la décentralisation : « Où va l'État territorial ? Le point de vue des collectivités »*, n° 181, 2016, p. 85.

Une des conséquences est que les collectivités, pour garder confiance dans leur production normative, s'en remettent de plus en plus à la fonction de conseil assurée par les préfectures[57]. La faculté de délivrer des conseils aux collectivités est particulièrement appréciée par ces dernières[58]. Entre 2011 et 2014, la mission de conseil aux collectivités représentait environ « 30 % du temps de travail des préfectures »[59]. Désormais, les saisines du PIACL par les services déconcentrés de l'Etat concernent principalement les demandes de conseil effectuées par les collectivités. La difficulté tient à ce que ce conseil est de plus en plus demandé après que les actes aient été pris par les collectivités. Ce constat dénote les défaillances du contrôle administratif de légalité, dès lors que le « rôle pédagogique du conseil en amont devrait […] laisser la place, une fois l'acte adopté et transmis à la préfecture, aux modalités d'intervention du préfet prévues par les textes »[60].

La transmission dématérialisée des actes, à travers l'application ACTES[61], est également source de difficultés : l'outil « n'assure pas un référencement exhaustif et fiable des documents télétransmis par les collectivités en fonction des catégories d'actes et peut ainsi en faire échapper certains au contrôle. Par ailleurs, il ne permet pas la réalisation automatisée de points de contrôles obligatoires »[62]. Si, en 2015, la moitié des émetteurs d'actes (soit 28 000 personnes publiques) étaient enregistrés sur l'application et 46 % des actes (soit 2 439 000 actes) étaient transmis par ce biais, il « faut craindre que le taux d'utilisation de la télétransmission connaisse un déploiement moins rapide à l'avenir, les utilisateurs les mieux à même d'y recourir étant déjà entrés dans le système »[63]. L'envoi physique des actes demeure une charge financière importante sans qu'il soit certain que l'objectif de dématérialisation complet puisse être tenu à court terme.

---

[57] Cour des comptes, *op. cit.*, p. 334.

[58] Sénat, *op. cit.*, n° 181, 2016, p. 12 et 46. V., également, Sénat, *op. cit.*, n° 420, 2017, p. 89.

[59] *Ibid.*, p. 351.

[60] *Ibid.* V., également, Sénat, *op. cit.*, n° 420, 2017, p. 89.

[61] La transmission électronique est une innovation de la loi du 13 août 2004, préc.

[62] Cour des comptes, *op. cit.*, p. 344.

[63] Sénat, *op. cit.*, n° 420, 2017, p. 83.

Enfin, si le taux de réussite des déférés est satisfaisant[64], leur nombre demeure faible : 1 868 en 1999 (0,025 % des actes transmis), 1 034 en 2009 (0,019 % des actes transmis)[65] et 804 en 2012 (auxquels il faut certes ajouter 369 demandes de suspension)[66]. La Cour des comptes a ainsi pu déplorer, pour la période 2011-2014, que « les suites données au contrôle de légalité sont [...] particulièrement limitées : [...] 2,9 % en moyenne des actes contrôlés (soit 0,7 % des actes reçus) ont donné lieu à une lettre d'observation valant recours gracieux et 0,1 % des actes contrôlés ont donné lieu à un déféré préfectoral »[67]. En outre, une « absence de rigueur » peut être observée dans la pratique du déféré, ce qui peut nuire à sa crédibilité[68].

Malgré les efforts mis en œuvre, le contrôle de légalité est peu efficace. Les collectivités jouissent, de fait, d'une confiance excessive de l'Etat dont elles ne sont pas certaines de vouloir. Le contrôle n'est « plus qu'une « fiction », qui pourrait se traduire, en pratique, [...] par un moindre empressement à respecter la loi »[69]. La diminution du contrôle « peut avoir pour conséquence une augmentation de l'insécurité juridique »[70], ce qui n'est pas de nature à maintenir la confiance des collectivités et des administrés dans cette mission constitutionnelle de l'Etat.

II. La pratique du contrôle, révélateur d'une confiance fragile

La pratique du contrôle de légalité repose, du moins en sa phase précontentieuse, sur un dialogue entre l'Etat et les collectivités, lequel manifeste une relation de confiance. Du point de vue des administrés, toutefois, le contrôle n'est pas satisfaisant.

---

[64] En considérant le rapport entre actes déférés et annulations décidées par le juge : 88 % en 2012 (Aubin (Emmanuel), « Fasc. 912 : Contrôle administratif de légalité. – Objet et effets », *JurisClasseur Collectivités territoriales*, LexisNexis, § 68).
[65] Sénat, *op. cit.*, n° 300, 2012, p. 37 s.
[66] DGCL, *op. cit.*, p. 35.
[67] Cour des comptes, *op. cit.*, p. 338.
[68] Sénat, *op. cit.*, n° 300, 2012, p. 44.
[69] *Ibid.*, p. 45.
[70] Sénat, *op. cit.*, n° 753, 2014, p. 46.

A) L'existence d'un dialogue entre l'Etat et les collectivités

L'existence de fait d'une opportunité de déférer, d'un côté, et la possibilité de proroger le délai pour déférer, d'un autre côté, constituent les circonstances qui permettent une marge de négociation entre les services déconcentrés de l'Etat et les collectivités. Cette possibilité de négocier s'inscrit nécessairement dans l'idée de relations de confiance, l'exercice d'un déféré et son maintien montrant que cette confiance est rompue.

L'opportunité du déféré n'est pas expressément consacrée par les textes mais résulte, en pratique, de plusieurs éléments[71]. D'abord, la décision de refus de déférer opposée par le préfet est insusceptible de recours[72]. Ensuite, le préfet peut se désister du déféré pour tout motif[73]. Enfin la carence du préfet dans sa mission de contrôle ne peut être recherchée que pour faute lourde. La jurisprudence a pu évoquer la « faculté » de déférer dont dispose le préfet[74]. Si cette opportunité, sans confiner à l'arbitraire, est critiquable du point de vue des obligations constitutionnelles de l'Etat et si un régime de faute simple est souhaitable[75], l'état du droit a au moins le mérite d'offrir un lieu de négociation grâce aux mécanismes de prorogation du délai pour déférer. Au contraire d'une recherche brutale et peu réaliste de la légalité (politique du déféré systématique), c'est une relation de confiance qui a été privilégiée. Le délai imparti au préfet pour déférer est prorogé par un recours gracieux[76] ou une demande de pièces complémentaires[77] présenté auprès de la collectivité auteure de l'acte. Ces deux prorogations sont cumulables. La phase précontentieuse se

---

[71] Faure (Bertrand), *op. cit.*, p. 715-717.

[72] CE, Sect., 25 janvier 1991, *Brasseur*, n° 80969, *Lebon*, p. 23 avec concl. Stirn ; *AJDA*, 1991, p. 351, chron. Schwartz et Maugüe ; *LPA*, 28 janvier 1991, note Doumbé- Billé.

[73] CE, 16 juin 1989, *Commune de Belcodène*, n° 103661, *Lebon T.*, p. 855 ; *RFDA*, 1989, p. 941, obs. F. M.

[74] CE, Sect., 28 février 1997, *Commune du Port*, préc.

[75] Faure (Bertrand), *op. cit.*, p. 715-717.

[76] CE, sect., 6 décembre 1995, *Préfet des Deux-Sèvres c. commune de Beuvy-Bouin*, n° 127841, *Lebon*, p. 425 ; *RFDA*, 1996, p. 328, note Douence.

[77] CE, 31 mars 1989, *Préfet de la région Languedoc-Roussillon c/ Alary*, n° 83329, *Lebon*, p. 112 ; *LPA*, 1989, n° 89, p. 9, note Chouvel.

voit conférer une « importance déterminante »[78] dans le contrôle administratif, à un point tel qu'est née une « certaine culture du dialogue »[79]. « En vérité, si le juge est si peu saisi par les préfets, c'est que le contrôle est largement exercé au cours de sa phase purement administrative »[80]. Le dialogue permet de purger le litige en conduisant, le cas échéant, les collectivités à « revoir leur copie »[81].

Cette négociation se matérialise, premièrement, par la possibilité dont dispose le préfet d'envoyer des lettres d'observations aux collectivités pour qu'elles puissent prendre connaissance d'éventuelles illégalités et retirer l'acte ou apporter les modifications nécessaires. Elles sont le plus souvent suivies par les collectivités[82] : en 2009, 58 % des actes faisant l'objet d'observations des préfectures ont été retirés ou réformés par les collectivités[83] (53,7 % en 2012)[84]. Cette négociation se matérialise, deuxièmement, par la possibilité dont dispose le préfet d'exercer un recours gracieux[85] demandant explicitement le retrait ou la modification de l'acte. En cas de refus de la collectivité, le préfet pourra déférer l'acte dans le délai de deux mois.

La pratique de la phase précontentieuse n'est pas exempte de critiques. Il ne s'agit pas toujours d'un « dialogue » à proprement parler. Ainsi, lorsque « l'autorité territoriale refuse de s'opposer, pour les multiples raisons que l'on peut imaginer, au représentant de l'État, il semble difficile d'évoquer, alors, l'existence d'un dialogue ; il s'agit plutôt d'un monologue du représentant de l'État »[86]. Par ailleurs, le nombre d'observations a diminué[87]. Elles étaient de 175 933 en 1999

[78] Aubin (Emmanuel), « Fasc. 910 : CONTRÔLE ADMINISTRATIF DE LÉGALITÉ. – Introduction générale et personnes morales concernées », *JurisClasseur Collectivités territoriales*, LexisNexis, § 7.
[79] Aubin (Emmanuel), « Fasc. 911 [...] », préc., § 107.
[80] Ferstenbert (Jacques), Priet (François), Quilichini (Paule), préc., p. 743.
[81] Aubin (Emmanuel), « Fasc. 912 [...] », préc., § 3.
[82] Clepkens (Hugues), dir., *op. cit.*, p. 448.
[83] Sénat, *op. cit.*, n° 300, 2012, p. 37 s.
[84] DGCL, *op. cit.*, p. 31.
[85] V. Faure (Bertrand), *op. cit.*, p. 718
[86] Aubin (Emmanuel), « Fasc. 911 [...] », préc., § 108.
[87] *Ibid.*, § 103.

(2,4 % du nombre total d'actes transmis), de 46 498 en 2009 (0,84 % du nombre total d'actes transmis) [88] et de 29 507 en 2012[89]. On aurait pourtant pu imaginer un maintien du nombre d'observations, les préfectures ayant rétabli, du fait du nombre moins important d'actes à contrôler, une meilleure capacité de contrôle. De plus, le dialogue est parfois exclu, comme l'illustre « la pratique consistant pour les préfets à déférer systématiquement les délibérations réduisant la mise en place du service minimum d'accueil »[90].

En outre, la négociation est-elle toujours menée dans un esprit de confiance ? Pour certains, le pouvoir exorbitant du préfet « est le marqueur inglorieux de cette société de défiance qui gangrène notre organisation collective »[91]. Il a pu être relevé, de manière plus mesurée, que dans « la pratique, […] les services préfectoraux tendent souvent, dans leurs observations à aller au-delà de la simple légalité pour porter des appréciations qui relèvent davantage de l'opportunité. S'est ainsi recréée une sorte de tutelle […] »[92]. Il n'est pas exclu que le contrôle de légalité confine parfois au contrôle de l'opportunité, lorsqu'il s'agit par exemple de vœux formulés par les collectivités (cf. *supra*).

Un autre exemple réside dans le contentieux auquel ont donné lié les « clauses d'interprétariat » ou clauses « Molière ». Une région avait inséré dans un marché de travaux public des clauses prévoyant, d'une part, que l'intervention d'un interprète qualifié peut être demandée, aux frais du titulaire, afin que les personnels ne maîtrisant pas le français comprennent le socle minimal de règles sociales applicables et, d'autre part, que pour garantir la sécurité des travailleurs et visiteurs sur le chantier lors de la réalisation de tâches risquées, une formation est dispensée aux personnels réalisant ces tâches, avec l'intervention d'un interprète lorsqu'ils ne comprennent

---

[88] Sénat, *op. cit.*, n° 300, 2012, p. 37 s.
[89] DGCL, *op. cit.*, p. 30.
[90] Aubin (Emmanuel), « Fasc. 911 […] », préc., § 21.
[91] Clepkens (Hugues), dir., *op. cit.*, p. 447-448.
[92] Auby (Jean-Bernard), Auby (Jean-François), Noguellou (Rozen), *op. cit.*, p. 354.

pas le français[93]. Comme le rappelle François Brenet, ces clauses avaient été dénoncées publiquement par le Premier ministre et avaient fait l'objet d'une instruction ministérielle publiée « 4 jours après le second tour de l'élection présidentielle (ce qui en dit long sur la détermination d'un gouvernement sur le départ à sceller le sort de cette clause) »[94], invitant les préfets à tenir la pratique pour illégale. C'est dans ce contexte que la préfète de région avait saisi le juge du référé précontractuel pour faire annuler la procédure de passation. La région indiquait que ces clauses ne visaient qu'à la protection des droits et de la sécurité des travailleurs. Pour l'Etat, ces clauses constituaient une discrimination prohibée et a mis en œuvre tous les moyens (déclaration publique, instruction, déféré) pour faire reculer la région et toute autre collectivité qui aurait souhaité l'imiter. Finalement, la légalité de ces clauses n'était pas aussi douteuse : le tribunal administratif a rejeté le recours et le Conseil d'Etat a rejeté le pourvoi du ministre de l'intérieur, en retenant que les clauses ne constituaient ni une discrimination, ni une entrave à la libre-circulation, ni ne portaient une atteinte disproportionnée à la libre prestation de services et aux principes de la commande publique. Cette décision a permis d'encadrer des clauses à la légalité douteuse et de trancher définitivement le débat sur la possibilité d'y avoir recours. Si la région avait renoncé aux clauses, succombant à la pression exercée lors de la phase précontentieuse, le débat aurait pu se poursuivre longtemps. Il convenait de faire intervenir le litige plutôt que de tenter de le prévenir par une méthode qui confinait au contrôle de l'opportunité.

Ces circonstances particulières restent rares. Elles rappellent pourtant que les mécanismes de négociation ne peuvent pas complètement se substituer aux mécanismes juridictionnels. De ce point de vue, la charge du contrôle de légalité repose, en pratique, sur l'action contentieuse des administrés, ce qui ne les place pas en mesure d'avoir confiance dans l'Etat.

---

[93] CE, 4 décembre 2017, *Préfet de la Région des Pays de la Loire*, n° 413366, *Lebon T.* ; *Contrats et marchés publ.*, 2018, comm. 32, note Ubaud-Bergeron ; *DA*, 2018, n° 2, comm. 8, note Brenet.

[94] Brenet (François), « Clause d'interprétariat - Légalité (très) conditionnée de la clause « Molière » », commentaire sous CE, 4 décembre 2017, *Préfet de la Région des Pays de la Loire*, *DA*, 2018, n° 2, comm. 8.

B) La perte confiance des administrés

Il résulte des éléments précédemment évoqués que la défense de la légalité repose pour l'essentiel sur les administrés, soit à travers le déféré provoqué, soit plus vraisemblablement à travers l'exercice d'un recours pour excès de pouvoir.

Toute personne physique ou morale s'estimant lésée peut saisir le préfet pour lui demander de déférer un acte d'une collectivité territoriale[95]. Le cas échéant, le représentant de l'Etat peut demander la transmission des actes qui ont fait l'objet de doléances des administrés[96]. La demande de déféré proroge le délai de recours pour excès de pouvoir contre l'acte jusqu'à l'intervention de la réponse explicite ou implicite du préfet[97]. Une première limite tient à ce que la décision par laquelle le préfet refuse de déférer ne peut pas faire l'objet d'un recours pour excès de pouvoir[98]. Cette opportunité s'explique difficilement : il revient au juge, *in fine*, de déterminer si l'acte est illégal. En filigrane, il apparaît que la jurisprudence tient à ne pas encombrer les services des préfectures de demandes de déféré et, sans doute, de responsabiliser les administrés en les poussant, s'ils estiment qu'une véritable difficulté de légalité se pose, à saisir eux-mêmes le juge sous la condition, pas des moindres, qu'ils aient intérêt à agir. La seconde limite du déféré provoqué résulte de ce qu'il peut constituer un piège pour les administrés. Le désistement par le préfet de son déféré ne rouvre pas le délai de recours auquel sont soumis les tiers[99]. S'ils n'ont pas exercé un recours contre l'acte déféré, et même s'ils sont intervenus à l'instance[100], ils perdent l'opportunité d'exercer

---

[95] Articles L 2131-8, L 3132-3 et L 4142-3 CGCT.

[96] Voir, en ce sens, Auby (Jean-Bernard), Auby (Jean-François), Noguellou (Rozen), *op. cit.*, p. 355.

[97] CE, 23 avril 1997, *Ville de Caen c. Paysant*, n° 151852, *Lebon*, p. 158 ; *AJDA*, 1997, p. 518, concl. Pécresse.

[98] CE, Sect., 25 janvier 1991, *Brasseur*, préc.

[99] CE, 6 décembre 1999, *Société Aubettes SA*, n° 196403, *Lebon*, p. 412 ; *CJEG*, 2000, p. 158, concl. Savoie ; *RFDA*, 2000, p. 1242, note Seiller.

[100] CE, Sect., 16 décembre 1994, *Secr. d'État auprès du Prem min chargé de l'envir. et Féd. Départ. des chasseurs de la Creuse*, n° 105798, *Lebon*, p. 564 ; *LPA*, 1995, n° 35, p. 19, note Pacteau.

ultérieurement un recours. L'administré qui s'est reposé sur l'action du préfet verra sa confiance trahie.

Plus vraisemblablement, pour les administrés, l'exercice d'un recours pour excès de pouvoir, qui donne lieu à la plupart des annulations contentieuses[101], même dans les domaines prioritaires du contrôle de légalité[102], constitue la meilleure alternative face aux lacunes du contrôle. Cette situation n'est pas satisfaisante du point de vue de la confiance des administrés envers la mission de contrôle de l'Etat. Il apparaît que le « recul du contrôle de légalité a été accompagné d'une augmentation des contentieux portés devant les tribunaux administratifs par des particuliers »[103]. Le Sénat relève même que les « interventions des préfectures concernent souvent des irrégularités mineures, certes facilement repérables, mais dont les conséquences sont relativement insignifiantes »[104]. Face aux lacunes du contrôle, et dans l'intérêt de la légalité, il n'est guère étonnant que la jurisprudence ait également reconnu aux élus locaux la possibilité d'exercer un recours contre un contrat administratif[105].

Un dernier élément contribue à faire perdre la confiance des administrés. Par une manipulation politique du contrôle, les élus locaux « *utilisent parfois les avis préfectoraux pour refuser, au nom du droit, ce qu'ils n'ont pas envie d'accorder* »[106]. Plus encore, il n'est pas exclu que certains maires provoquent le déféré, pour ensuite imputer à l'Etat de manière préméditée l'échec de certaines mesures qu'ils ne pouvaient en réalité pas prendre. A ce titre, le maire de Béziers avait prescrit par arrêté aux propriétaires de chiens de prendre toutes dispositions pour permettre l'identification génétique de leur chien sous peine d'amende. Selon l'arrêté, l'identification aurait pu être utilisée par les forces de l'ordre pour identifier les propriétaires des chiens errants auteurs de morsures ou de déjections, et appliquer des sanctions. L'identité du propriétaire et l'identification du chien

---

[101] Clepkens (Hugues), dir., *op. cit.*, p. 449.
[102] Sénat, *op. cit.*, n° 300, 2012, p. 41.
[103] *Ibid.*, p. 45.
[104] *Ibid.*, p. 41.
[105] CE, Ass., 4 avril 2014, *Département de Tarn-et-Garonne*, préc.
[106] Auby (Jean-Bernard), Auby (Jean-François), Noguellou (Rozen), *op. cit.*, p. 354.

auraient ainsi fait l'objet de fichiers. En réaction, le préfet de l'Hérault avait saisi le juge administratif d'un référé suspension. La cour administrative d'appel de Marseille a jugé que si l'arrêté pouvait se rattacher aux pouvoirs du maire, il existait, sans surprise, un doute sérieux sur le caractère proportionné de la mesure[107]. Un autre exemple de « déféré recherché » est donné par les arrêtés suspendant l'implantation des compteurs Linky[108]. De ces cas, la perte de confiance des administrés est imputable aux collectivités et non aux lacunes du contrôle, les préfets n'ayant pas d'autre choix que de faire le jeu de maires peu scrupuleux.

***

En définitive, les lacunes frappant le contrôle de légalité posent la question de son maintien. Il a été soutenu que « la suppression du contrôle de légalité libérerait les fonctionnaires travaillant à cette activité et permettrait leur affectation à des tâches autrement prioritaires »[109]. On pourrait opposer à cette idée que « le contrôle de légalité conserve toute sa raison d'être au nom de la défense de l'intérêt général. Le recours pour excès de pouvoir exercé par une personne privée ne couvre en effet pas le même champ que le contrôle de légalité exercé par le préfet »[110]. Si le contrôle de légalité doit être maintenu, encore peut-on faire un énième plaidoyer en faveur de son évolution. De ce point de vue, une piste évoquée par Frédéric Rolin est intéressante. Il proposait, pour déterminer les actes soumis à transmission, un « critère de la « contestabilité » », dès lors qu'un « acte qui est soumis à une forte publicité […] peut être aisément contesté par les tiers auquel il fait grief, et son refus par le demandeur qui le subit. En revanche, un arrêté du maire qui accorde une prime indue à un agent sera difficilement identifiable et contestable […]. Ne vaudrait-il pas mieux que le préfet se concentre sur les actes de ce type auxquels il est le seul à pouvoir accéder efficacement […] ? »[111].

---

[107] CAA Marseille, 30 novembre 2016, *Commune de Béziers*, n° 16MA03774.

[108] V., par exemple, CAA Marseille, 8 mars 2019, *Commune de Barjols*, n° 19MA00538.

[109] Clepkens (Hugues), dir., *op. cit.*, p. 449.

[110] Cour des comptes, *op. cit.*, p. 331.

[111] Rolin (Frédéric), « La réforme du contrôle de légalité : un projet qui manque d'ambition ? », *AJDA*, 2003, p. 2169.

Le partage du contrôle entre les administrés et le représentant de l'Etat semble, en effet, une des perspectives d'évolution pour améliorer la confiance que l'on peut avoir dans le contrôle de légalité.

TROISIEME PARTIE :

LE CONTENTIEUX

« Confiance et loyauté de relations contractuelles dans le contentieux des contrats » publics »

Nicolas Boulouis,
Conseiller d'Etat

Le sujet, riche et récemment revenu dans l'actualité juridique, est loin d'être vierge[1] et il est dès lors difficile d'y apporter une pierre originale et personnelle.

1. Et, pour alléger la tâche d'en traiter sans traitrise, on peut renoncer à la confiance pour ne conserver que la loyauté. Ce qui mérite explication.

Il n'est pas ici question de confiance « légitime » : on ne trouve qu'une décision du Conseil d'Etat[2] – connue par ailleurs – qui écarte un moyen tiré de la méconnaissance du principe de confiance légitime à propos de l'exécution d'un contrat, le cocontractant s'étant plaint que l'administration ait appliqué le contrat…

Il y a sans doute à dire sur la confiance tout court dans la vie du contrat, dans son existence même : un contrat est toujours un contrat de confiance (pas seulement chez Darty), contracter implique une

---

[1] Il faut citer notamment : Bréchon-Moulènes (Christine) : « De la loyauté de l'autorité publique contractante », *Mélanges en l'honneur de Franck Moderne*, Dalloz 2004 ; Llorens (François) et Soler-Couteaux (Pierre), « De la loyauté dans le contentieux administratif des contrats », *Contrats et Marchés publics*, n° 2 février 2010 ; Lafaix (Jean-François) : « La loyauté des relations contractuelles au regard de la théorie du contrat », *Mélanges en l'honneur de Laurent Richer*, LGDJ 2013, p. 365 ; Sestier (Jean-François) : « La loyauté dans l'exécution des relations contractuelles : un standard juridique commode ? », *ibid.* p. 451 ; Vier (Charles-Louis) : « La bonne foi dans le contrat administratif », *ibid.* p. 477 ; Marguery (Laure) : « La « loyauté des relations contractuelles » en droit administratif : d'un principe procédural à un principe substantiel », *RFDA*, 2012 p. 663.

[2] CE, 19 décembre 2012, *Sté Ab Trans*, n° 350341.

certaine confiance dans l'avenir car c'est se lier en faisant un pari raisonné et raisonnable mais un pari tout de même. On pourrait ainsi faire rapidement un lien entre confiance et imprévision, voire force majeure, instruments qui peuvent favoriser cette confiance : à l'impossible nul n'est tenu. Confiance dans l'avenir mais aussi confiance dans son cocontractant : on s'approche de la loyauté. Car si le contrat implique la confiance, celle-ci a besoin d'outils, de moyens, de techniques, qui finalement se confondent avec elle : j'ai confiance dans l'avenir et dans mon cocontractant car je sais qu'il devra exécuter le contrat de manière loyale, de bonne foi et pas uniquement parce que le contrat a pu être conclu intuitu personae et que si, confiants, nous n'avons pas prévu tel ou tel évènement affectant gravement l'exécution du contrat, des principes ou des règles supérieurs permettront de rétablir la confiance.

Autrement dit parler de la loyauté c'est aussi parler de la confiance, voilà pourquoi les lignes qui suivent se limitent à la loyauté de relations contractuelles dans le contentieux des contrats publics

2. Mais qu'est –ce donc que la loyauté ? Sens indéfini nous dit Bertrand Seiller[3] : fidélité sans doute mais à quoi ? A la loi ou à des engagements. Mais à quels engagements ? S'il s'agit de ceux qui figurent noir sur blanc dans le contrat, à quoi bon invoquer la loyauté ? Et s'ils ne sont pas dans le contrat, qu'est donc la loyauté pour s'imposer à chacune des parties ? Un principe d'interprétation ? Une ligne de conduite ? Droiture, honnêteté, franchise, sincérité, nous dit-on. Retenons ces idées pour le moment dont on voit rapidement la connotation morale tout autant que juridique.

Loyauté donc dans une relation contractuelle, c'est-à-dire entre les parties mais dans le prétoire du juge, sous le regard du juge, du juge du contrat. Qu'est-ce donc pour le juge que la loyauté des relations contractuelles ?

---

[3] Seiller (Bertrand) : « La loyauté [hors] des relations contractuelles », *Mélanges en l'honneur de Laurent Richer*, *op. cit.*, p. 435.

Incontestablement un outil de moralisation des litiges. Un outil en construction. Mais un outil limité de moralisation des litiges contractuels.

3. Doit être rappelée ici l'origine récente sinon de la notion du moins de son renouveau dans le contentieux des contrats publics : l'arrêt *Commune de Béziers*[4], dit *Béziers I* : « Les parties à un contrat administratif peuvent saisir le juge d'un recours de plein contentieux contestant la validité du contrat qui les lie ; qu'il appartient alors au juge, lorsqu'il constate l'existence d'irrégularités, d'en apprécier l'importance et les conséquences, après avoir vérifié que les irrégularités dont se prévalent les parties sont de celles qu'elles peuvent, eu égard à l'exigence de loyauté des relations contractuelles, invoquer devant lui (...) Lorsque les parties soumettent au juge un litige relatif à l'exécution du contrat qui les lie, il incombe en principe à celui-ci, eu égard à l' exigence de loyauté des relations contractuelles, de faire application du contrat ; que, toutefois, dans le cas seulement où il constate une irrégularité invoquée par une partie ou relevée d'office par lui, tenant au caractère illicite du contenu du contrat ou à un vice d'une particulière gravité relatif notamment aux conditions dans lesquelles les parties ont donné leur consentement, il doit écarter le contrat et ne peut régler le litige sur le terrain contractuel ».

Comme le rappelait Emmanuel Glaser dans ses conclusions : « Les parties se sont, en effet, engagées, en principe librement, dans cette relation et il est de leur devoir de se comporter avec loyauté et bonne foi dans l'exécution du contrat ». Renaissance de la bonne foi et du principe « *nemo auditur propriam turpitudinem allegans* » dont le juge du plein contentieux contractuel faisait application[5] et qu'il avait abandonné en 1961. De ce fait toute irrégularité, même mineure, affectant le contrat pouvait être invoquée par les parties – d'autant que, comme on le verra, toute irrégularité était d'ordre public et que le juge

---

[4] CE Ass., 28 décembre 2009, *Commune de Béziers* , Lebon p. 509 ; *BJCP* 2010. 138, concl. Glaser ; *AJDA* 2010, p. 142, chron. Lieber et Botteghi.

[5] CE, 29 décembre 1920, *May-Bing c. Min. de la Guerre*, p. 1159 ; 1 avril 1932, *Sieur Bagnolet*, p. 432 ; 10 juillet 1946, *Sieur Pommier*, p. 199 ; 21 mars 1962, *Société nationale des chantiers de reconstruction*, p. 200.

devait donc toujours la relever d'office. En caricaturant on pourrait presque dire qu'avant *Béziers I* régnait la déloyauté et donc la défiance[6] !

Béziers I est donc une sorte de retour en arrière : là où le juge était pieds et poings liés, il dispose d'un outil qui va lui permettre de maîtriser le litige, en rappelant aux parties « l'exigence » de loyauté, c'est-à-dire une espèce de surplomb moral qui se transforme sur un plan purement contentieux en outil d'inopérance des moyens.

Exigence. Parce que ce n'est pas un principe général du droit (dans aucun de ses aspects : ni principe de droit général, ni principe général dans un droit particulier), ni une règle générale applicable à tous les contrats administratifs. « L'exigence de loyauté des relations contractuelles n'est pas tant une manifestation de la force obligatoire des conventions, qui ne bénéficie qu'à celles qui sont légalement formées (art 1134 code civil), qu'une justification d'une règle de procédure destinée à garantir la stabilité des relations contractuelles face au risque contentieux »[7]. Autrement dit : moralisation des relations contractuelles.

Exigence pour marquer le caractère moral et la source de la loyauté qui est le contrat lui-même, son exécution de bonne foi comme dit le Code civil. Une seule décision[8], inédite, fait état d'un « principe », qui rejoindrait alors les principes généraux de la commande publique[9].

4. On comprend alors, pour en arriver à la technique contentieuse, où passe la frontière entre ce qui sera opérant et ce qui ne le sera pas, entre ce qui pourra être utilement invoqué par les parties aux contrats et ce qui sera regardé comme sans pertinence pour le règlement du

---

[6] Certains font état de pratiques consistant pour certaines collectivités publiques ou certains cocontractants à repérer une irrégularité, à la tenir secrète pour ne la révéler qu'en cas de problème dans l'exécution du contrat afin de pouvoir s'y soustraire…

[7] Pellissier (Gilles), conclusions sur CE, 7 décembre 2015, *Syndicat mixte de Pierrefonds*, n° 382363.

[8] *Syndicat mixte de Pierrefonds préc.*

[9] V. en ce sens Genevois (Bruno) et Guyomar (Mattias), « Principes généraux du droit : principes de philosophe politique », *Répertoire de Contentieux administratif*, Dalloz, n° 539 et s.

litige. Car c'est d'opérance qu'il s'agit : *Béziers I* le dessine dès l'origine. Ce qui sera nécessairement opérant : le caractère illicite du contenu du contrat. La loyauté n'implique pas la trahison de l'ordre public, du noyau dur de la légalité. La loyauté a ses limites ici comme ailleurs : un agent public peut (doit) refuser d'obéir à un ordre illégal et de nature à compromettre gravement un intérêt public (article 28 de loi du 13 juillet 1983). Et ce qui sera en principe inopérant tout vice qui ne serait pas d'une particulière gravité, les vices d'une particulière gravité étant ceux « relatifs notamment aux conditions dans lesquelles les parties ont donné leur consentement ».

On a beaucoup glosé sur ce « notamment ». Il sera précisé dans des décisions rendues assez rapidement après *Béziers I*[10]. Par prudence, *Béziers I* n'avait pas défini précisément les hypothèses de méconnaissance des règles de passation qui présenteraient, par nature, les caractéristiques d'un vice d'une particulière gravité. Le maintien d'une incertitude sur l'étendue exacte des exceptions au principe peut apparaître comme un inconvénient que d'aucuns traduiront pas un accroissement de l'arbitraire du juge. On pourrait y voir l'avantage qui s'attache justement à la menace de sanction. Quoiqu'il en soit, celle-ci ne pourra être utilisée que dans les cas les plus choquants, qui seront ceux dans lesquels l'irrégularité se rapprochera du vice du consentement

La jurisprudence se construit, l'outil d'inopérance s'affine[11]. Sont ainsi regardés comme inopérants, absorbés par la loyauté attendue des parties au contrat :

---

[10] V. en particulier CE, 12 janvier 2011, *M. Édouard Manoukian*, n° 33855, Lebon, p. 5 ; *AJDA* 2011, p. 665, chron. Lallet et Domino ; *BJCP* 2011, p. 121, concl. Boulouis.

[11] Avec des hésitations ou des écarts : ainsi de la décision CE, 20 avril 2011, *Commune de Baie-Mahault*, *BJCP* 2011, p. 376, concl. Dacosta : Le contrat dont une commune invoque l'application a été conclu en application d'une clause de tacite reconduction présente dans le contrat initialement conclu; l'irrégularité tenant à la conclusion du contrat en application d'une clause de tacite reconduction, eu égard à sa gravité et sans même que le juge du référé provision, compte tenu de son office, ait à examiner les circonstances dans lesquelles elle a été commise, ne permet pas de regarder l'obligation qui découlerait de ce contrat comme non sérieusement contestable.

- L'existence d'une date d'effet du contrat antérieure à sa signature et à sa notification[12] ;

- L'absence de transmission au contrôle de légalité de la délibération autorisant le maire à signer un contrat avant la date à laquelle le maire procède à sa signature[13] ;

- Le cas du contrat conclu par le maire sans que le conseil municipal n'en ait délibéré au préalable mais qui a été exécuté sans objection pendant plusieurs années en connaissance de cause des élus[14] ;

- Dans le même ordre d'idées, un défaut d'habilitation[15] ;

- Et même dans des circonstances particulières une absence totale de publicité et de mise en concurrence[16].

A l'inverse ont été regardés comme opérants dans le contentieux entre les parties les moyens tirés de ce que:

- Le contrat avait été conclu par le maire sans que le conseil municipal n'en ait délibéré au préalable ni manifesté aucunement son accord par la suite[17] ;

- Le consentement du titulaire du marché avait été vicié par une modification tardive et substantielle du projet de contrat[18] ;

- La personne publique avait renoncé illégalement à sa compétence[19] ;

- Le contrat prévoyait une indemnisation disproportionnée en cas de non-renouvellement [20].

5. Mais l'exigence de loyauté a ses limites et même comme outil contractuel tout court elle a ses limites.

---

[12] CE, 22 mai 2015, *Axa Corporate Solutions assurance*, n° 383596.

[13] CE, 20 décembre 2011, *Commune de Portiragnes*, n° 334209.

[14] CE, 8 octobre. 2014, *Cne d'Entraignes-sur-la-Sorgue*, n° 370588 , *AJDA* 2015, p. 175, note Martin.

[15] CE, 13 novembre 2013, *Union de coopératives agricoles Epis-Centre-Nord*, n° 351530.

[16] CE, 8 octobre. 2014, *Sté Grenke Location*, n° 370644, *BJCP* 2015, p. 3, concl. Pellissier.

[17] CE, 9 juin 2017, *Société Pointe-à-Pitre Distribution*, n° 399581.

[18] CE, 1er juillet 2015, *Office public de l'habitat de Loire-Atlantique*, n° 384209.

[19] CE, 20 juin 2012, *SDIS du Nord*, n° 342843.

[20] CE, 20 juin 2012, *Chambre de commerce et d'industrie de Montpellier (CCIM) et société aéroport de Montpellier-Méditerranée*, n° 348676.

Elle ne permet pas de se plaindre ainsi par exemple de ce que l'administration aurait appliqué le contrat (pas plus on l'a vu que de voir dans cette application une méconnaissance du principe de confiance légitime) même si c'est dans un certain délai[21] ou que l'administration aurait dû prévenir dans le cadre de l'application du contrat de la mise en œuvre d'une prérogative de puissance publique[22].

Faire valoir ses droits ce n'est pas être déloyal ! Encore faut-il – il s'agit toujours de loyauté– que le contrat ne comporte pas une erreur de la nature de celles que « « les parties ne pourraient invoquer de bonne foi »[23], comme les erreurs grossières. Cette forme particulière de la loyauté est nécessairement limitée : l'article L.123-1 du code des relations entre les particuliers et l'administration rappelle ainsi que le « droit à l'erreur », que cette disposition institue pour prémunir l'usager d'une sanction, ne s'applique pas « aux sanctions prévues par un contrat ».

En outre, l'exigence de loyauté ne s'applique pas en dehors de l'exécution : il n'y a pas de loyauté précontractuelle, faute de contrat. Ainsi le fait de participer à une procédure de mise en concurrence pour l'obtention d'un marché ne saurait à l'évidence priver le concurrent évincé de la possibilité d'invoquer les vices de cette procédure[24].En référé précontractuel, « tous les coups sont permis » sauf lorsque l'on est soi-même dans l'irrégularité et à condition que le moyen soit en rapport avec la lésion. Le candidat à une procédure ne s'engage à rien d'autre que de faire ses meilleurs efforts pour remporter le contrat.

---

[21] CE, 20 juin 2016, *Société Eurovia Haute Normandie*, 376235 : mise à la charge de pénalités plus de six années après les faits.

[22] *Syndicat mixte de Pierrefonds préc.*

[23] CE, 21 septembre 2011, *Département des Hauts-de Seine*, n° 349149 dans le sillon d'une jurisprudence antérieure : CE, 3 juillet 1963, *Entreprise générale Edmond Patry*, p. 417 ; prix stipulé aberrant ; CE, 26 novembre 1975, *Sté Entreprise Py*, T. p. 1133 ; 25 février 1976, *Société Leiseing et ses fils et autre*, n° 89776 ; 21 mai 1990, *Société Frédéric Roudet*, n° 79506

[24] CE, 11 avril 2014, *Commune de Montreuil*, n° 375051, *RLCT* 2014, n° 103, p. 32, obs. Glaser.

6. En définitive, si la loyauté est un outil contentieux à la disposition du juge et des parties pour moraliser ou circonscrire si l'on préfère les litiges, elle est un avatar de la stabilité et de la sécurité juridiques, dont elle possède nombre des attributs :

- Elle permet de faire primer la stabilité du contrat sur sa liceité dans certains cas ;
- Une partie de la légalité « externe » du contrat (les règles de passation pour faire court), comme pour les actes unilatéraux[25] mais plus encore que les actes unilatéraux, devient une légalité à la fois située, relative et secondaire ;
- Le juge est doté d'une marge d'appréciation non négligeable dès lors que la frontière entre ce qui est compatible avec la loyauté et ce qui ne l'est pas dépend souvent de facteurs d'espèce et peut être, elle aussi, relative.

---

[25] CE Ass., 18 mai 2018, *Fédération des finances et affaires économiques de la CFDT*, n° 414583, Lebon concl. Bretonneau, chron. Roussel et Nicolas, « Contentieux des actes réglementaires: bouquet final », *AJDA* 2018, p. 1206.

« Confiance et contentieux de l'urbanisme »

Julien Martin,
Professeur à l'Université de Bordeaux

La confiance est à la base de toute société politique, et, plus encore de tout système juridique. C'est parce que le citoyen a confiance dans ses institutions qu'il en reconnaît l'utilité et l'autorité. Le droit n'assume donc ce rôle de régulateur social que pour autant que les autorités qui le produisent, et les agents qui l'appliquent, ont la confiance des destinataires de la règle. De ce point de vue, le contentieux de l'urbanisme ne se distingue pas des autres éléments de l'ordre juridique. Il n'en va apparemment autrement que parce que, intuitivement, on affuble ce contentieux des mêmes maux que le droit de l'urbanisme lui-même : la complexité et l'instabilité.

Le *Larousse* offre trois définitions de la confiance, certaines en forme de synonymes parfois. Ce dictionnaire parle ainsi : en premier lieu, d'assurance, hardiesse, courage qui vient de la conscience qu'on a de sa valeur, de sa chance, en deuxième lieu, du sentiment de quelqu'un qui se fie entièrement à quelqu'un d'autre, à quelque chose, et, en dernier lieu, du sentiment d'assurance, de sécurité qu'inspire au public la stabilité des affaires, de la situation politique. La première des acceptions renvoie à la confiance en soi. Bien que pertinente pour expliquer le comportement de certains acteurs du droit, elle n'est sans doute pas dans le périmètre de cette étude. La seconde et la troisième sont proches, et rejoignent les acceptions retenues en droit.

Le *Vocabulaire juridique* réalisé sous l'égide de l'association Henri Capitant définit, quant à lui, la confiance comme la croyance en la bonne foi, la loyauté, la sincérité et la fidélité d'autrui, ou en ses capacités, compétence et qualification professionnelles. En d'autres termes, la confiance permet de se fier à quelqu'un sur une base subjective (ce tiers ne fera jamais rien pour nuire à celui qui lui fait confiance, fera toujours de son mieux pour améliorer la situation de celui qui lui fait confiance), ou sur une base objective (le tiers auquel il est confié une tâche la fera de son mieux car il a des compétences intrinsèques qui confèrent des assurances à cet égard). Il s'agit donc d'un rapport entretenu entre deux personnes au terme duquel la première nourrit des assurances dans les actes d'une seconde en raison de ses qualités humaines ou de ses aptitudes.

En droit positif, la confiance se rencontre sous la forme du principe de confiance légitime. Ce dernier impose à une autorité publique de tenir compte de l'attente d'un comportement qu'elle suscite chez un particulier, du maintien d'une norme ou de l'intervention d'une décision, lorsque cette attente est fondée sur des circonstances qui la rendent justifiée ou légitime[1]. Le juge administratif français n'accueille pas le principe de confiance légitime dans toutes les situations. D'origine germanique, il a été repris en droit communautaire, mais pas en droit français. Le juge en limite donc effectivement la portée aux cas d'application du droit de l'Union européenne[2]. Le principe de sécurité juridique, bien qu'également d'origine communautaire, a été accueilli par le Conseil d'État, qui impose l'édiction de dispositions transitoires en cas de changement de règlementation[3]. Les deux principes ne sont donc pas sans lien[4].

Le contentieux de l'urbanisme est d'abord et avant tout un contentieux administratif. Le juge administratif n'est, certes, compétent que pour se prononcer sur la légalité des actes réglementaires et des autorisations individuelles intervenus dans ce domaine, ainsi que sur les actions en responsabilité qui y sont liées. Le juge pénal et le juge civil sont également compétents. Le contentieux administratif de l'urbanisme implique, lui, tout à la fois l'application des règles générales de procédure administrative contentieuse, et

---

[1] Woehrling (Jean- Marie), « La France peut- elle se passer du principe de confiance légitime ? », *Gouverner, administrer, juger. Liber amicorum Jean Waline*, Dalloz, 2002, p. 749.

[2] CE Ass., 11 juillet 2001, *Fédération nationale des Syndicats d'exploitants agricoles*, Rec. p. 340.

[3] CE Ass. 24 mars 2006, *Société KPMG*, *GAJA* ; CE, sect., 13 décembre 2006, *Mme Lacroix*, *RFDA* 2007, p. 6, concl. M. Guyomar et p. 275, note G. Éveillard.

[4] Bonnet (Baptiste), « L'analyse des rapports entre administration et administrés au travers du prisme des principes de sécurité juridique et de confiance légitime », *RFDA* 2013, p. 718, Plessix (Benoît), « Sécurité juridique et confiance légitime », *RDP* 2016. 799, Labetoulle (Daniel), « Principe de légalité et principe de sécurité », *L'État de droit. Mélanges en l'honneur de Guy Braibant*, Dalloz, 1996, p. 403.

certaines particularités procédurales. Il existe ainsi des règles particulières à la procédure contentieuse en matière de droit de l'urbanisme. La loi « Bosson », du 9 février 1994, a plus précisément initié un mouvement de spécialisation du contentieux de l'urbanisme, qui se poursuit encore, en dernier lieu avec le décret du 10 avril 2019[5]. Ces règles particulières forment donc le cœur du contentieux de l'urbanisme, et les frontières de cette étude.

Le lien entre le contentieux de l'urbanisme et la confiance, telle qu'on a pu la définir précédemment, n'est pas évident. En première intention, une recherche de la confiance en la matière s'avère apparemment complètement vaine : le terme est tout simplement totalement absent des principaux ouvrages de droit de l'urbanisme[6]. En tant que telle, la confiance n'est donc pas un prisme au travers duquel on aborde le contentieux de l'urbanisme. Toute recherche sur le sujet n'est toutefois pas vouée à l'échec. Elle oblige simplement à rechercher les éléments que l'on croit pouvoir révéler la confiance dans ce contentieux. À cet égard, un certain nombre de caractéristiques du droit de l'urbanisme semblent relever intuitivement et immédiatement d'une étude de la confiance.

La confiance légitime, et, plus largement, la sécurité juridique semble être des angles d'approche pertinents. Ce contentieux fait l'objet d'une forme de réflexion perpétuelle. Nombreux ont été les rapports s'interrogeant sur le contentieux de l'urbanisme, et augurant une réforme, depuis celui de la Section du rapport et des études de 1992, intitulé : *L'urbanisme : pour un droit plus efficace*, jusqu'au rapport du président Labetoulle (*Construction et droit au recours, pour un meilleur équilibre*), en 2013, en passant par les *Propositions pour une meilleure sécurité juridique des autorisations d'urbanisme*, formulées dans le rapport de P. Pelletier, en 2005. Comme cela a déjà été évoqué, ces réflexions se traduisent par des changements législatifs dont on peut interroger la fréquence, depuis la fameuse loi *Bosson*, déjà évoquée, jusqu'à la dernière loi d'ampleur intervenue en la

---

[5] Décret n° 2019-303 du 10 avril 2019 pris pour l'application de l'article L 600-5-2 du code de l'urbanisme, JORF n° 0087 du 12 avril 2019.

[6] Auby (Jean-Bernard), Noguellou (Rozen), Périnet-Marquet (Hugues), *Droit de l'urbanisme et de la construction*, LGDJ, précis Domat, Carpentier (Elise), Soler-Couteaux (Pierre) *Droit de l'urbanisme*, Dalloz, coll. Hypercours, 6e éd., 2015, Jacquot (Henri) et Priet (François), *Droit de l'urbanisme*, Dalloz, coll. Précis, 7e éd., 2015.

matière, jusqu'à la loi du 23 novembre 2018 portant évolution du logement, de l'aménagement et du numérique (ELAN)[7]. Pour le Conseil d'Etat lui-même, les règles de procédure contentieuse spéciales du contentieux administratif de l'urbanisme « *permettent d'assurer un juste équilibre entre les impératifs de sécurité juridique et de protection des titulaires d'autorisation d'urbanisme et le respect de la légalité, que le droit au recours tend à assurer* »[8]. La préservation d'une forme de sécurité juridique des situations en droit de l'urbanisme oblige à faire évoluer assez souvent les règles applicables, au détriment, peut-être, de la confiance légitime.

C'est donc au sein de cet ensemble de règles particulières qu'il va falloir rechercher la confiance telle qu'elle a été définie précédemment, à savoir l'assurance que le tiers auquel il est confié une tâche la fera de son mieux compte tenu de ses compétences intrinsèques. Quatre, sinon cinq, acteurs interviennent ainsi dans le contentieux de l'urbanisme : le pouvoir normatif, le juge administratif, le requérant, l'administration défenderesse, et, éventuellement, le tiers bénéficiaires d'un acte individuel. C'est donc parmi cet ensemble que peuvent se nouer des liens de confiance. L'instabilité du droit est donc tout d'abord un motif de préoccupation de l'ensemble des acteurs, et ce d'autant plus qu'il se concrétise dans le concept de la confiance légitime : cet aspect est d'ailleurs tout particulièrement illustré en contentieux de l'urbanisme où les règles semblent changer bien souvent (I.). Ensuite, le requérant espère pouvoir nourrir une certaine confiance dans l'efficacité du système juridictionnel, eu égard aux règles que celui-ci applique. Toutefois, les règles de procédure contentieuse sont plutôt conçues pour assurer la stabilité des situations par le maintien des actes : elles sont donc de nature à renforcer la confiance de l'Administration, et, par truchement, du bénéficiaire de la norme ou de l'acte individuel, au détriment du droit au recours du justiciable, qui peut, lui, nourrir une certaine défiance vis-à-vis des institutions (II.).

---

[7] Loi n° 2018-1021 du 23 novembre 2018 portant évolution du logement, de l'aménagement et du numérique, JORF n° 0272 du 24 novembre 2018, art. 80.

[8] Conseil d'Etat, « Le juge administratif et l'urbanisme », dossier thématique, 25 mai 2016.

I. La confiance dans la stabilité des règles

L'instabilité des règles est une vieille antienne, plus particulièrement encore en matière de droit de l'urbanisme. Il convient toutefois de l'éprouver en matière de contentieux de l'urbanisme. Il apparaît ainsi que les textes réformant le contentieux de l'urbanisme ne sont pas si nombreux (A), et n'entrainaient pas, tant que ça, de variations des règles, jusque récemment (B).

A) L'accélération de la succession des textes

L'étude des textes réformant le contentieux de l'urbanisme permet de faire apparaître deux temps bien distincts : si, dans une première étape, les « grandes » réformes n'intervenaient pas avec une périodicité moindre que quadriennale, il apparaît au contraire que, ces dernières années, les textes se sont succédés avec une fréquence beaucoup plus importante.

Le premier temps est celui d'une réforme tous les cinq ans, avec, à certaines périodes, des velléités de changement plus importantes. En première intention, il apparaît que les textes ayant réformé le contentieux de l'urbanisme sont intervenus au mitan des années 1990, au changement de millénaire, puis, dans la seconde moitié des années. Le point de départ est évidemment la loi du 9 février 1994, qui a introduit sept nouveaux articles en lien avec le contentieux, dont cinq spécifiquement regroupés au sein d'un nouveau livre VI intitulé « Dispositions relatives au contentieux de l'urbanisme », rapidement complétée par la loi du 4 février 1995, dite loi « Pasqua », qui a institué un référé préfectoral à effet suspensif immédiat dans quatre domaines dont celui de l'urbanisme[9]. Le contentieux de l'urbanisme ne pouvait être épargné par les grandes réformes entreprises par les lois du 13 décembre 2000, relative à la solidarité et au renouvellement urbains (SRU), et du 13 juillet 2006, engagement national pour le logement (complétée par le décret n° 2007-18 du 5 janvier 2007, qui établit de nouvelles règles en matière de délai de recours à l'encontre

---

[9] CGCT, art. L 2131-6, al. 4.

d'une autorisation d'occuper le sol, s'agissant du point de départ[10] et de la durée maximale de ce délai[11].

À partir de 2013, toutefois, tout s'accélère. Depuis cette époque, un texte majeur intervient quasiment chaque année. Comme avec la loi « Bosson », l'ordonnance du 18 juillet 2013 relative au contentieux de l'urbanisme[12], a constitué tout à la fois le point de départ de cette seconde séquence, et une première réforme d'ampleur (avec la réduction de l'intérêt à agir des requérants[13], la modification du point de départ du délai d'action contre une autorisation d'urbanisme[14], la régularisation de l'autorisation de construire[15], la création d'une amende pour recours abusif[16], et l'encadrement des transactions[17]). Par la suite, pas moins de quatre textes législatifs modifièrent incidemment les règles de procédure contentieuse : la loi du 24 mars 2014 pour l'accès au logement et un urbanisme rénové (ALUR) (sursis à statuer pour régularisation des documents d'urbanisme)[18], loi du 18 juin 2014 relative à l'artisanat, au commerce et aux très petites entreprises (compétence des CAA en premier et dernier ressort[19]), l'ordonnance du 23 septembre 2015 recodifiant le code de l'urbanisme (en étendant l'innocuité contentieuses aux vices de concertation[20]), et la loi relative à l'égalité et à la citoyenneté (caducité de la requête lorsque les pièces ne sont pas fournies dans un délai de trois mois[21]). Il est d'ailleurs à noter que ces derniers textes ne concernaient pas

---

[10] C. urb. art. R. 600-2.

[11] C. urb. art. R. 600-3.

[12] Ordonnance n° 2013-638 du 18 juillet 2013 *relative au contentieux de l'urbanisme*, JORF n° 0166 du 19 juillet 2013, p. 12070.

[13] C. urb. art. L 600-1-2

[14] C. urb. art. L 600-1-3

[15] C. urb. art. L 600-5, L 600-5-1.

[16] C. urb. art. L 600-7.

[17] C. urb. art. L 600-8.

[18] Article L 600-9 issu de la loi n° 2014-366 du 24 mars 2014 *pour l'accès au logement et un urbanisme rénové*, JORF n° 0072 du 26 mars 2014 p. 5809.

[19] Article L600-10 issu de la loi n° 2014-626 du 18 juin 2014 *relative à l'artisanat, au commerce et aux très petites entreprises*, JORF n° 0140 du 19 juin 2014 p. 10105, art. 58.

[20] Article L600-11 issu de l'ordonnance n° 2015-1174 du 23 septembre 2015 *relative à la partie législative du livre Ier du code de l'urbanisme*, JORF n° 0221 du 24 septembre 2015 p. 16803.

[21] Article L 600-13 issu de la loi n° 2017-86 du 27 janvier 2017 *relative à l'égalité et à la citoyenneté*, JORF n° 0024 du 28 janvier 2017, art. 111.

spécifiquement le contentieux de l'urbanisme, et que la réforme de ce dernier s'est fondue dans un mouvement plus général d'évolution du droit de l'urbanisme.

Ce cycle de réforme semble s'être achevé avec la dernière réforme d'ampleur intervenue en la matière avec le décret du 17 juillet 2018 portant modification du code de justice administrative et du code de l'urbanisme (délai de deux mois pour invoquer des moyens, de 10 mois pour statuer sur le recours contre un permis de construire, et attestation d'absence de recours contentieux[22]), et, surtout, avec la loi du 23 novembre 2018 portant évolution du logement, de l'aménagement et du numérique (ELAN)[23]. Cette dernière a modifié pas moins de neuf articles (inocuité de l'annulation d'un document d'urbanisme sur les autorisations[24], reconnaissance au préfet un droit spécifique pour demander la démolition d'une construction[25], l'obligation d'enregistrement de l'association requérante préalablement à la publicité de la décision attaquée[26], restriction de l'intérêt à agir[27], réforme du référé suspension[28], la régularisation des autorisations de construire[29], reconnaissance au préfet un droit spécifique pour demander la démolition[30], réforme de l'action reconventionnelle pour demande abusive[31], l'encadrement des transactions[32]), jusqu'à abroger certaines dispositions (sur la caducité des requêtes[33]), et introduit trois autres (examen du permis de régularisation au cours de l'instance où le permis initial est examiné[34], innocuité de l'annulation d'un document d'urbanisme sur les

[22] Articles R. 600-5, 6 et 7, issus du décret n° 2018-617 du 17 juillet 2018 *portant modification du code de justice administrative et du code de l'urbanisme*, JORF n° 0163 du 18 juillet 2018.

[23] Loi n° 2018-1021 du 23 novembre 2018 po*rtant évolution du logement, de l'aménagement et du numérique*, JORF n° 0272 du 24 novembre 2018, art. 80.

[24] C. urb. art. L 442-14.

[25] C. urb. art. L 480-13.

[26] C. urb. art. L 600-1-1.

[27] C. urb. art. L 600-1-2.

[28] C. urb. art. L 600-3.

[29] C. urb. art. L 600-5 et 600-5-1.

[30] C. urb. art. L 600-6.

[31] C. urb. art. L 600-7.

[32] C. urb. art. L 600-8.

[33] C. urb. art. L 600-13.

[34] C. urb. art. L 600-5-2.

autorisations[35] dissipation du risque pénal en cas d'exécution de travaux conformes à un permis devenu définitif[36]).

À l'issue de ce premier panorama, il est tentant de parler d'inconstance, mais ce seul constat chronologique ne suffit. Il faut également vérifier, un peu plus précisément, l'ampleur des réformes opérées à chacune de ces étapes.

B) L'évolution et la multiplication des règles

La loi « Bosson » du 9 février 1994 a constitué un socle dont l'essentiel des dispositions n'ont pas été modifiées en vingt-cinq ans. Ainsi, l'ensemble formé par les articles L 600-1 à L 600-4 a subsisté (à savoir, l'impossibilité de l'illégalité pour vice de forme ou de procédure des documents d'urbanisme au-delà d'un délai de six mois[37], l'impossibilité de modifier les dispositions applicables après l'annulation d'un refus[38], l'obligation de notification du recours – qui a certes été délégalisée à la suite de la loi SRU -[39], ou l'indication du moyen en cas de sursis à exécution[40]). On peut y ajouter la remise en vigueur du document antérieur après annulation ou déclaration d'illégalité d'un document d'urbanisme, qui ne figurait pas parmi les dispositions relatives au contentieux au terme de la loi de 1994[41]. Certes, certaines dispositions ont été complétées, comme l'impossibilité de l'illégalité pour vice de forme ou de procédure des documents d'urbanisme au-delà d'un délai de six mois[42]. D'autres ont été abrogées, comme l'octroi du sursis à exécution par ordonnance[43].

Certes, également, les règles de la loi « Bosson » étaient déjà, elles, nouvelles, et venaient modifier la jurisprudence antérieure. La loi du 9 février 1994 avait posé que l'annulation ou la déclaration d'illégalité

---

[35] C. urb. art. 600-12-1.
[36] C. urb. art. L 610-1.
[37] C. urb. art. L 600-1.
[38] C. urb. art. L 600-2.
[39] C. urb. art. L 600-3, déplacé à l'article R. 600-1.
[40] C. urb. art. L 600-4.
[41] Ex-article L 125-5, devenu L 121-8 en 2000, et actuel article L 600-12, depuis l'ordonnance du 23 septembre 2015 relative à la partie législative du livre Ier du code de l'urbanisme.
[42] C. urb. art. L 600-1.
[43] C. urb. art. L 600-5 abrogé par la loi du 30 juin 2000.

d'un schéma directeur, d'un plan d'occupation des sols ou d'un document d'urbanisme en tenant lieu a pour effet de remettre en vigueur le schéma directeur, le plan d'occupation des sols ou le document d'urbanisme en tenant lieu immédiatement antérieur[44]. Cette règle avait pour objet de faire échec à la solution inverse retenue par le juge administratif quelques années auparavant, qui avait préféré l'application du règlement national d'urbanisme[45].

L'essentiel des réformes a consisté à ajouter des dispositions. Il est alors nécessaire de s'appuyer sur les constats auxquelles nous sommes parvenus à la subdivision précédente. En effet, on observe alors deux périodes nettement distinctes, dans la première moitié des années 2000, où quelques dispositions sont ponctuellement ajoutées, et à partir de l'ordonnance du 18 juillet 2013 relative au contentieux de l'urbanisme, à compter de laquelle les adjonctions ont été substantielles.

Dans ce qui a été identifié comme une première période, seules trois dispositions ont été insérées dans la partie législative du code. La première est loin d'être négligeable, puisqu'elle a posé une dérogation à la règle de l'économie des moyens en cas de suspension ou d'annulation d'un acte en matière d'urbanisme[46]. Il faut y ajouter, au mitan des années 2000, l'obligation de statuer sur une suspension dans un délai d'un mois[47], et l'obligation d'enregistrement de l'association requérante préalablement à la publicité de la décision attaquée[48]. Cette période s'achève avec le décret du 5 janvier 2007, qui fixe trois nouvelles règles : s'agissant du point du départ de délai de recours à l'encontre d'une autorisation d'urbanisme[49], de son expiration un an après l'achèvement de la construction ou de l'aménagement[50], et du

[44] Ex-article L 125-5, actuel article L 600-12.

[45] CE, 14 juin 1991, *Association des amis de Saint-Palais-sur-Mer*, *AJDA* 1991, p. 818, concl. Stirn.

[46] Art. L 600-4-1, issu de la loi SRU précitée du 13 décembre 2000.

[47] Art. L 600-3, nouvelle version, issu de l'ordonnance précitée du 8 décembre 2005 relative au permis de construire et aux autorisations d'urbanisme.

[48] Art. L 600-1-1 issu de la loi précitée du 13 juillet 2006 portant engagement national pour le logement.

[49] Art. R. 600-2.

[50] Art. R. 600-3.

contentieux des déclarations préalables, qui relève désormais d'un juge unique[51].

Tout change avec l'ordonnance du 18 juillet 2013 et le décret du 1er octobre 2013 relatifs, tous deux, au contentieux de l'urbanisme. La première a inséré plusieurs articles dans le code de l'urbanisme : L 600-1-2 et L 600-1-3, qui ont respectivement réduit l'intérêt à agir des requérants d'une manière générale, et des associations en particulier, et L 660-7 et L 600-8, qui permettent des dommages et intérêt pour recours abusif, et imposent l'enregistrement des transactions. Le nouvel article L 600-1-2, par exemple, ne modifie toutefois pas en profondeur les solutions applicables jusqu'à présent en jurisprudence, qui reconnaissait au voisin un intérêt à agir ; le juge administratif a donc précisé sa jurisprudence en l'adaptant à ce texte[52].La nouvelle rédaction de l'article L 600-5, issue de la même loi à la suite de la délégalisation du contenu de ce même article, permet au juge de prononcer des annulations partielles tout en fixant un délai pour la régularisation de la partie de l'acte qui n'a pas été annulée. La loi ALUR du 24 mars 2014 a inséré un nouvel article L 600-9 permettant la régularisation des documents d'urbanisme[53]. La loi du 18 juin 2014 relative à l'artisanat, au commerce et aux très petites entreprises a, elle, introduit un article L 600-10 prévoyant la compétence des cours administratives d'appel en premier et dernier ressort, l'ordonnance du 23 septembre 2015, un article L 600-11 prévoyant l'innocuité des vices de concertation[54], et la loi du 27 janvier 2017 relative à l'égalité et à la citoyenneté, un article L 600-13 prévoyant caducité de la requête lorsque les pièces ne sont pas fournies dans un délai de trois mois[55]. Le décret du 17 juillet 2018

[51] Art. R. 222-13 et R. 811-1 du Code de justice administrative.

[52] CE 13 avr. 2016, *M. Bartolomei*, n° 389798, *AJDA* 2016. 752 : « eu égard à sa situation particulière, le voisin immédiat justifie, en principe, d'un intérêt à agir lorsqu'il fait état devant le juge, qui statue au vu de l'ensemble des pièces du dossier, d'éléments relatifs à la nature, à l'importance ou à la localisation du projet de construction ».

[53] Loi n° 2014-366 du 24 mars 2014 pour l'accès au logement et un urbanisme rénové, JORF n° 0072 du 26 mars 2014 p. 5809, article 137.

[54] Ordonnance n° 2015-1174 du 23 septembre 2015 *relative à la partie législative du livre Ier du code de l'urbanisme*, JORF n° 0221 du 24 septembre 2015, p. 16803.

[55] Loi n° 2017-86 du 27 janvier 2017 *relative à l'égalité et à la citoyenneté*, JORF n° 0024 du 28 janvier 2017, art. 111.

portant modification du code de justice administrative et du code de l'urbanisme a, enfin, ajouté deux articles, R. 600-6, et R. 600-7, qui ont respectivement fixé le délai pour statuer sur le recours contre un permis de construire à 10 mois, et créé une attestation d'absence de recours contentieux[56], et la loi ELAN du 23 novembre 2018, trois autres (L 600-5-2, imposant l'examen du permis de régularisation au cours de l'instance où le permis initial est examiné, L 600-12-1, consacrant l'innocuité de l'annulation d'un document d'urbanisme sur les autorisations, et L 610-1 dissipant du risque pénal en cas d'exécution de travaux conformes à un permis devenu définitif).

Mais surtout, certaines dispositions ont été modifiées, révélant leur perfectibilité et leur adaptation à l'épreuve des faits.

Le juge administratif permet ainsi depuis longtemps qu'un permis modificatif puisse régulariser une autorisation illégale[57]. L'article L 600-5 créé par la loi du 13 juillet 2006 avait déjà autorisé la juridiction administrative à prononcer une annulation partielle de cette autorisation, tout en prévoyant la possibilité pour l'autorité compétente de prendre, à la demande du bénéficiaire de l'autorisation, un arrêté modificatif tenant compte de la décision juridictionnelle devenue définitive. Constatant le faible recours à cette technique par les parties, le rapport Labetoulle avait suggéré de donner le pouvoir au juge d'en prendre l'initiative, et a été suivi sur ce point par le législateur délégué. L'ordonnance du 18 juillet 2013 relative au contentieux de l'urbanisme en a modifié la rédaction pour permettre au juge administratif, qui constate qu'un vice n'affectant qu'une partie du projet peut être régularisé par un permis modificatif, de limiter à cette partie la portée de l'annulation qu'il prononce et, surtout, de fixer le délai dans lequel le titulaire du permis pourra en demander la régularisation. Une telle évolution législative a donc entrainé celle de la jurisprudence. Pendant longtemps, le Conseil d'Etat n'admettait en effet pas la divisibilité des prescriptions d'une autorisation de construire[58], à l'exception des prescriptions financières[59], avant de

[56] Décret n° 2018-617 du 17 juillet 2018 *portant modification du code de justice administrative et du code de l'urbanisme*, JORF n° 0163 du 18 juillet 2018.

[57] CE 9 décembre 1994, *SARL Séri*, n° 116447, Lebon T. 1261 et CE 2 févr. 2004, *Société La Fontaine de Villiers*, n° 238315, Lebon T. 914, *D.* 2005. 35, et 26, obs. Frier, *RDI* 2004. 213, obs. Soler-Couteaux.

[58] CE, 12 octobre 1979, *Ministre de l'environnement et du cadre de vie c/ Poidevin*, Rec. tables, p. 929, CE, 7 juin 1985, *Société Décoration-Réalisation immobilières*,

revenir sur cette solution, à la suite des évolutions législatives précédentes, en 2015[60].

La même ordonnance lui a adjoint un article L 600-5-1, qui autorise le juge, dans le même cas, à surseoir à statuer jusqu'à l'expiration du délai qu'il fixe pour cette régularisation par un permis modificatif. La loi ELAN a modifié l'article L 600-5-1 pour introduire la solution au terme de laquelle la régularisation peut même après l'achèvement des travaux[61], et modifié l'article L 600-5 pour revenir sur la jurisprudence qui prévoyait l'inverse[62]. Le premier des deux articles est également modifié, pour remplacer l'expression de permis modificatif, aux effets limités par l'atteinte à l'économie du projet, par celle de mesure de régularisation, plus large. Introduit, en 2006, l'article L 600-5 est donc modifié par deux fois, en 2013 et en 2018, et l'article L 600-5-1, qui lui a été adjoint en 2013, a également fait l'objet d'une réforme en 2018. Dans le même sens, l'article R. 600-3, issu du décret du 5 janvier 2007, qui prévoyait l'expiration du délai de recours à l'encontre d'une autorisation d'urbanisme à un an mois après l'achèvement de la construction ou de l'aménagement, avait explicitement pour but de revenir sur la jurisprudence laissant le délai courir à partir du moment où le bénéficiaire du permis n'est pas en mesure d'apporter la preuve de l'affichage du permis. Le délai a été porté à six mois avec le décret du 17 juillet 2018 portant modification du code de justice administrative et du code de l'urbanisme.

Plus emblématique reste la modification par la loi ELAN de l'article L 600-13 du code de l'urbanisme sur la caducité des requêtes, qui confine à son abrogation, alors qu'il avait été introduit par la loi n° 2017-86 du 27 janvier 2017 relative à l'égalité et à la citoyenneté. Le groupe de travail présidé par Mme Maugüé avait à cet égard relevé que celui-ci était « unanimement critiqué pour son caractère peu

---

Rec. tables, p. 814. CE, 11 mars 1987, *Sté d'HLM le nouveau logis*, Rec. CE 1987, tables, p. 1009- CE, 14 déc. 1992, *Époux Léger*, Rec., tables, p. 444.

[59] CE Sect., 13 novembre 1981, *Plunian,* Rec. CE 1981, p. 413, concl. Labetoulle.

[60] CE Sect., 13 mars 2015, *Ciaudo*, n° 358677, Rec. p. 91, concl. A. Lallet.

[61] CE, 22 février 2017, *Mme Bonhomme et autres*, n° 392998, à publier au recueil.

[62] CE, 1er octobre 2015, *Commune de Toulouse*, n° 374338, p. 307.

lisible », s'interrogeant explicitement sur le sens de la caducité d'une requête[63].

A l'issue de ce premier temps de la démonstration, il apparaît donc que si, pendant longtemps, le régime du contentieux de l'urbanisme est apparu plutôt stable, il n'en va plus vraiment ainsi depuis 2013. A compter de cette date, les règles se multiplient, et celles introduites à cette époque ont même déjà, pour certaines, été modifiées, ou abrogées, sans que la présentation précédente ne soit d'ailleurs exhaustive. Cette variabilité s'explique d'abord et avant tout par le but de ces réformes, sécuriser les documents et autorisations d'urbanisme, révélant à cet égard une aspiration antagoniste avec la stabilité des règles applicables.

II. La confiance dans la stabilité des situations

Le but de l'ensemble de ces réformes est, comme cela vient d'être évoqué, de favoriser la stabilité de la situation des titulaires d'autorisation d'urbanisme. Ce but guide la quasi-totalité des réformes qui cherchent à y tendre directement (A), ou indirectement (B).

A) La recherche directe de la stabilité des situations

Les réformes ont d'abord et avant tout eu pour objet de sécuriser les autorisations d'urbanisme accordées, et, partant, les constructions édifiées. Cette sécurisation passe notamment par le rétablissement du document d'urbanisme immédiatement antérieur à celui annulé, la régularisation des autorisations d'urbanisme annulées ou en litige, et l'innocuité de l'annulation d'un document d'urbanisme sur une autorisation de construire.

La loi du 9 février 1994 avait posé que l'annulation ou la déclaration d'illégalité d'un document d'urbanisme a pour effet de remettre en vigueur document d'urbanisme immédiatement

[63] *Propositions pour un contentieux des autorisations d'urbanisme plus rapide et plus efficace*, Rapport au ministre de la cohésion des territoires présenté par le groupe de travail présidé par Christine Maugüé, 2018, p. 18.

antérieur[64]. Cette règle avait pour objet de faire échec à la solution inverse retenue par le juge administratif quelques années auparavant, qui avait préféré l'application du règlement national d'urbanisme [65]. Cette solution était justifiée par le constat que la remise en vigueur d'un plan d'urbanisme qui avait été conçu dans un contexte juridique et au regard d'éléments de fait qui ont pu évoluer considérablement peut présenter de graves inconvénients[66]. Pour le législateur, cette jurisprudence était « *la cause d'une grande insécurité juridique* », au motif que l'existence d'un plan d'occupation des sols (POS) conditionnait un certain nombre de compétences du conseil municipal et du maire en matière d'urbanisme (délivrance des permis de construire, création d'une ZAC ou instauration et exercice du droit de préemption urbain, entre autres), et que l'annulation ou la déclaration d'illégalité d'un POS, dès lors qu'elle ne fait pas retour au POS antérieur, avait pour effet de retirer rétroactivement ces diverses compétences au conseil municipal et au maire, et d'entacher automatiquement d'illégalité tous les actes qu'ils ont pu prendre sur leur base[67]. L'article L 600-9 issu de la loi ALUR a, par ailleurs, introduit un sursis à statuer pour régulariser les documents d'urbanisme.

La préservation des autorisations de construire a, par ailleurs, toujours été au cœur des préoccupations du juge. La jurisprudence avait donc posé, depuis le milieu des années 1980 que l'autorisation de construire ne constituant pas une mesure d'application du plan local d'urbanisme, l'illégalité du document d'urbanisme n'entraîne pas automatiquement celle de l'autorisation ; il n'en va autrement que si le permis de construire a été accordé en application de ces dispositions illégales, spécialement édictées pour rendre possible l'opération

[64] Ex-article L 125-5, devenu L 121-8 en 2000, et actuel article L 600-12, depuis l'ordonnance du 23 septembre 2015 relative à la partie législative du livre Ier du code de l'urbanisme.

[65] CE, 14 juin 1991, *Association des amis de Saint-Palais-sur-Mer, préc.*

[66] Stirn (Bernard), concl. sur CE, 14 juin 1991, *Association des amis de Saint-Palais-sur-Mer, AJDA* 1991, p. 818.

[67] François (Philippe), *Rapport n° 9 fait au nom de la commission des Affaires économiques et du Plan sur le projet de loi portant diverses dispositions en matière d'urbanisme et de construction*, Sénat, Annexe au procès-verbal de la séance du 6 octobre 1993, p. 21.

litigieuse[68]. À la suite de la loi « Bosson », il est apparu nécessaire de vérifier que l'autorisation de construire est compatible avec le document d'urbanisme remis en vigueur à la suite de l'annulation du premier[69]. La commission animée par le président Maugüé avait toutefois trouvé que l'application du document d'urbanisme immédiatement antérieur peut présenter des inconvénients dès lors que ce document comporte des règles d'urbanisme devenues désuètes, du fait des évolutions démographiques, de la modification du tissu économique ou du changement de la politique locale d'urbanisation[70]. C'est la raison pour laquelle un article L 600-12-1 a été ajouté par la loi ELAN afin de prévoir que l'annulation ou la déclaration d'illégalité d'un document d'urbanisme sont par elles-mêmes sans incidence sur les décisions relatives à l'utilisation du sol ou à l'occupation des sols délivrées antérieurement à leur prononcé dès lors que ces annulations ou déclarations d'illégalité reposent sur un motif étranger aux règles d'urbanisme applicables au projet. Un doute a toutefois pu s'insinuer à la lecture de cette disposition, qui semble ménager une certaine immunité à l'autorisation de construire, tout en n'explicitant pas le sort des annulations sur un motif qui ne serait pas étranger aux règles d'urbanisme applicables au projet[71].

Pour conclure sur cet aspect, il est possible de renvoyer aux développements précédents sur les règles relatives à la régularisation des autorisations d'urbanisme, qui participent également, par touche successive, à la stabilité des situations.

Mais toutes les réformes mises en œuvre pour sécuriser les autorisations de construire ne se sont pas faites sans porter atteinte au droit au recours. La recevabilité des recours va ainsi faire l'objet de plusieurs restrictions successives, sur le terrain de l'intérêt, ou délai, pour agir. Indirectement, la loi du 13 juillet 2006 va être la première à limiter l'intérêt à agir, des associations en l'espèce, en ne leur permettant d'agir contre une décision relative à l'occupation ou

[68] CE Sect., 12 décembre 1986, *Sté GEPRO*, Rec. p. 282.

[69] CE Sect., 7 février 2008, *Commune de Courbevoie*, n° 297227, *AJDA* 2008, p. 582, chron. Boucher et Bourgeois- Machureau, *RDI* 2008, p. 240, étude Soler-Couteaux, *RFDA* 2008, p. 559, concl. Courrèges, p. 568, note de Gaudemar.

[70] *Propositions pour un contentieux des autorisations d'urbanisme plus rapide et plus efficace, op. cit.*, p. 31.

[71] Noguellou (Rozen), « La réforme du contentieux de l'urbanisme », *AJDA* 2019, p. 107.

l'utilisation des sols que si le dépôt des statuts de l'association en préfecture est intervenu antérieurement à l'affichage en mairie de la demande du pétitionnaire[72] ; il s'agissait bien évidemment alors de combattre la constitution d'associations de circonstance. Mais c'est surtout l'ordonnance du 18 juillet 2013 relative au contentieux de l'urbanisme qui a réduit l'intérêt à agir des requérants d'une manière générale[73], autant qu'il a posé l'exigence que l'intérêt pour agir contre un permis de construire, de démolir ou d'aménager s'apprécie à la date d'affichage en mairie de la demande du pétitionnaire[74]. En subordonnant l'intérêt à agir à la circonstance que la construction, l'aménagement ou le projet autorisé soit de nature à affecter directement les conditions d'occupation, d'utilisation ou de jouissance du bien que le requérant détient ou occupe régulièrement, la loi a codifié la jurisprudence antérieure[75] reconnaissant l'intérêt à agir du voisin[76], tout en le corrélant aux circonstances, notamment topographiques, particulières[77].

Il convient toutefois de ne pas aller trop loin, et le Conseil constitutionnel est vigilant à cet égard. Depuis 1994, il n'est en effet pas possible d'exciper de la légalité externe d'un document d'urbanisme au-delà d'un délai de six mois. Le Conseil constitutionnel l'avait admis dès lors que : « eu égard à la multiplicité des contestations de la légalité externe de ces actes ..., le législateur a entendu prendre en compte le risque d'instabilité juridique en résultant, particulièrement marqué en matière d'urbanisme, s'agissant des décisions prises sur la base de ces actes »[78]. C'est la raison pour laquelle le groupe de travail dirigé par le président Maugüé a écarté

---

[72] Article L 600-1-1 inséré par la Loi n° 2006-872 du 13 juillet 2006 portant engagement national pour le logement, JORF n° 163 du 16 juillet 2006 p. 10662, Article 14.

[73] Article L 600-1-2 issu de l'ordonnance précitée du 18 juillet 2013.

[74] Article L 600-1-3 issu de la même ordonnance.

[75] Trémeau (Jérôme), « La régulation de l'accès au prétoire : la redéfinition de l'intérêt à agir », *AJDA* 2013, p. 1901.

[76] CE, 17 décembre 1982, *Calendini*, Rec. p. 431, CE, 29 novembre 1999, *Boulanger*, *BJDU* 1999, p. 470, concl. Bonichot.

[77] CE, 3 février 1992, *Girod*, Rec. tables, p. 1396 ; CE, 15 octobre 1999, *Cne Logonna Daoulas*, n° 198578, *BJDU* 1999, p. 341, concl. Touvet.

[78] CC, 21 janvier 1994, *Loi portant diverses dispositions en matière d'urbanisme et de construction*, n° 93-335 DC.

l'extension d'un tel processus aux illégalités de fond[79]. Le temps est d'ailleurs un des principaux éléments de sécurisation indirecte des situations.

L'article L 600-13 du code de l'urbanisme, prévoyant la caducité de la requête, a d'ailleurs été censuré après son abrogation, le Conseil constitutionnel ayant relevé que la notion de « pièces nécessaires au jugement d'une affaire » est insuffisamment précise pour permettre à l'auteur d'une requête de déterminer lui-même les pièces qu'il doit produire, et que le juge administratif peut prononcer la caducité de la requête sans être tenu, préalablement, ni d'indiquer au requérant les pièces jugées manquantes ni même de lui préciser celles qu'il considère comme nécessaires au jugement de l'affaire. De plus, la déclaration de caducité ne pouvait être rapportée que lorsque le demandeur faisait connaître, dans un délai de quinze jours, un motif légitime justifiant qu'il n'a pas produit les pièces nécessaires au jugement de l'affaire dans le délai imparti, mais pas par la seule production des pièces jugées manquantes. Ces dispositions portaient donc une atteinte disproportionnée au droit à un recours juridictionnel effectif au regard de l'objectif d'intérêt général poursuivi[80].

B) La recherche indirecte de la stabilité des situations

Deux éléments permettent, en particulier, de réduire indirectement l'insécurité juridique : le jugement rapide des difficultés, et l'information des principaux intéressés.

La réduction des délais de jugement est une des exigences évidentes de la sécurité juridique, afin de ne pas laisser les parties au procès dans une situation d'incertitude juridique trop longue.

Cette préoccupation s'est exprimée directement de manière progressive. Initialement cantonnée aux demandes de suspension formulée par une autre personne que L'Etat, la commune ou l'établissement public de coopération intercommunale, lorsqu'elle défère une décision relative à un permis de construire ou

[79] Propositions pour un contentieux des autorisations d'urbanisme plus rapide et plus efficace, op. cit., p. 30.
[80] Décision n° 2019-777 QPC du 19 avril 2019, JORF n° 0094 du 20 avril 2019.

d'aménager[81], l'obligation de juger dans un certain délai a été considérablement étendue par le décret du 17 juillet 2018. Au terme de ce dernier, le juge doit statuer dans un délai de dix mois sur les recours contre les permis de construire un bâtiment comportant plus de deux logements ou contre les permis d'aménager un lotissement[82]. Cette exigence semble toutefois dépourvue de sanction.

Indirectement, plusieurs dispositions récentes ont expressément eu pour but de réduire le délai de jugement global, en encadrant me délai de recours, l'instruction, ou les voies de recours.

Le décret du 1er octobre 2013 relatif au contentieux de l'urbanisme a ainsi réduit le délai de recours à un délai d'un an à compter de l'achèvement de la construction ou de l'aménagement, y compris, par conséquent, en l'absence d'affichage sur le terrain (article R. 600-3, délai réduit à six mois par le décret du 17 juillet 2018).

Le même décret a fixé un délai pour présenter des moyens nouveaux (Article R. 600-4, qui a été abrogé, avant d'être rétabli, à l'article R. 600-5 par le décret du 17 juillet 2018). L'article L 600-13, issu de la loi du 27 janvier 2017 relative à l'égalité et à la citoyenneté, avait, quant à elle, prévu la caducité de la requête lorsque les pièces ne sont pas fournies dans un délai de trois mois (avant d'être abrogé par la loi ELAN).

Le décret de 2013 a, enfin, fermé la voie de l'appel pour les recours contre les permis de construire ou de démolir un bâtiment à usage principal d'habitation ou contre les permis d'aménager un lotissement lorsque la bâtiment ou le lotissement est implanté dans une commune où s'applique la taxe sur les logements vacants (art. R. 811-1-1 du code de justice administrative). La loi du 18 juin 2014 relative à l'artisanat, au commerce et aux très petites entreprises a, quant à elle, introduit un article L 600-10 prévoyant la compétence des cours administratives d'appel en premier et dernier ressort.

La loi ELAN a, par ailleurs, limité le délai dans lequel le référé suspension peut-être introduit, en ne l'autorisant que pendant un délai fixé pour la cristallisation des moyens suivant la requête au fond (article L 600-3). Le rapport Maugüé avait relevé à cet égard que les

---

[81] Après l'article L 600-2 issu de l'ordonnance n° 2005-1527 du 8 décembre 2005 relative au permis de construire et aux autorisations d'urbanisme (JORF n° 286 du 9 décembre 2005 page 18997).

[82] Article R. 600-6 créé par le décret n° 2018-617 du 17 juillet 2018, art. 7.

bénéficiaires d'autorisations sont assez favorables à ce que le juge se prononce rapidement, même de façon provisoire, sur la légalité de leur permis de construire, d'aménager ou de démolir[83].

L'information est à cet égard déterminante, et c'est le second axe de sécurisation indirecte en contentieux de l'urbanisme, même si elle peut se déployer dans plusieurs directions, de l'information sur l'existence d'un recours, à celle sur la légalité de la situation.

L'article R. 600-1 impose la notification du recours contentieux ou administratif à l'encontre d'un certificat d'urbanisme, ou d'une décision relative à l'occupation ou l'utilisation du sol régie par le présent code, à l'auteur de la décision et au titulaire de l'autorisation dans un délai de quinze jours francs à compter du dépôt du déféré ou du recours.

La loi du 10 août 2018 pour un Etat au service d'une société de confiance[84] a enfin prévu que le bénéficiaire ou l'auteur d'une décision administrative non réglementaire prise sur le fondement du code de l'urbanisme peut saisir le tribunal administratif d'une demande tendant à apprécier la légalité externe de cette décision. L'expérimentation est menée, pour une durée de trois ans à compter de la publication du décret en Conseil d'Etat qui devra préciser les décisions pouvant faire l'objet d'une demande en appréciation de régularité.

L'article L 600-4-1, inséré par la loi SRU, et écartant la règle de l'économie des moyens, peut être utilisé pour conclure sur cet aspect. Fondamentalement, il ne modifie aucune règle susceptible de préjudicier au requérant, à l'administration, ou au tiers bénéficiaire de l'autorisation. Cette exigence n'a de vocation que pédagogique, afin de convaincre la requérant que tous les moyens ont bien été examinés, afin de lui donner confiance dans l'action des juridictions en la matière, sur des sujets tout particulièrement sensibles.

[83] *Propositions pour un contentieux des autorisations d'urbanisme plus rapide et plus efficace, op. cit.*, p. 13.

[84] Loi n° 2018-727 du 10 août 2018 pour un Etat au service d'une société de confiance, article 54.

« Le juge administratif et la personne de confiance. Réflexions sur un dialogue fructueux »

Jean-Baptiste Guyonnet,
Doctorant contractuel à l'Université Paris 1 Panthéon-Sorbonne

Apparue comme une évidence, hors des débats, presque naturellement, la notion de personne de confiance prend depuis une place croissante en droit, avec un rôle toujours plus grand, et un domaine toujours plus étendu. Pour autant, si le droit privé[1] se penche depuis l'origine sur la question, le droit public reste paradoxalement assez en retrait[2]. Ce silence relatif est d'autant plus étonnant que le juge administratif et la personne de confiance semblent entretenir une

---

[1] V. notamment Cimar (Laurence), « Considérations juridiques sur l'expression de la volonté en fin de vie », *Méd. et droit*, juillet 2012, n° 115, p. 99 ; Floch (Mathilde), Boles (Jean-Michel), « Effectivité de la personne de confiance et des directives anticipées: évaluation de procédures institutionnelles au CHRU de Brest », *RGDM*, 2011, n° 39, p. 7 ; Manaouil (Cécile), « Vers un rôle de plus en plus croissant de la personne de confiance? », *Droit, déontologie et soin*, septembre 2011, n° 3, p. 288 ; Berthiau (Denis), « La personne de confiance: la dérive d'une institution conçue pour de bonnes raisons. Tentative d'explication d'un insuccès », *Méd. et droit* mars 2008, n° 89, p. 38 ; « Dossier sur la personne de confiance en 2008 », *Actu. JuriSanté*, novembre 2008, n° 63, p. 3 ; Bensamoun (Alexandra), « La personne de confiance. Réflexions sur une institution émergente en matière familiale et médicale », *RRJ*, 2007, p. 1669 ; Lokiec (Pascal), « La personne de confiance. Contribution à l'élaboration d'une théorie de la décision en droit médical », *RDSS*, 2006, p. 865 ; Taglione (Catherine), « La personne de confiance: facteur de progrès ou source de difficultés à venir? », *RGDM* 2005, n° 17, p. 397 ; Esper (Claudine), « La personne de confiance: obligations légale, morale, juridique? », *RGDM*, 2003, n° 11, p. 81 ; Mélin (Ferdinand), « La personne de confiance de l'article L 1111-6 du code de la santé publique », dans *La loi du 4 mars 2002: continuité ou nouveauté en droit médical?*, PUF, Paris, 2003, p. 111.

[2] L'article rédigé par Mme Choichois, s'il est le fait d'une doctorante en droit public, ne nous semble pas faire état d'une véritable démarche susceptible d'être rattachée au droit public, mais reste propre au droit de la santé ; v. « L'absence d'encadrement de la décision médicale du patient non protégé. De la suffisance ou de l'insuffisance du rôle de la personne de confiance », *RGDM*, 1er déc. 2017, n° 65, p. 127

forme de dialogue implicite et fructueux sur lequel il peut être pertinent de s'attarder.

Si les dispositions législatives se font écho, les articles L 311-5-1 du code de l'action sociale et des familles et L 1122-1-1 du code de la santé publique renvoyant « à la personne de confiance prévue à l'article L 1111-6 » du code de la santé publique, la personne de confiance semble pourtant pourvue de missions diverses : elle « rend compte de la volonté de la personne »[3], elle « atteste »[4] du consentement du patient, elle est « consultée »[5] dans le cas où la personne rencontre des difficultés pour comprendre ses droits, et « accompagne » et « assiste » même la personne dans ses démarches. Il semble donc difficile d'établir une unité, sinon dans un rattachement commun à l'article L 1111-6 précité, et ce d'autant que le législateur lui-même entretient une forme de séparation entre les différentes missions[6]. Dotée de pouvoirs importants dans certaines législations étrangères, comme la législation belge[7], la personne de confiance apparaît à première vue comme une institution d'inspiration plutôt libérale et vectrice d'une approche par les droits subjectifs. Ainsi, dès sa consécration par la loi du 4 mars 2002 faisant suite à l'avis du Comité Consultatif National d'Ethique (CCNE) du 12 juin 1998[8] proposant l'instauration d'une telle institution en droit français, la personne de confiance a de suite été appréhendée et conçue par la doctrine comme s'inscrivant dans une « logique de représentation du consentement »[9], protégeant le patient, de manière assez similaire à la conception libérale de la notion. Pour autant, les difficultés de la doctrine privatiste à saisir la notion sous l'angle du consentement

---

[3] L 1111-6 du Code de la santé publique.

[4] L 1122-1-1 du Code de la santé publique.

[5] L 311-5-1 du Code de l'action sociale et des familles.

[6] En effet, l'annexe 4-10 du Code de l'action sociale et des familles indique : « (...) si vous souhaitez que cette personne exerce également les missions de la personne de confiance mentionnée à l'article L 1111-6 du code de la santé publique (...) vous devrez l'indiquer expressément (...) ».

[7] Loi du 28 mai 2002 relative à l'euthanasie. Disponible sur : http://www.ejustice.just.fgov.be/cgi_loi/change_lg.pl?language=fr&la=F&cn=2002052837&table_name=loi. Consulté le 9 février 2019.

[8] CCNE, « Consentement éclairé et information des personnes qui se prêtent à des actes de soin ou de recherches », avis n° 58, 12 juin 1998, *spéc.* p. 2.

[9] Mathieu (Bertrand), « Les droits des personnes malades », *LPA*, n° spécial, 19 juin 2002, p. 18.

d'une part[10], les décisions récentes du Conseil d'Etat à la suite de l'affaire Lambert[11] d'autre part, montrent que l'essence de la personne de confiance en droit français se trouve ailleurs. Conçue dès lors sous l'angle nouveau d'une décision médicale appréhendée de plus en plus par le juge comme une décision administrative susceptible de recours, la personne de confiance renvoie moins à une question de consentement qu'à une question de légalité de la décision médicale, et le juge administratif permet ainsi, en se saisissant de manière nouvelle de cette dernière[12], de mieux comprendre le statut et la place de la personne de confiance dans la relation médecin-patient. Dès lors, derrière la conception initiale d'une personne de confiance représentante d'un consentement et, partant, protectrice des droits du malade face à l'arbitraire médical se révèle en réalité une conception bien plus ambivalente d'une institution au moins autant « aide au consentement »[13] qu' « aide à la décision médicale »[14], et partant, plus objective. En tant qu'organisme consultatif, il s'agit de montrer que la notion s'insère potentiellement dans les modalités du contrôle des actes administratifs unilatéraux, dont le régime juridique offre une

[10] V. par exemple Bensamoun (Alexandra), « La personne de confiance. Réflexions sur une institution émergente en matière familiale et médicale », *RRJ*, 2007, p. 1669 ; Gabriel (Anaïs), *La personne de confiance dans la loi du 4 mars 2002 relative aux droits des malades*, Mémoire sous la direction de Putman (Emmanuel), PUAM, 2004.

[11] CE, Ass., 24 juin 2014, n° 375081, 375090, 375091, *Mme Lambert et a.,* Rec. ; *RFDA*, 2014, p. 657, concl. Keller ; *Dr. Fam.*, septembre 2014, p. 39 ; *LPA*, 17 octobre 2014 ; D. Truchet, « L'affaire *Lambert* », *AJDA*, 2014, p. 1669 ; *RDSS*, 2014, p. 1101 ; *JCP*, 2014, p. 825 ; *D.* 2014, p. 856 ; *GAJA*, n° 117 ; *Grands arrêts du droit de la santé*, n° 26-27. Par souci de clarté, l'ensemble de la procédure et des décisions n'est pas rappelé ici.

[12] Dubouis (Louis) « Le juge administratif, le malade et le médecin », dans *Le juge et le droit public. Mélanges offerts à Marcel Waline*, t. 2, p. 389 ; Truchet (Didier), « La décision médicale et le droit », *AJDA*, 1995, p. 611 ; Memeteau (Gérard), « Le juge ignorant la médecine ? », *Gaz. Pal.,* 8 février 2014, p. 12 ; Vioujas (Vincent), « la justiciabilité des décisions médicales devant le juge administratif », commentaire sur TA Strasbourg, ord. réf., 7 février 2014, n° 1401623, *JCP A*, n° 23, 9 juin 2014, 2183 ; Moquet-Anger (Marie-Laure), « Réflexions sur l'affaire Lambert », *JCP A*, n° 51-52, 26 décembre 2016, 2340.

[13] Esper (Claudine), « La personne de confiance: obligations légale, morale, juridique? », *RGDM*, 2003, n° 11, p. 81, *spéc.* p. 83, analysant l'avis du CCNE.

[14] Arhab-Girardin (Farida), « L'aide à la décision médicale de la personne âgée vulnérable », *RDSS*, 2018, p. 779.

grille de lecture intéressante pour mieux saisir la notion. A cet égard, l'enjeu est également pratique, puisque la difficulté pour les personnels soignants de saisir la notion est en grande partie l'une des raisons de son « insuccès »[15]. Détachée ainsi du consentement du patient, il devient aisé de comprendre que si la personne de confiance peut, par certains aspects, être protectrice des droits du patient, elle est peut-être avant tout, un moyen de légitimation de la décision médicale.

En d'autres termes, la réaffirmation du primat de la volonté du médecin sur le consentement du patient et la voix de la personne de confiance a très clairement délimité le rôle de cette dernière (I.), ce qui invite à réinterpréter ses fondements et sa place (II.) eu égard aux évolutions du droit depuis son instauration.

I. La délimitation claire du rôle de la personne de confiance par la réaffirmation du primat de la volonté médicale sur le consentement du patient

A l'origine, le consentement du malade s'est imposé comme le fondement naturel et présumé de la personne de confiance (A.). Une telle interprétation a toutefois été démentie par les débats parlementaires et la jurisprudence, qui ont délimité indirectement le rôle de la personne de confiance en réaffirmant la primauté de la décision médicale (B.).

A) Le consentement du malade, fondement présupposé de la personne de confiance

Eu égard à son caractère novateur, le silence originel des débats parlementaires[16] au cours desquels la notion de personne de confiance a été votée et instaurée en France a de quoi étonner. Il révèle peut-être

---

[15] Berthiau (Denis), « La personne de confiance : la dérive d'une institution conçue pour de bonnes raisons. Tentative d'explication d'un insuccès », *Méd. Et Droit*, n° 89, mars-avril 2008, p. 38.

[16] Débats disponibles sur le site de l'Assemblée : http://www.assemblee-nationale.fr/11/dossiers/droits_des_malades.asp ; et sur le site du Sénat : http://www.senat.fr/dossier-legislatif/pjl01-004.html. Consultés le 1er février 2018. Silence à juste titre relevé par C. Esper, *art. cité, spéc.* p. 81.

moins une indifférence, qu'une adoption sous le sceau de l'évidence, sa consécration apparaissant alors en un sens comme nécessaire et logique, même s'il convient de ne pas ignorer le rôle sans doute joué par le recours à la procédure d'urgence sur ce silence. D'apparence anecdotique, il n'a pourtant pas été sans influence sur la compréhension d'une notion qui s'est alors trouvée sujette à de nombreuses confusions.

Les réflexions en droit français sont nées d'un avis du CCNE du 12 juin 1998 promouvant la création d'une institution qui représenterait le consentement d'un malade qui ne serait pas en mesure de consentir valablement par lui-même, évoquant l'idée d'un « représentant », d'un « répondant », ou encore d'un « mandataire »[17]. L'idée ainsi défendue d'une représentation du consentement est empreinte initialement d'un certain libéralisme, qui a pu faire écho aux conceptions de certains droits étrangers[18]. Dans la législation belge par exemple, la personne de confiance possède une place particulièrement importante, avec des pouvoirs étendus, puisqu'elle dispose notamment de la possibilité de demander l'arrêt de la vie d'un malade au médecin[19]. De manière encore plus claire, le code civil québécois en ses articles 11 et 12 prévoit qu'à défaut du consentement d'un patient aux soins, le consentement est donné par un mandataire[20] prévu à cet effet, et qui peut s'apparenter à la figure de la personne de confiance. La personne de confiance apparaît ainsi dans ces législations comme l'une des manifestations du rôle de la volonté du patient dans la relation entre le

---

[17] CCNE, « Consentement éclairé et information des personnes qui se prêtent à des actes de soin ou de recherches », avis précité, *spéc.* p. 2.

[18] Sur l'ensemble de cette question, v. notamment Gabriel (Anaïs). *La personne de confiance dans la loi du 4 mars 2002 relative aux droits des malades,* PUAM, Marseille, 2004, *spéc.* p. 34 et s.

[19] On comprend en effet à la lecture de l'article 4 § 1 de la loi du 28 mai 2002 relative à l'euthanasie que c'est bien la personne de confiance qui va, en mettant « au courant » le médecin de la volonté du patient, prendre l'initiative du processus, et, en somme, décider. La place secondaire, voire passive, octroyée au médecin dans cet article contraste particulièrement avec la législation française. Disponible sur : http://www.ejustice.just.fgov.be/cgi_loi/change_lg.pl?language=fr&la=F&cn=2002052837&table_name=loi. Consulté le 9 février 2019.

[20] L'article 12 du code civil québécois est particulièrement explicite : « Celui qui *consent* à des soins pour autrui (…) ». Souligné par nous. Le rattachement à la théorie du mandat et à la figure du contrat est très clair ici. Disponible sur : http://legisquebec.gouv.qc.ca/fr/showdoc/cs/CCQ-1991. Consulté le 9 février 2019.

médecin et le patient, et sa nature se présente ainsi comme assurément subjective : le patient possède des droits, dont celui de faire connaître en amont, sa volonté à un tiers qui sera chargé de l'appliquer ensuite et d'en vérifier le respect. Une telle conception est alors intuitivement apparue comme conforme à l'esprit général de la loi du 4 mars 2002.

Le rôle croissant de la volonté du patient et les appels à une protection plus grande de son consentement se sont alors présentés comme les fondements logiques et naturels de la personne de confiance et, dans la droite ligne du mouvement entamé par la loi du 4 mars 2002, elle a dès lors été perçue comme étant de nature à représenter[21] le consentement du malade, ce qui a dès lors amené certains auteurs à souligner aussitôt ses « insuffisances »[22] multiples, voire son « insuccès »[23]. Les tentatives doctrinales de rattachement de la personne de confiance à une question de représentation du consentement du malade se sont en effet confrontées aux incertitudes relatives à l'articulation avec des institutions proches comme la tutelle ou la personne à prévenir, fréquemment confondues en pratique[24], auxquelles s'est rajouté ensuite l'éclatement de la notion dans des législations distinctes, avec des pouvoirs parfois différents, d'autorisation dans un cas[25], de consultation dans un autre[26], d'assistance dans un troisième cas[27]. Ainsi, un auteur a pu relever que si la « personne de confiance est une expression explicite du rôle croissant de la volonté, elle apparaît dans le même temps, sans statut réel »[28], ce qui est source d'incertitude. La pratique s'en est faite elle-

[21] Mathieu (Bertrand), « Les droits des personnes malades », *art. cité.*

[22] Mélin (Ferdinand), « La personne de confiance de l'article L 1111-6 du code de la santé publique », in *La loi du 4 mars 2002 : continuité ou nouveauté en droit médical ?*, PUF, Paris, 2003, p. 111 et s.

[23] Berthiau (Denis), « La personne de confiance : la dérive d'une institution conçue pour de bonnes raisons. Tentative d'explication d'un insuccès », *art. cité.*

[24] Léonetti (Jean), *Rapport d'information fait au nom de la mission d'évaluation de la loi n° 2005-370 du 22 avril 2005 relative aux droits des malades et à la fin de vie*, n° 128, 28 novembre 2008, *spéc.* p. 26 : « Six ans après son institution, la personne de confiance demeure trop souvent confondue avec la personne à prévenir. ». Disponible en PDF sur le site de l'Assemblée nationale. Consulté le 10 janvier 2019.

[25] L 1122-1-1 du Code de la santé publique précité.

[26] L 1111-6 du Code de la santé publique précité.

[27] L 311-5-1 du Code de l'action sociale et des familles précité.

[28] Bensamoun (Alexandra), « La personne de confiance. Réflexions sur une institution émergente en matière familiale et médicale », *art. cité.*

même écho, un rapport parlementaire d'information du 28 novembre 2008 relevant par exemple la crainte des services de gériatrie quant à la possibilité pour la personne de confiance d'abuser de la « faiblesse des personnes fragilisées »[29].

Ces difficultés ont dès lors montré les limites d'une compréhension de la personne de confiance sous l'angle de la représentation du consentement, démentie par la suite par les débats parlementaires ultérieurs et par les interprétations jurisprudentielles des textes concernés (B.), qui témoignent d'une conception en réalité assez éloignée des appréhensions libérales de la notion.

B) La réaffirmation de la primauté de la décision médicale par le juge administratif, fondement d'une conception restrictive de la personne de confiance

Le droit français n'a semble-t-il jamais confirmé en pratique cette conception de la personne de confiance comme représentante du consentement du malade. A cet égard, si les débats parlementaires initiaux s'illustrent par leur mutisme, les discussions ultérieures se sont révélées plus éloquentes. Ainsi, répondant aux inquiétudes précitées des services de gériatrie, le rapporteur a vu dans cette alerte « une mauvaise compréhension du rôle légal de la personne de confiance »[30], qui n'est « en rien coresponsable des décisions prises »[31]. A l'appui de son propos, il ajoute que le silence de la loi quant à une éventuelle hiérarchisation entre la personne de confiance et les directives anticipées « traduit sur le fond une conception très différente des démarches allemande et britannique : (…) la décision demeure toujours celle du médecin »[32]. Il apparaît ainsi que la notion de personne de confiance telle qu'elle a été introduite en droit français n'a que peu à voir avec la représentation du consentement, voire la substitution à ce consentement. Si l'idée d'une protection du malade et de son consentement n'est évidemment pas absente, se révélant par

---

[29] Léonetti (Jean), *Rapport d'information fait au nom de la mission d'évaluation de la loi n° 2005-370 du 22 avril 2005 relative aux droits des malades et à la fin de vie*, précité, *spéc.* p. 27 et s.

[30] *Ibid.*

[31] *Ibid.*

[32] *Ibid.*

exemple dans certaines études d'impact[33], ou encore dans des propositions de lois récentes[34], la notion ne semble pas trouver son explication dans la théorie du consentement et, partant, la personne de confiance ne peut se concevoir comme le « représentant » au sens strict du consentement du patient. L'expression nouvelle de « témoin »[35] est sur ce point particulièrement révélatrice. La personne de confiance se trouve ainsi cantonnée à un rôle essentiellement consultatif, ce que la jurisprudence a eu l'occasion de confirmer de manière implicite, mais non moins claire. Les premiers éclairages proviennent du Conseil constitutionnel, qui a eu à se prononcer sur une QPC transmise par le Conseil d'Etat sur certains articles du code de la santé publique relatifs à la fin de vie. Il était notamment soutenu par l'association requérante que ledit décret méconnaissait l'article 34 de la Constitution dans la mesure où « le médecin décide seul de l'arrêt des traitements sans être lié par le sens des avis recueillis »[36]. Si le juge a confirmé le rôle consultatif de la personne de confiance[37], il a esquivé la question sur le fond, estimant qu'il ne lui appartenait pas de se substituer au législateur pour déterminer les conditions d'adoption d'une décision médicale en l'absence de consentement[38]. Le commentaire autorisé, revenant sur les débats législatifs, semble cependant s'insérer dans les conceptions précitées[39].

C'est toutefois surtout le Conseil d'Etat, dans la décision suivant celle du Conseil constitutionnel[40], qui éclaire définitivement

---

[33] V. par exemple l'étude d'impact du projet de loi relatif à l'adaptation de la société au vieillissement, 2 juin 2014, spéc. p. 54 et s. Disponible sur Légifrance. Consultée le 1er février 2019.

[34] Entre autres, v. par exemple la proposition de loi n° 1353, déposée le 26 octobre 2018. Disponible sur le site de l'Assemblée nationale. Consultée le 1er février 2019.

[35] L 1111-6 du Code de la santé publique, dans sa version issue de la loi n° 2016-87 du 2 février 2016 créant de nouveaux droits en faveur des malades et des personnes en fin de vie.

[36] DC, QPC, n° 2017-632, 2 juin 2017, *Union nationale des associations de familles de traumatisés crâniens et de cérébro-lésés (UNAFTC)*, pt. 4.

[37] Décision précitée, pt. 10.

[38] *Ibid.*, pt. 11.

[39] Commentaire autorisé de la décision DC, QPC, n° 2017-632, 2 juin 2017, *UNAFTC*, précitée. Disponible sur le site du Conseil constitutionnel. Consulté le 10 janvier 2019.

[40] CE, 6 décembre 2017, *Union nationale des associations de familles de traumatisés crâniens et de cérébro-lésés (UNAFTC),* n° 403944, Rec.

l'interprétation à retenir. En effet, en l'espèce, il confirme avec clarté que le pouvoir de décision a été confié « *au seul médecin* en charge du patient »[41]. Si cette affirmation peut apparaître logique eu égard aux développements précédents, elle n'est cependant pas dénuée de pertinence, car le juge administratif, jusqu'à l'apparition des contentieux relatifs à la fin de vie, n'avait historiquement pas eu à connaître en ces termes de la décision médicale[42], de manière antérieure à son application[43]. Or, par ce propos, non seulement il valide la conception française traditionnelle, mais surtout, il s'engage clairement dans un contrôle *a priori* de la décision médicale, et donc, indirectement, de la consultation régulière de la personne de confiance[44]. Le juge administratif aurait très bien pu apporter une réponse différente à cette question en accordant un rôle plus important à la personne de confiance. Pourtant, il a fait le choix de ne pas s'engager dans cette voie, confirmant la méfiance relative du droit français et du personnel hospitalier à l'égard de la personne de confiance, et plus largement du tiers. Certaines illustrations contentieuses relatives à des personnes de confiance abusant de la faiblesse du patient ne sauraient d'ailleurs totalement leur donner tort sur ce point[45]. Ainsi, non seulement le rôle consultatif de la personne de confiance se trouve confirmé assez logiquement par le juge administratif, mais surtout il s'insère dans le contrôle nouveau de la décision médicale par le juge, selon des modalités qui rappellent celles du contrôle des actes administratifs unilatéraux. En un sens, cela peut s'expliquer par le fait que s'il n'y a plus de consentement, il convient de passer par le truchement du contrôle de la décision pour protéger le

---

[41] *Ibid.*, cons. 8. Souligné par nous.

[42] Bergoignan-Esper (Claudine), Sargos (Pierre), *Les grands arrêts du droit de la santé*, Dalloz, Paris, 2e Ed., 2016, comm. n° 26-27, *spéc.* p. 190.

[43] V. en revanche, concernant l'appréciation *a posteriori* de la décision médicale, Bretonneau (Aurélie), Lessi (Jean), « La question de l'arrêt des traitements devant le Conseil d'Etat », *AJDA*, 2014, p. 790.

[44] CE, 8 mars 2017, n° 408146, *Assistance publique-Hôpitaux de Marseille*, Rec., cons. 13; *AJDA,* 2017, p. 497 ; *D.*, 2017, p. 574 ; *RDSS* 2017, p. 698.

[45] CE, 13 décembre 2017, n° 400629, tables ; CAA Marseille 12 avril 2016, n° 15MA04012, Inédit ; de manière un peu plus large, rappelant que le rôle de la personne de confiance ne saurait outrepasser le champ de la décision médicale, v. également CAA Marseille, 12 novembre 2013, n° 12MA04397, Inédit.

patient ; dans cette analyse, le consentement n'existe plus[46], et donc la personne de confiance ne peut le représenter. Cette conception s'inscrit dans les propos du professeur Pascal Lokiec qui a pu proposer l'élaboration d'une théorie de la décision en droit médical à partir de la personne de confiance, relevant que si la « tentation première »[47] était de la concevoir comme une représentante du consentement, cela ne correspondait pas à la manière dont elle avait été pensée[48]. Il en ressort que l'épanouissement de la notion en droit français est relativement éloigné de l'esprit de l'avis originel du CCNE, et cela emporte des conséquences sur la compréhension à avoir de la personne de confiance. Ainsi, s'il semble qu'elle apparaît bien dans un interstice dans lequel initialement l'Etat – par le biais du médecin – était tout-puissant[49], et décidait seul, la personne de confiance se révèle en réalité être au moins autant une garantie en faveur du patient qu'une « aide à la décision médicale »[50]. Au regard de ces différents éléments, il semblerait que le droit administratif peut alors offrir une lecture pertinente de la notion de nature à améliorer sa compréhension.

II. La notion de personne de confiance au regard de la primauté réaffirmée de la volonté médicale sur le consentement du patient

Le droit administratif et la personne de confiance peuvent dès lors se nourrir mutuellement : d'une part, parce que le juge administratif peut apparaître comme le vecteur d'une conception objectivée de la personne de confiance (A.) ; d'autre part, parce que la personne de

---

46 La situation est donc dérogatoire de l'article L 1111-4 du code de la santé publique qui dispose que « toute personne *prend*, avec le professionnel de santé et compte tenu des informations et des préconisations qu'il lui fournit, les décisions concernant sa santé ». Souligné par nous.

47 Lokiec (Pascal), « La personne de confiance. Contribution à l'élaboration d'une théorie de la décision en droit médical », *RDSS*, 2006, p. 865.

48 *Ibid.*

49 Bensamoun (Alexandra), « La personne de confiance. Réflexions sur une institution émergente en matière familiale et médicale », *art. cité, spéc.* p. 1671.

50 Arhab-Girardin (Farida), « L'aide à la décision médicale de la personne âgée vulnérable », *art. cité.*

confiance est susceptible de révéler une conception administrative nouvelle de la décision médicale (B.).

A) Le juge administratif, vecteur d'une conception objectivée de la personne de confiance

En réaffirmant la primauté de la décision d'un médecin « seul » détenteur du choix médical, le juge administratif s'inscrit assez logiquement dans la suite des débats parlementaires, mais également dans la conception française traditionnelle du médecin et de son pouvoir[51]. Dès lors, les fondements théoriques et conceptuels de la personne de confiance se trouvent être désormais assez éloignés de l'appréhension subjective de celle-ci comme représentante du consentement du malade. En effet, à partir du moment où l'avis de la personne de confiance ne lie pas le médecin, il est clair que sa fonction de protection du consentement du malade est mécaniquement réduite à peau de chagrin, et la méfiance qui a pu naître à son égard montre la persistance de la prédominance de la volonté médicale en matière de soins. L'utilité de la personne de confiance n'est plus dans la représentation du consentement, sinon à titre marginal : elle se trouve en réalité du côté du médecin. Sous cet angle en effet, la personne de confiance se présente comme une institution résolument favorable à ce dernier. Ainsi, elle permet notamment la mise en place d'une hiérarchisation des voix[52] donnant la primauté à la personne de confiance, afin que celle-ci serve d'interlocuteur exclusif au médecin, et donc facilite la prise de décision médicale. La personne de confiance pallie moins ici le défaut de consentement, que la confusion des voix potentiellement « représentatives » du consentement en l'absence de celui-ci, l'affaire *Lambert* ayant révélé à quel point celle-ci pouvait être paralysante. De ce point de vue, en agissant comme outil de « rationalisation du processus décisionnel »[53], la personne de confiance s'inscrit avec une pertinence étonnante dans le champ des

---

[51] V. notamment Laude (Anne), Tabuteau (Didier), *Les droits des malades*, QSJ ?, PUF, Paris, 2018, 2e Ed ; Lantero (Caroline), *Les droits des patients,* LGDJ, Systèmes, Paris, 2018.

[52] Berthiau (Denis), « La personne de confiance : la dérive d'une institution conçue pour de bonnes raisons. Tentative d'explication d'un insuccès », *art. cité*, p. 42.

[53] Mélin (Ferdinand), *art. cité, spéc.* p. 114-115.

réflexions sociologiques de Niklas Luhmann en tant qu'elle constitue un évident moyen de réduction de la complexité sociale[54]. L'absence de portée contraignante de l'avis de la personne de confiance ne peut avoir pour autre effet que de légitimer la décision médicale, en renforçant dès lors les procédures en amont de la décision, afin de limiter les contestations en aval. Cette conception, qui se rapproche de celle qui justifie dans d'autres domaines la mise en œuvre de procédures de consultation[55], fait ainsi écho au propos selon lequel la personne de confiance apparaît là où l'institution publique est remise en cause ; mais d'une manière quelque peu différente de ce que l'intuition semble révéler, puisque cette intervention tend en réalité à renforcer la légitimité de la décision médicale, plus qu'à contrebalancer un poids trop important de la volonté du médecin. La personne de confiance est ainsi bien un support en faveur de la décision médicale, dans ce sens aussi bien que dans la manière qu'elle a de témoigner du consentement du malade. Cela traduit une conception au fond objective de la personne de confiance, qui illustre la place paradoxale du droit français concernant la fin de vie au sein des droits des malades. En effet, alors que la loi du 4 mars 2002 s'est fondée sur la théorie des droits subjectifs avec la volonté assez nette de rompre avec une tradition empreinte d'un paternalisme médical certain[56], voire avec un risque d'arbitraire médical[57], les dispositions relatives à la fin de vie ont été plus nuancées, et les évolutions ultérieures n'ont fait qu'accentuer ce retrait en la matière. Le code de la santé publique ne reconnaît ainsi aucun droit à bénéficier d'une sédation profonde, mais uniquement un droit à en faire la demande, le médecin restant dès lors toujours l'ultime décisionnaire d'un tel acte, à la suite de la procédure prévue à cet effet[58]. La volonté du patient est

[54] Luhmann (Niklas), *La confiance. Un mécanisme de réduction de la complexité sociale*, Economica, Etudes sociologiques, Paris, 2006, *spéc.* p. 27-28.

[55] Il est possible de penser ici au droit de l'environnement par exemple, avec le principe de participation ; v. sur ce point, par ex., Prieur (Michel), *Droit de l'environnement,* Précis Dalloz, Paris, 7e Ed., p. 156 et s.

[56] En ce sens, Laude (Anne), Mathieu (Bertrand), Tabuteau (Didier), *Droit de la santé*, PUF, Paris, 3e Ed., 2012, p. 299

[57] Taglione (Catherine), « La personne de confiance: facteur de progrès ou source de difficultés à venir? », *art. cité, spéc.* p. 399.

[58] En ce sens, Thouvenin (Dominique), « Les droits de la personne en fin de vie reconnus par la loi Claeys-Leonetti ? », dans Lefeuvre (Karine), Depadt (Valérie)

donc première, mais non décisive ; et l'on comprend mieux, partant, le rôle réduit confié à la personne de confiance.

La conception française de la personne de confiance s'inscrit donc dans une certaine vision traditionnelle de la relation médicale. Elle révèle toutefois une conception administrative potentiellement nouvelle de la décision médicale (B.).

B) La personne de confiance, révélatrice d'une conception administrative de la décision médicale

La personne de confiance pourrait alors se concevoir comme le cheval de Troie potentiel d'une administrativisation de la décision médicale. En effet, si jusqu'à l'affaire *Lambert*, le juge administratif ne connaissait pas en principe d'une décision médicale *a priori*, cette affaire l'a au contraire amené à se prononcer de manière inédite[59]. Or, en pareille hypothèse, quelles pourraient être les modalités de son contrôle, sinon, assez naturellement, celles qu'il applique pour les actes administratifs unilatéraux traditionnels ? Le Conseil d'Etat semble ainsi rompre avec la vision traditionnelle selon laquelle « on n'imagine (...) pas que [la décision médicale] puisse faire l'objet d'une action en annulation. Ce serait une grave perversion de la médecine et du droit que de vouloir la traiter comme une décision juridique »[60]. Si le juge statue certes en référé, la transgression ne semble plus inenvisageable, même s'il est évident que la solution est ici très largement motivée par la particularité de la décision contestée, par nature irréparable, et ne pouvant donc faire l'objet d'un simple recours en responsabilité *a posteriori*.

La transposition des modalités du contrôle des actes administratifs unilatéraux à la décision médicale confère alors une place naturelle et évidente à la personne de confiance. Elle peut se concevoir en effet comme un organisme consultatif au sens du droit administratif, dont

---

(dir.), *Protéger les majeurs vulnérables. Quels nouveaux droits pour les personnes en fin de vie*, vol. 3., Presses de l'EHESP, Rennes, 2017, *spéc.* p. 84 et s.

[59] Bergoignan-Esper (Claudine), Sargos (Pierre), *Les grands arrêts du droit de la santé*, comm. n° 26-27 précité ; Bretonneau (Aurélie), Lessi (Jean), « La question de l'arrêt des traitements devant le Conseil d'Etat », *art. cité*.

[60] Truchet (Didier), « La décision médicale et le droit », *art. cité*, p. 611.

l'avis est, dans les matières concernées, obligatoire[61], mais non conforme, sauf en matière de recherche biomédicale, domaine dans lequel l'avis, en plus d'être obligatoire, est en outre conforme[62]. Les décisions de la CADA concernant la personne de confiance peuvent également s'expliquer au regard de cette conception : le secret médical empêche en effet bien la personne de confiance d'avoir connaissance du dossier médical[63], ce qui se justifie par le fait qu'elle ne se substitue pas au patient ; mais elle a besoin, en tant qu'organisme consultatif, d'avoir une connaissance suffisante de la situation pour pouvoir se prononcer, faute de quoi elle ne pourrait remplir correctement son rôle[64]. La non-consultation de la personne de confiance pourrait par ailleurs être susceptible de constituer un vice de légalité externe de la décision médicale contrôlée par le juge. La question peut alors se poser de savoir si le juge administratif pourrait appliquer la jurisprudence *Danthony*[65] au cas d'un vice tiré de la non-consultation par le médecin de la personne de confiance. La réponse, sans doute négative, pourrait trouver son fondement dans le fait que la

---

[61] CE, 8 mars 2017, n° 408146, *Assistance publique-Hôpitaux de Marseille*, Rec., précitée.

[62] Ce à quoi le terme « atteste » renvoie, cf. L 1122-1-1 du Code de la santé publique.

[63] CADA, Avis, 30 octobre 2014, n° 20143874 ; Evin (Claude), « Le secret médical dans le cadre hospitalier », *D.* 2009, p. 2639.

[64] Elle peut ainsi se voir communiquer un élément ponctuel du dossier, tel qu'un compte-rendu opératoire, CADA, conseil, 22 janvier 2004, n° 20040049, ou le formulaire de désignation, CADA, conseil, 27 avril 2017, n° 20170616. A noter qu'à l'inverse, un mandataire peut avoir accéder à ce dossier, ce qui montre bien que la personne de confiance n'est pas un représentant du consentement, CE, 26 septembre 2005, n° 270234, *Conseil national de l'ordre des médecins*, Rec. ; *AJDA*, 13 février 2006, p. 308 ; *RDSS*, 2006, p. 53. La personne de confiance peut en revanche être mandataire, et dans ce cas avoir un accès complet au dossier, CADA, Avis, 3 novembre 2016, n° 20164158. Pour une synthèse des avis de la CADA en la matière, v. Moquet-Anger (Marie-Laure), « Les nouveaux acteurs : 10 ans après », dans Bacache (Mireille), Laude (Anne), Tabuteau (Didier) (dir.), *La loi du 4 mars 2002 relative aux droits des malades : 10 ans après*, Bruylant, Belgique, centre de droit médical et biomédical, 2013, *spéc.* p. 64 et s.

[65] CE, Ass., 23 déc. 2011, n° 335033, *Danthony*, Rec., *AJDA*, 2012, p. 7 ; *Ibid.*, p. 195 ; *Ibid.*, p. 1484 ; *D.*, 2013, p. 324 ; *AJDA*, 2014, p. 16 ; *Ibid.*, 2015, p. 25 ; *Ibid.*, 2016, p. 27 ; *Ibid.*, 2017, p. 26 ; *AJCT*, 2015, p. 388 ; *RFDA*, 2012, p. 284, concl. Dumortier (Gaëlle) ; *Ibid.*, p. 296 ; *Ibid.*, p. 423.

personne de confiance reste dans le même temps une garantie en faveur du patient.

Le rôle de protection du patient réapparaît ici, mais de manière bien différente de la conception première de la notion. La personne de confiance exerce bien un rôle de protection du malade, mais celui-ci s'exerce en réalité moins *a priori,* au moment de l'élaboration de la décision médicale[66] qu'*a posteriori,* dans sa capacité à exercer un recours contre la décision du médecin. Le Conseil d'Etat semble rejoindre une telle analyse lorsqu'il précise que la notification à la personne de confiance de la décision du médecin doit être effectuée « dans des conditions [lui] permettant d'exercer un recours en temps utile »[67], ce qui implique notamment de ne pas exécuter la décision tant que la personne de confiance n'a pas pu raisonnablement exercer un tel recours. La question pourrait se poser du fondement de l'intérêt à agir de la personne de confiance. En effet, la décision ne la concerne pas directement, ni ne la lèse, sauf peut-être dans le cas où il n'a pas été consulté à tort, mais là encore, cela ressemblerait à une conception plutôt extensive de l'intérêt à agir. Elle peut cependant être traitée en soutenant que l'intérêt à agir de la personne de confiance est en réalité implicitement, mais nécessairement, contenu dans la loi elle-même, l'effectivité de son rôle résultant en partie de son intérêt à agir pour le patient. Et en ce sens, il est bien une garantie en sa faveur.

***

En 1956, les auteurs du *Traité de droit médical* indiquaient que « la confiance que marquent juridiquement les rapports entre médecin et malade dérive d'une double source. C'est, sans doute, sous l'angle du contrat, une confiance librement placée en un homme déterminé. Mais c'est aussi, sous l'angle du « ministère » dont la société a investi le médecin, une confiance placée sur un de ceux auxquels la société reconnaît vocation à cet effet. Aussi, l'exercice de la profession médicale est-il un privilège réservé, par des règles de droit public, à un

[66] Réserve faite de la recherche biomédicale donc, cf. *supra.*

[67] CE, 28 novembre 2018, n° 424135, *AJDA*, 2018, p. 2365 ; CE, 17 janvier 2019, n° 424042, *JCP A*, 4 février 2019, n° 5, act. 82.

petit nombre d'hommes »[68]. Plus loin cependant, ces mêmes auteurs, tirant les premières conséquences des apports du progrès scientifique, et notamment de l'anesthésie, par laquelle le patient abandonne au médecin « sa conscience et sa volonté »[69], voyaient en ces changements une rupture d'égalité « fondamentale»[70]entre le médecin et le patient. Ils ajoutent : « Cette transformation modifie profondément la nature de la confiance que tend à réclamer le contrat médical. Cette confiance était autrefois contrôlée par le malade. Elle ne peut plus l'être »[71]. Une cinquantaine d'années plus tard, ces constats résonnent avec étonnement, à la fois par leur pertinence et leur actualité, tant le parallèle peut être fait avec la situation des patients dans l'incapacité d'exprimer leur consentement. De la même manière que l'anesthésie, l'absence d'expression du consentement modifie la nature de la confiance entre le médecin et le patient. La personne de confiance a vocation à répondre à ce changement profond. Pour autant, sa portée et son poids en droit français ont été très largement tempérés. La délimitation de la personne de confiance témoigne alors de la relative méfiance du droit français et des praticiens envers la personne de confiance et ses intentions à l'égard du malade. Ainsi, si la notion paraît par essence foncièrement libérale, le choix fait par les institutions françaises en général, et par le juge administratif en particulier, fut tout autre. L'objectivisation de la notion illustre alors la vigueur et la résistance, du moins dans le droit de la fin de vie, de la conception française traditionnelle du médecin, à rebours du contexte général qui a prévalu au moment de son instauration. Si la personne de confiance a dès lors bien un rôle de garantie en faveur du patient, elle apparaît toutefois avant tout comme « caractéristique de la conception de la relation médicale dans le système juridique français »[72].

[68] Auby (Jean-Marie), Pequignot (Henri), Savatier (René), Savatier (Jean), *Traité de droit médical*, Librairies techniques, Paris, 1956, p. 13.
[69] *Ibid.*, p. 21.
[70] *Ibid.*
[71] *Ibid.*, p. 22.
[72] Binet (Jean-René), *Droit de la bioéthique*, LGDJ, 2017, p. 205.

« La confiance en la justice administrative : le point de vue de l'avocat »

François Molinié,
Avocat au Conseil d'Etat et à la Cour de cassation

Je voudrais à mon tour remercier l'université Paris 1 Panthéon-Sorbonne et l'Association des juristes du contentieux public d'avoir organisé ce colloque et de m'avoir donné l'occasion de présenter quelques idées personnelles sur la confiance en la justice administrative. Je sors à l'instant d'une audience devant le juge des référés du Conseil d'Etat et il me semble que cette procédure symbolise une justice administrative dans laquelle le justiciable peut avoir confiance. Conçue comme une séance d'instruction du dossier, en fait et en droit, elle est présidée par un juge qui connaît les pièces de la procédure, pose des questions pas toujours anticipées par les parties et dirige avec précision les débats afin de faire émerger la vérité judiciaire. Rien ne lui résiste ou presque : les affaires médiatiques, les dossiers techniques, les situations humainement douloureuses… Son rôle n'est pas seulement de statuer sur des requêtes, il est aussi de se faire, lorsque cela est possible, médiateur. Il n'est pas rare de voir le juge des référés expliquer, avec pédagogie, les principes juridiques applicables à l'affaire et inciter l'administration, lorsque c'est souhaitable, à réviser son point de vue. Le climat est ainsi tout à fait particulier, propre à créer les conditions d'un dialogue entre des parties que pourtant tout oppose. Nous sommes assis autour d'une table, dans une très grande proximité avec le juge des référés. Voilà comment en quelques minutes, le juge des référés crée un climat particulier, adapté à chaque type de dossier qui permettra aux parties, en confiance, de donner leurs explications.

Au-delà de la « vitrine » formidable que représente l'oralité pour la connaissance par le public du fonctionnement de la justice administrative, l'avocat au Conseil d'Etat peut témoigner d'un fait indiscutable : voir le juge à l'audience de référé instruire le dossier « en direct », souvent pendant plusieurs heures, réfléchir à voix haute, poser des questions, en interaction avec les parties, en les bousculant si nécessaire, produit un effet bénéfique : quel que soit le sens de sa décision à venir, les justiciables quittent la salle d'audience en se disant que leur dossier va être apprécié par un juge qui connait le dossier, a posé les bonnes questions et en qui ils vont pouvoir avoir confiance.

C'est aussi cela la confiance en la justice administrative. Beaucoup a déjà été dit et fait sur la place de l'oralité dans la procédure contentieuse administrative, notamment depuis la loi du 30 juin 2000. Dit : on pense aux « Propos décousus d'un membre du Conseil d'Etat » sur la « redécouverte de l'oralité »[1] ; Fait : l'organisation des audiences, la possibilité de présenter de brèves observations orales après les conclusions du rapporteur public et le développement des enquêtes à la barre, notamment dans les contentieux économiques qui permettent d'éclairer la formation d'instruction sur des questions nécessaires au jugement du recours.

Il ne fait aucun doute que ces aménagements au caractère écrit de la procédure contentieuse administrative contribuent à créer un climat de confiance dans la justice administrative.

L'oralité n'est pas seule en cause. On songe ici à la mise en place des nouveaux modes de rédaction des décisions de la juridiction administrative et à l'abandon du « considérant ». Généralisé depuis le 1er janvier 2019, le style direct renforce la clarté du jugement et sa compréhension par les justiciables et, finalement, le sentiment de sécurité.

De même, la justice doit être efficace, c'est-à-dire effective, réelle. On ne reviendra pas ici sur le développement des procédures d'urgence qui permettent l'intervention d'un juge des référés, en quelques heures seulement si cela est nécessaire. Les dispositions des articles L 521-1 et suivants du code de justice administrative

---

[1] Lasserre (Bruno), « La redécouverte de l'oralité. Propos décousu d'un membre du Conseil d'Etat », *Mélanges en l'honneur de Daniel Labetoulle*, Dalloz, 2007, p. 547.

constituent une « boite à outils » fournie. Et le Conseil d'Etat a contribué, par sa jurisprudence, à estomper les différences entre les différentes procédures d'urgence en faisant du degré d'urgence, un critère déterminant. A propos du chantier des Halles, il a considéré, dans une décision qui ressemble à un mode d'emploi qu'en cas de péril, le juge des référés peut être saisi soit d'une demande de référé suspension (article L 521-1 du code de justice administrative) pour qu'il ordonne la suspension de la décision administrative à l'origine de ce péril, soit d'une demande de référé « mesures utiles » (article L 521-3) afin d'enjoindre à l'autorité administrative de prendre toutes les mesures conservatoires nécessaires. Par ailleurs, il décide que le juge des référés peut être saisi par la voie du référé liberté (article L 521-2 du code de justice administrative, qui prévoit qu'une décision est prise dans les 48 heures) si l'action ou la carence d'une autorité publique crée un danger caractérisé et imminent pour la vie des personnes, le droit à la vie constituant l'une des libertés fondamentales que cette procédure vise à sauvegarder[2].

La confiance en la justice administrative suppose aussi des avocats techniquement et déontologiquement à la hauteur. C'est une évidence mais il est bon ici de le rappeler. Le contentieux administratif est exigeant : il suppose des conseils formés à ses spécificités. Impossible par exemple de conseiller utilement un client en matière contractuelle sans maîtriser l'évolution fournie de la jurisprudence du Conseil d'Etat en matière de recours. De même, pas de confiance dans les auxiliaires de justice si ceux-ci ne sont pas déontologiquement irréprochables. Le climat de confiance évoqué ci-dessus, notamment en matière de référé, n'est possible que si le juge peut avoir confiance dans ce que l'avocat produit à la procédure, dit à l'audience et peut faire en dehors du tribunal. La défense des clients ne doit pas conduire à la déloyauté des comportements.

Au-delà des avocats, c'est tout le procès qui doit être irrigué par le principe de loyauté et disons-le d'une certaine forme bienveillance nécessaire à l'épanouissement d'un climat de confiance dans le procès administratif. Il n'agit pas ici de critiquer pour le principe les

---

[2] CE, 16 novembre 2011, *Ville de Paris et Société d'Economie Mixte PariSeine*, n° 353172 et 353173, publié au recueil Lebon.

techniques imaginées par les pouvoirs publics afin de rendre la justice administrative plus efficace (encadrement procédural, obligation de notification, cristallisation des moyens, clôture, mémoire récapitulatif, délais réduits…). Il s'agit simplement de dire que ces instruments de régulation du procès doivent faire l'objet d'une utilisation raisonnable, de bon sens. On ne peut pas avoir confiance en une justice qui ne fait pas preuve de discernement en cette matière.

Il arrive que le juge constitutionnel se charge lui-même de faire le ménage dans ces dispositifs. Au visa de l'article 16 de la Déclaration des droits de l'homme et du citoyen, il censure les mécanismes qui, sous couvert de lutter contre les recours dilatoires, ont pour effet de priver les personnes intéressées du droit d'exercer un recours juridictionnel effectif. Il l'a fait, par exemple, à propos de l'ancien article L 600-13 du code de l'urbanisme qui prévoyait un mécanisme de caducité de la requête lorsque « sans motif légitime » disait le texte, le demandeur ne produisait pas dans un certain délai les « pièces nécessaires au jugement de l'affaire ». Dans une décision rendue le 19 avril 2019, le Conseil constitutionnel a dit que ce dispositif souffrait de trop d'imprécision – quelles pièces ? – et que, dans le fond, il n'était pas loyal à l'égard du requérant : le juge peut prononcer la caducité « sans être tenu préalablement, ni d'indiquer au requérant les pièces jugées manquantes, ni même lui préciser celles qu'il considère comme nécessaires au jugement de l'affaire ». Le même dispositif a été sanctionné pour son effet couperet sans possibilité de régularisation : « dès lors que la caducité a été régulièrement prononcée, le requérant ne peut obtenir l'examen de sa requête par une juridiction ; il ne peut introduire une nouvelle instance que si le délai de recours n'est pas expiré »[3].

On le voit bien : ce que le juge constitutionnel sanctionne ici c'est un dispositif anti-confiance qui institue une procédure insécurisante, peu prévisible et discrétionnaire.

Et ce n'est pas la première fois. Sur le fondement de l'article 6§1 de la Convention de sauvegarde des droits de l'homme et des libertés

[3] Conseil constitutionnel, 19 avril 2019, *M. Bouchaïd S.*, décision n° 2019-777 QPC.

fondamentales, la Cour européenne des droits de l'Homme a précisé que le droit d'accès à un tribunal doit être « concret et effectif »[4].

A cet égard, elle a énoncé que l'effectivité du droit d'accès à un tribunal requiert qu'un individu jouisse d'une possibilité claire et concrète de contester un acte constituant une ingérence dans ses droits. Ainsi, « le fait d'avoir pu emprunter les voies de recours internes mais seulement pour entendre déclarer ses actions irrecevables par le jeu de la loi ne satisfait pas toujours aux impératifs de l'article 6, paragraphe 1: encore faut-il que le degré d'accès procuré par la législation nationale suffise pour assurer à l'individu le "droit à un tribunal" eu égard au principe de la prééminence du droit dans une société démocratique ».

C'est dans cette optique que la Cour a rappelé que la règlementation relative aux formalités et aux délais à respecter pour former un recours vise à assurer la bonne administration de la justice et le respect en particulier, du principe de la sécurité juridique[5], « la réglementation en question, ou l'application qui en est faite, ne devrait pas empêcher le justiciable d'utiliser une voie de recours disponible »[6].

Si, selon la Cour, il appartient aux autorités nationales, et notamment, aux cours et tribunaux, d'interpréter les règles de nature procédurale, telles que les délais régissant le dépôt des documents ou l'introduction de recours, il lui revient de dire si l'interprétation faite par les juridictions nationales est « de nature à porter atteinte à la substance même du droit d'accès à un tribunal de la requérante tel que garanti par l'article 6 § 1. »[7].

Dans l'exercice de ce contrôle, la Cour a incité les juridictions nationales à adopter une attitude mesurée, s'inscrivant dans la recherche d'un équilibre dans leur interprétation des règles procédurales en rappelant « (...) qu'il résulte de ces principes que, si

---

[4] V. CEDH, *Bellet c. France*, 4 décembre 1995, 23805/94.
[5] CEDH, *Cañete de Goñi c. Espagne*, 15 octobre 2002, 55782/00.
[6] CEDH, *Miragall Escolano et autres c. Espagne*, 38366/97, 25 avril 2000 ; v. aussi CEDH, *Labergere c. France*, 26 septembre 2006, 16846/02.
[7] CEDH, *Cañete de Goñi c. Espagne*, 15 octobre 2002, 55782/00, § 37.

le droit d'exercer un recours est bien entendu soumis à des conditions légales, les tribunaux doivent, en appliquant des règles de procédure, éviter à la fois un excès de formalisme qui porterait atteinte à l'équité de la procédure et une souplesse excessive qui aboutirait à supprimer les conditions de procédure établies par les lois »[8].

Afin que la réglementation ou l'application qui en est faite n'empêche pas le justiciable de voir son litige tranché au fond par la juridiction compétente, et malgré une indication inexacte ou incomplète des délais, par exemple, les juridictions nationales doivent suffisamment prendre en compte les circonstances particulières de l'affaire et ne pas appliquer les règles et la jurisprudence pertinente de manière « trop rigide »[9].

Le juge national ne saurait avoir une « interprétation excessivement formaliste du droit interne » qui a pour conséquence de mettre à la charge du justiciable une obligation qu'il n'est « pas en mesure de respecter, même en faisant preuve d'une diligence particulière ». Ainsi, l'exigence d'une introduction d'un recours dans un délai d'un mois à compter de la date d'établissement d'une copie intégrale de la décision par le greffe du tribunal - et non à partir du moment où l'intéressé peut effectivement connaître la décision de justice - revient, selon la Cour, à faire dépendre l'écoulement du délai d'un élément qui échappe parfaitement au pouvoir du justiciable. La Cour, pour condamner l'Etat en cause, retient que compte tenu de la gravité de la sanction qui a frappé les requérants pour non-respect des délais ainsi calculés, la mesure contestée n'a pas été proportionnée au but de garantir la sécurité juridique et la bonne administration de la justice. Partant, elle conclut à la violation de l'article 6§1 de la Convention au regard du droit des requérants d'avoir accès à un tribunal[10].

La Cour a ainsi pu lui rappeler que si des règles relatives aux formalités et délais à observer pour former un recours peuvent être instaurées pour assurer une bonne administration de la justice, ces limitations ne doivent pas restreindre l'accès au juge à « un point tel

[8] CEDH, *Gajtani c. Suisse*, 9 septembre 2014, 43730/07, § 75.
[9] CEDH, *Ivanova et Ivashova c. Russie*, 797/14, 67755/14, 26 janvier 2017, § 58.
[10] *Ibid.*

que ce droit s'en trouve atteint dans sa substance même »[11]. Ainsi, au-delà de la règle elle-même, c'est l'application qui en est faite qui ne doit pas « empêcher le justiciable d'utiliser une voie de recours disponible »[12].

A plusieurs occasions, la Cour Européenne des Droits de l'Homme a observé que le formalisme procédural n'est conforme à l'article 6 de la Convention que s'il poursuit un but légitime et « s'il existe un rapport raisonnable de proportionnalité entre les moyens employés et le but visé »[13].

La Cour a également rappelé que si le droit d'exercer un recours est soumis à des conditions légales, les tribunaux doivent, en appliquant les règles de procédure, « éviter à la fois un excès de formalisme qui porterait atteinte à l'équité de la procédure, et une souplesse excessive qui aboutirait à supprimer les conditions de procédure établies par les lois ». Et la Cour d'achever en rappelant qu'elle a déjà conclu à plusieurs reprises que l'application par les juridictions internes de formalités à respecter pour former un recours est susceptible de violer le droit d'accès à un tribunal, et qu'il en a été ainsi, notamment, quand l'interprétation « trop formaliste de la légalité ordinaire faite par une juridiction empêche effectivement l'examen au fond du recours exercé par l'intéressé ». Il s'agissait, en l'espèce, de l'interprétation par la Cour de cassation des dispositions de l'article 979 du code de procédure civile relatives à l'obligation faite au demandeur au pouvoir, à peine d'irrecevabilité, de joindre dans le délai du dépôt du mémoire ampliatif l'acte de signification de la décision de la cour d'appel attaquée[14].

---

[11] CEDH, *Walchli c. France*, 26 juillet 2007, 35787/03, § 28.

[12] CEDH, *Viard c. France*, 9 janvier 2014, 71658/10, § 36, reprenant : CEDH, *Pérez de Rada Cavanilles c. Espagne*, 28 octobre 1998, 28090/95, §§ 44-45 ; *Tricard c. France*, 10 juillet 2001, § 29, 40472/98 et *Gruais et Bousquet c. France*, 10 janvier 2006, 67881/01, § 27.

[13] CEDH, *Nedzela c. France*, 27 mai 2000, 73695/01, § 45 ; CEDH, *Guérin c. France*, 29 juillet 1998, 25201/94, § 37 ; CEDH, *Poirot c. France*, 15 décembre 2011, 29938/07, § 37.

[14] CEDH, *Henrioud c. France*, 5 novembre 2015, 21444/11, §§ 55 et 58.

Un an plus tard, la CEDH a réitéré ce principe en énonçant que si le droit d'exercer un recours est bien entendu soumis à des conditions légales, les tribunaux doivent, en appliquant des règles de procédure, « éviter à la fois un excès de formalisme qui porterait atteinte à l'équité de la procédure, et une souplesse excessive qui aboutirait à supprimer les conditions de procédure établies par les loi »[15].

Le Conseil d'Etat est particulièrement vigilant au respect de ces principes constitutionnels et conventionnels. Au visa de la CEDH, il a rappelé que si les règles relatives à la transmission électronique des requêtes et notamment l'inventaire des pièces transmises « ont pour finalité de permettre un accès uniformisé et rationalisé à chacun des éléments du dossier de la procédure, selon des modalités communes aux parties, aux auxiliaires de justice et aux juridictions », il n'était pas porté à ces règles une atteinte excessive lorsque le libellé des pièces téléchargées sur Télérecours (les signets) n'est pas strictement identique à celui figurant dans l'inventaire[16].

Dans le même sens et de manière significative, on relèvera les récents assouplissements apportés par la section du contentieux concernant l'indexation par signets des pièces jointes aux requêtes et mémoires transmis par l'application Télérecours[17]. Ou bien encore, le contrôle exercé par le juge de cassation sur l'usage éventuellement abusif du dispositif permettant aux juges d'appel de rejeter une requête par une ordonnance de tri[18].

Ces interprétations permettent d'encadrer des dispositifs de plus en plus nombreux dans le code de justice administrative qui ont pour conséquence de durcir les conditions de recevabilité des recours. Ils tempèrent les ardeurs dans l'utilisation de ces dispositifs qui ne doivent pas être mis en œuvre sans discernement. Et au-delà de ces mécanismes procéduraux, on pourra regretter la limitation récente de l'invocation des vices de forme et de procédure affectant les actes

---

[15] CEDH, *Reichman c. France*, 12 juillet 2016, 50147/11, § 30.

[16] CE, 10 décembre 2018, *Société Barsalou*, n° 415663.

[17] CE Sect., 5 octobre 2018, *Sergent*, n° 418233 ; 6 février 2019, *Sarl attractive fragances & cosmetics*, n° 415582.

[18] CE, Sect., 5 octobre 2018, *SA Finamur*, n° 412560.

réglementaires[19]. Tout a été dit ou presque sur les raisons pour lesquelles cette limitation semble une mauvaise idée en définitive[20]. La garantie des droits est moins forte lorsque le juge administratif interdit au justiciable de se plaindre des conditions d'édiction d'un acte réglementaire en temps et en heure alors que, le plus souvent, il n'a découvert son existence qu'à l'occasion de la mise en œuvre effective de cet acte.

De même, je ne suis pas certain que constitue un progrès en matière de droits fondamentaux et de confiance envers la justice administrative, la possibilité pour le juge d'écarter l'application d'une loi pourtant compatible avec la convention européenne des droits de l'homme (contrôle *in abstracto*) lorsque sa mise en œuvre dans une situation particulière aboutirait à une atteinte excessive à certains droits garantis par la convention (contrôle *in concreto*)[21]. D'une part, cette possibilité rend la tâche de l'administration très compliquée dans certains domaines. Faut-il que l'administration s'aventure à écarter dans certains cas l'application d'une loi qu'elle a pourtant pour fonction de mettre en œuvre ? D'autre part, ce nouveau contrôle peut être la source d'un abondant contentieux. Enfin, Il faut une grande confiance dans son juge pour le voir écarter l'application d'une loi pourtant parfaitement conforme aux engagements internationaux de la France !

Pour terminer, j'évoquerai la mutation de l'office du juge administratif que constituerait la justice dite prédictive fondée sur des algorithmes probabilistes. Ils pourraient, aux yeux de certains, renforcer la confiance en un juge qui ne pourraient plus dévier d'une approche dominante. Du point de vue du justiciable, l'intelligence artificielle permettrait de mieux connaitre son juge en réalisant des études de profilage censées améliorer la connaissance de la « jurisprudence » de tel ou tel juge.

---

[19] CE Ass., 18 mai 2018, *Fédération des finances et des affaires économiques de la CFDT*, n° 414583.

[20] De Béchillon (Denys) *La limitation dans le temps de l'invocation des vices de forme et de procédure affectant les actes réglementaires – Contre*, *RFDA*, 2018 p. 662.

[21] CE Ass., 31 mai 2016, *Mme C.A.*, n° 396848.

Tout cela ressemble à une chimère, au demeurant non souhaitable. Les vents paraissent d'ailleurs avoir faibli. Les solutions actuelles sont peu adaptées à l'office du juge. Dire le droit suppose de construire un raisonnement juridique. Les outils de justice prédictive sont pour l'instant inadaptés à prévoir ce raisonnement. Par exemple, aucun outil ne permet de déterminer les chances de succès d'un pourvoi en cassation. On pourra déterminer statistiquement qu'un moyen d'erreur de droit est retenu avec un certain pourcentage dans tel ou tel cas mais pas que le Conseil d'Etat donnera dans l'avenir telle ou telle interprétation de la règle de droit. L'intelligence artificielle ne peut pas porter un jugement de valeur. Elle ne sait pas ce que c'est qu'un juge administratif, un avocat, une partie. Elle ignore qu'un juge peut se tromper, qu'il est faillible et qu'il travaille sous le contrôle des cours supérieures. Elle n'est pas consciente que le juge écoute les parties dans un cadre réglé et équitable. Elle n'a que faire des règles de procédure. Aucun outil n'aurait pu prévoir que le Conseil d'État allait faire d'un dossier orienté en non-admission, rattrapé au vol la veille de l'audience, un arrêt d'assemblée dans lequel il allait exceptionnellement écarter l'application de la loi française interdisant l'insémination *post-mortem* (voir note 6). Prédire les évolutions de jurisprudence des juridictions suprêmes relève donc de l'art divinatoire.

Les outils destinés à prédire la solution du juge ne donne pas confiance en la justice. Le système est faillible. Imaginez une défaillance à la suite d'une erreur, d'un bug, d'une injection volontaire de fausses données. La machine tourne, le système diverge gentiment parce qu'il est sensible aux conditions initiales, comme disent les spécialistes de la théorie du chaos, et vous avez à la fin un résultat faux mais qui va être tenu pour hyper vrai. Et cette fausse vérité va influer sur la décision de transiger, d'aller en justice, voire conditionnera la décision du juge.

Enfin, le débat sur le profilage des juges est clos. Il est désormais interdit par la loi n°2019-222 du 23 mars 2019. Dans sa décision du 21 mars 2019, le Conseil constitutionnel a dit que les recherches sur les noms des magistrats « ayant pour objet ou pour effet d'évaluer, d'analyser, de comparer ou de prédire leurs pratiques professionnelles réelles ou supposées » est de nature à exercer des pressions ou des stratégies de choix de juridiction « de nature à altérer le fonctionnement de la justice »[22].

On le voit, la confiance en la justice administrative repose sur une combinaison de facteurs qui ne sont pas tous entre les mains du juge administratif. Comme dans bien d'autres domaines, elle ne se décrète pas. Elle se construit. Ce sont des réglages fins, un état d'esprit et une conciliation entre des objectifs différents en vue de contribuer à permettre un fonctionnement harmonieux de la justice et à faire progresser l'effectivité des droits.

[22] Décision n° 2019-778 DC du 21 mars 2019, *Loi de programmation 2018-2022 et de réforme pour la justice.*

« Conclusion »

Olivier Renaudie,
Professeur à l'Ecole de droit de la Sorbonne,
Directeur du Master 2 'Contentieux public'

A titre liminaire, je souhaite exprimer ma reconnaissance, bien au-delà des remerciements d'usage, à certains collègues. D'abord, à Catherine Teitgen-Colly, à qui j'ai l'honneur de succéder à la direction du Master 2 « Contentieux public ». Ensuite, à Paul Cassia, qui a inspiré le choix du thème de cet ouvrage. Enfin, à Thomas Perroud, directeur de la collection « Logiques juridiques » des éditions L'Harmattan, qui en a permis la publication. Je veux également rendre un double hommage. D'une part, à Jean-Marie Pontier, qui sait voir avant tout le monde les sujets de demain : la confiance n'a pas échappé à cette règle[1]. D'autre part, à l'Association des Juristes de Contentieux Public. L'AJCP joue un rôle essentiel dans la vie du Master. D'un côté, elle a permis de constituer un réseau d'anciens diplômés, précieux, notamment pour accéder à un certain nombre d'opportunités professionnelles. De l'autre, cette association, toujours très dynamique, contribue à faire vivre le Master au-delà des enseignements. Elle organise ainsi de multiples manifestations, colloques et conférences. Le présent ouvrage est issu d'une journée d'étude, qui s'est tenue le 14 septembre 2018 au Centre Panthéon : l'AJCP a joué un rôle essentiel dans la conception intellectuelle et l'organisation matérielle de celle-ci.

Le choix du thème de la confiance saisi par le droit public est assurément pertinent et ce, pour de multiples raisons. Deux d'entre elles méritent à ce stade d'être mises en avant. La première raison tient à ce que les références à la confiance se multiplient, aussi bien dans les discours sur le droit public, que dans les normes de droit

---

[1] « Société de confiance », *AJDA* 2018, p. 465.

public. S'agissant de ces dernières, le constat vaut aussi bien pour les textes législatifs, que pour la jurisprudence. La seconde raison tient à ce que ce type d'emballement est toujours suspect et appelle une posture critique, non seulement pour ne pas céder aux effets de mode, mais pour comprendre et analyser un tel phénomène. Il convient donc de « se méfier »[2] de la confiance. Les contributions réunies dans le présent ouvrage le montrent parfaitement. D'une part, elles attestent de l'importance prise par la confiance dans le droit public contemporain : aucune branche de celui-ci ne semble épargnée. D'autre part, elles témoignent des difficultés et des tensions qui affectent l'usage de la confiance dans le champ du droit public. Il ne saurait être question ici de faire une synthèse de l'ensemble de ces contributions. Nous souhaitons simplement souligner la double dynamique qui régit les relations entre confiance et droit public : celle de la renaissance (I.) et celle de la résonance (II.).

I. Renaissance

Comme cela a pu être souligné par plusieurs des contributeurs à cet ouvrage, la confiance est dans l'air du temps. Reste que, pour mesurer la portée d'un tel constat, il convient de se demander si l'attrait contemporain pour cette notion est un phénomène réellement nouveau. La réponse à cette interrogation me semble devoir être nuancée : plutôt qu'une consécration contemporaine, la confiance fait l'objet d'une renaissance. On peut s'en convaincre en revenant sur les rapports originels entre confiance et droit (A), puis en analysant les modalités de ce renouveau contemporain (B).

A) Les rapports originels entre confiance et droit

Les rapports originels entre confiance et droit peuvent être appréhendés en recourant à la distinction entre le droit public et le droit privé.

---

[2] Hourson (Sébastien), « La loi pour un Etat au service d'une société de confiance : faut-il se méfier de la confiance ? », *Droit administratif*, n° 12, 2018, p. 16. Voir également la contribution de Maxime Maury, qui figure dans le présent ouvrage.

S'agissant du droit privé, la confiance ne s'inscrit pas en gras parmi les notions parmi les notions essentielles de cette branche du droit. D'une part, le terme ne figure guère dans les index des manuels[3]. D'autre part, sauf exception[4], la confiance n'a guère retenu l'attention de nos collègues privatistes. En apparence, les choses sont claires : la confiance est une notion ignorée du droit privé. Cependant, à mieux y regarder, les choses apparaissent plus complexes. D'un côté, le terme « confiance » est explicitement utilisé dans certaines expressions juridiques. Tel est le cas par exemple de « l'abus de confiance », délit consistant pour un mandataire ou un emprunteur à détourner les objets ou valeurs, lui ayant été confiés. De l'autre, la confiance irrigue, de manière implicite, certaines branches du droit privé. Tel est le cas en particulier du droit des contrats : comme a pu le souligner le Doyen Cornu, « la confiance est l'âme des contrats »[5].

S'agissant du droit public, un constat identique peut être dressé. En apparence, le terme « confiance » est ignoré. D'abord, faut-il le préciser, il est absent du texte de la Constitution de 1958. Ensuite, aucune entrée ne lui est consacrée dans le *Dictionnaire de la culture juridique*[6]. Enfin, il ne figure dans aucun index des ouvrages de droit constitutionnel ou de droit administratif[7]. Cependant, là-encore, cette ignorance n'est qu'apparente. En premier lieu, le terme confiance est explicitement utilisé dans un certain nombre d'expressions juridiques. On peut citer par exemple le « tiers de confiance »[8] en droit des

[3] Voir par exemple : Clavel (Sandrine), *Droit international public*, Dalloz, 5e éd., 2018 ; Deumier (Pascale), *Introduction générale au droit*, Lextenso-LGDJ, 4e éd., 2017 ; Voirin (Pierre) et Goubeaux (Gilles), *Droit civil*, tome 1, Lextenso-LGDJ, 38e éd., 2018.

[4] Benabou (Valérie-Laure) et Chagny (Muriel), dir., *La confiance en droit privé des contrats*, Dalloz, 2008. Voir également Edel (Vincent), *La confiance en droit des contrats*, Thèse, Université de Montpellier, 2006.

[5] Cité par Benabou (Valérie-Laure) et Chagny (Muriel), *op. cit.*, p. 5.

[6] Alland (Denis) et Rials (Stéphane), dir., *Dictionnaire de la culture juridique*, PUF-Lamy, 2003.

[7] Voir par exemple Hamon (Francis) et Troper (Michel), Droit constitutionnel, Lextenso-LGDJ, 39e éd., 2018 et Plessix (Benoît), *Droit administratif général*, LexisNexis, 2e éd., 2018.

[8] Article 170 ter du Code général des impôts

finances publiques ou encore la « personne de confiance »[9] en droit de la santé. En second lieu, la confiance innerve, de manière plus implicite, l'ensemble du droit public et, en particulier, le droit constitutionnel. On peut en donner deux illustrations. D'une part, la motion de censure permet de vérifier la relation de confiance entre le gouvernement et la majorité parlementaire censée le soutenir. D'autre part, on peut considérer que la confiance est l'un des fondements de la démocratie représentative : élire un représentant, c'est lui accorder sa confiance pour une période donnée[10].

A l'origine, les rapports entre confiance et droit se présentent donc sous la forme d'un paradoxe : absente en apparence, la confiance se trouve en réalité au soutien de plusieurs expressions, notions ou systèmes juridiques. C'est à la lumière de ces considérations qu'il convient de mesurer le renouveau dont celle-ci fait l'objet.

B) Le renouveau contemporain

Si la confiance est aujourd'hui dans l'air du temps, c'est que celle-ci fait l'objet d'un renouveau. Ce dernier s'exprime dans le discours politique, mais également dans le discours juridique.

S'agissant du discours politique, on ne peut que souligner l'importance prise par ce terme, laquelle se traduit de multiples manières. D'une part, la confiance est devenue un mantra. Ainsi, le terme a-t-il été prononcé à 24 reprises par le Premier ministre dans son discours de politique générale du 4 juillet 2017[11], parfois de manière relativement circulaire : « Pour redevenir elle-même, la France doit rétablir la confiance ». D'autre part, la confiance est devenue un but politique, que le législateur s'efforce de poursuivre par le biais de textes dédiés. On peut citer par exemple la loi du 15 septembre 2017

---

[9] Article L 1111-6 du Code de la santé publique. Sur la personne de confiance, voir la contribution de Jean-Baptiste Guyonnet, qui figure dans le présent ouvrage.

[10] Comme le soulignent Michel de Villiers et Armel Le Divellec, « élire un représentant, c'est lui faire confiance, ou plus exactement, selon la formule d'André Hauriou, lui donner un 'forfait de confiance', à valoir sur une période prédéterminée correspondant à un mandat » (« Confiance » in *Dictionnaire de droit constitutionnel*, Sirey, 6e éd., 2007, p. 57).

[11] https://www.gouvernement.fr/partage/9296-declaration-de-politique-generale-du-premier-ministre-edouard-philippe

pour la confiance dans la vie politique[12] et la loi du 10 août 2018 pour un Etat au service d'une société de confiance[13]. De son côté, la loi de programmation 2018-2022 et de réforme pour la justice[14] été justifiée par la volonté des pouvoirs publics de « rétablir la confiance de nos concitoyens dans notre justice »[15].

S'agissant du discours juridique, on constate un même renouveau de la confiance. On peut s'interroger sur ses causes, puis sur ses conséquences.

Les causes sont de deux types. En premier lieu, on peut voir dans le renouveau de la confiance une conséquence de la montée en puissance du terme dans le discours politique : pour atteindre l'objectif qu'il s'était fixé, les pouvoirs publics ont mobilisé le droit comme un outil au service de la confiance[16]. En second lieu, il y a l'influence du droit européen. Comment ici ne pas insister sur la confiance légitime ? Issu du droit de l'Union européenne, mais trouvant par ailleurs un écho dans le droit du Conseil de l'Europe, le principe de protection de la confiance légitime[17] renvoie à l'attente de la part du justiciable d'une prévisibilité et d'une stabilité des normes émanant aussi bien des autorités européennes, qu'étatiques. Corollaire du principe de sécurité juridique[18], il permet, au fond, de protéger les « espérances fondées » des justiciables à l'égard de l'administration.

Les conséquences de sa montée en puissance tiennent pour l'essentiel à la multiplication des « dispositifs de confiance »[19]. Parmi

---

[12] Loi n° 2017-1339 du 15 septembre 2017 pour la confiance dans la vie politique.

[13] Loi n° 2018-727 du 10 août 2018 pour un Etat au service d'une société de confiance. Sur ce texte, voir Dumont (Gilles), « La loi ESSoC, révolution ou involution ? », *AJDA* 2018, p. 1815-1820.

[14] Loi n° 2019-222 du 23 mars 2019 de programmation 2018-2022 et de réforme pour la justice.

[15] Exposé des motifs de la loi n° 2019-222 *préc.*

[16] Sur cette mobilisation du droit, voir Chevallier (Jacques), L'Etat post-moderne, Lextenso-LGDJ, 4e éd., 2014, p. 108 et s.

[17] Voir en ce sens la contribution de Patrick Dollat, qui figure dans le présent ouvrage. Voir également Calmes (S.), *Du principe de protection de la confiance légitime en droits allemand, communautaire et français*, Dalloz, 2000.

[18] Sur la relation entre sécurité juridique et confiance légitime, voir Plessix (Benoît), « Sécurité juridique et confiance légitime », *RDP* 2016, p. 799-816.

[19] Pour reprendre l'expression du sociologue Louis Quéré (« Les dispositifs de confiance dans l'espace public », *Réseaux*, n° 132, p. 185-217).

ceux-ci, on peut distinguer ceux qui sont étrangers au contentieux et ceux qui en sont issus.

Pour ce qui concerne les dispositifs non contentieux, ils visent principalement les agents publics dans l'exercice de leurs fonctions. On peut en donner deux illustrations. La première illustration est relative aux instruments renforçant la transparence administrative[20]. Parce que ce qui est caché est forcément suspect et, donc, indigne de confiance, des dispositifs renforçant la transparence se sont multipliés. L'exemple le plus emblématique est certainement la Haute autorité pour la transparence de la vie publique, créée par la loi du 11 octobre 2013[21], dans le but de « renforcer la confiance publique »[22]. La seconde illustration porte sur les instruments relatifs à la déontologie des agents publics[23]. Dans son rapport intitulé *Renouer la confiance publique*[24], remis en 2015, Jean-Louis Nadal préconisait la « diffusion d'une culture déontologique au sein de l'administration »[25] : c'est l'objet principal de la loi du 20 avril 2016[26], qui créé notamment les « référents déontologues » incarnant cette culture déontologique.

Pour ce qui concerne les dispositifs contentieux, ils sont nombreux. On peut les classer en deux catégories.

D'un côté, il y a ceux qui sont relatifs aux juges. Aujourd'hui, les citoyens semblent avoir moins confiance dans la justice[27]. D'où l'idée qu'il convient de la « rétablir »[28], pour reprendre le terme utilisé par la ministre de Justice. Comment ? On peut en donner deux exemples. D'une part, en faisant évoluer l'office du juge, de manière à ce que

---

[20] Sur la transparence administrative, voir Jégouzo (Yves), « Le droit à la transparence administrative » *in* EDCE 1991, p. 199-216.

[21] Loi n° 2013-907 du 11 octobre 2013 relative à la transparence de la vie publique.

[22] Exposé des motifs de la loi n° 2013-216 *préc.*

[23] Comme le souligne Christian Vigouroux dans sa contribution au présent ouvrage, « la confiance est la base de la déontologie ».

[24] *Renouer la confiance publique*, Rapport au président de la République, 2015.

[25] *Rapport préc.*, p. 43.

[26] Loi n° 2016-483 du 20 avril 2016 relative à la déontologie et aux droits et obligations des fonctionnaires. Sur ce texte, voir notamment Aubin (Emmanuel), « L'entrée de la déontologie dans le titre Ier du statut général. Vers une meilleure prévention des risques dans la fonction publique ? », *AJDA* 2016, p. 2020.

[27] IFOP, *Le regard des Français sur la Justice*, 28 novembre 2017 (https://www.village-justice.com/articles/regard-des-Francais-sur-Justice,24651.html).

[28] Exposé des motifs de la loi n° 2019-222 *préc.*

celui-ci puisse permettre d'assurer une meilleure sécurité juridique et une plus grande stabilité du droit. Le droit des contrats administratifs[29] en constitue une illustration topique avec, notamment, la décision d'assemblée de 2009, *Commune de Béziers*[30], qui précise que toute irrégularité n'est pas suffisante pour provoquer la remise en cause d'un contrat : « il appartient au juge, lorsqu'il constate l'existence d'irrégularités, d'en apprécier l'importance et les conséquences, après avoir vérifié que les irrégularités dont se prévalent les parties sont de celles qu'elles peuvent, eu égard à l'exigence de loyauté des relations contractuelles, invoquer devant lui »[31]. D'autre part, en faisant évoluer la présentation formelle des décisions de justice. En premier lieu, l'amélioration de la motivation de ces décisions[32] permet qu'elles soient mieux comprises par les requérants et les avocats[33]. L'on peut y voir un facteur de confiance. En second lieu, on peut évoquer l'anonymisation des décisions[34]. L'article 33 de la loi du 23 mars 2019[35] prévoit ainsi la mise à disposition du public de l'ensemble des décisions du juge administratif sous forme électronique. Cependant, lorsque cette divulgation est de nature à porter atteinte à la sécurité ou à la vie privée des personnes, tout élément permettant d'identifier les parties, les tiers et les magistrats est occulté. Comme cela a pu être affirmé dans le projet de loi, cette disposition « vise à améliorer la confiance des citoyens en la justice, en assurant un accès de tous aux décisions de justice, qui soit respectueux de la vie privée des personnes »[36].

---

[29] Sur le sujet, voir la contribution de Nicolas Boulouis, qui figure dans le présent ouvrage. Voir également Hoepffner (Hélène), *Droit des contrats administratifs*, Dalloz, 2016, p. 526 et s.

[30] CE Ass., 28 décembre 2009, Rec. p. 509, concl. Glaser.

[31] Consid. n° 2.

[32] Sur la motivation des décisions du juge administratif, voir Broyelle (Camille), *Contentieux administratif*, Lextenso-LGDJ, 4e éd., 2017, p. 232 et s.

[33] Sur ce point, voir la contribution de François Molinié, qui figure dans le présent ouvrage.

[34] Sur l'anonymisation des décisions de justice, voir Geffray (Edouard), « L'ouverture des données judiciaires, attentes et initiatives. Anonymisation et pseudonymisation : quelle exigence pour quelle protection ? », *JCP G*, suppl. au n° 9, 27 février 2017, p. 41-43.

[35] Loi n° 2019-222 *préc.*

[36] Art. 4 du projet de loi de programmation 2018-2022 et de réforme de la justice, Sénat, n° 463, 20 avril 2018.

De l'autre côté, il y a les dispositifs relatifs aux requérants. On l'a souligné, la population a moins confiance qu'avant dans la justice[37]. Mais, s'agissant du droit public, le plus remarquable est certainement que la justice elle-même semble moins faire confiance aux requérants. De ce point de vue, le contentieux de l'urbanisme, dont il faut rappeler qu'il est régulièrement présenté comme un laboratoire du contentieux administratif général[38], mérite attention : la figure du requérant abusif ou malveillant, c'est-à-dire celui qui ne mérite pas que le juge lui accorde sa confiance, est souvent brandie comme un totem pour justifier un certain nombre d'évolutions contemporaines, textuelles ou jurisprudentielles, relatives à l'accès au juge administratif ou à l'instruction[39]. En ce sens, le décret du 17 juillet 2018[40] portant modification du Code de justice administrative et du Code de l'urbanisme n'inspire guère confiance, sauf peut-être aux promoteurs immobiliers…

C'est aussi là l'une des dimensions de la confiance : cette dernière accordée aux uns peut entraîner la défiance des autres. Ce constat conduit à s'interroger sur les effets de la confiance dans le champ du droit public.

II. Résonance

De manière générale, le renouveau de la confiance dans le champ du droit public et, plus précisément, la multiplication des dispositifs de confiance résonnent bizarrement dans notre esprit. Pour le dire autrement, ce renouveau est à l'origine de multiples interrogations, dont certaines semblent quasi-métaphysiques : d'une part, on peut se demander de quoi la confiance est le nom (A) ; d'autre part, on peut s'interroger sur le point de savoir le droit est un bon outil pour renforcer la confiance (B).

---

[37] IFOP, *sondage préc.*

[38] Daniel Labetoulle, « Bande à part ou éclaireur ? », *AJDA* 2013, p. 1897.

[39] Voir la contribution de Julien Martin, qui figure dans le présent ouvrage.

[40] Décret n° 2018-617 du 17 juillet 2018 portant modification du code de justice administrative et du code de l'urbanisme. Sur ce texte, voir Polizzi (Francis), « La mise en place d'un délai de jugement des recours contre certains permis est-elle réaliste et efficace ? », *AJDA* 2018, p. 1718-1725.

A) De quoi la confiance est-elle le nom ?

Il ne s'agit pas ici de s'interroger sur ce que signifie la confiance et sur les relations que cette notion entretient avec d'autres[41], mais plutôt de se demander ce que révèle l'importance prise par la confiance à l'époque contemporaine. Très loin d'épuiser le sujet, on peut avancer deux éléments de réponse.

En premier lieu, de manière générale et sans avoir peur de la tautologie, on peut affirmer que la confiance est le revers de la défiance[42]. Dans son ouvrage *Le peuple contre la démocratie*[43], Yasha Mounk écrit : « Les citoyens n'ont jamais beaucoup aimé les élus. Pourtant, ils sont toujours restés à peu près confiants dans le fait qu'ils accompliraient leur part du travail et que la vie continuerait à devenir plus agréable »[44]. Comme il le souligne ensuite, cela n'est plus le cas aujourd'hui : la présomption de confiance envers les pouvoirs publics a été remplacée par une présomption de défiance[45]. Pour renverser cette dernière, et donc regagner la confiance de la population, les pouvoirs publics imaginent des outils qu'ils espèrent performants. La montée en puissance de la confiance dans les discours politiques et juridiques peut donc s'analyser comme le symbole d'une prise de conscience de l'existence d'une crise de confiance.

En second lieu, de manière plus précise et pour se cantonner à la dimension contentieuse de la confiance, on peut avancer que celle-ci est un signe parmi d'autres de la subjectivisation du droit administratif[46] : longtemps considéré comme objectif et fondé sur

[41] Sur ce point, voir les contributions regroupées dans le premier chapitre du présent ouvrage.

[42] Voir en ce sens l'introduction à cet ouvrage par Catherine Teitgen-Colly.

[43] L'Observatoire, 2018.

[44] *Op. cit.*, p. 39.

[45] Sur ce point, voir également Denquin (Jean-Marie), « Les gilets jaunes sont-ils constitutionnels ? », Juspoliticum, 20 décembre 2018 (http://blog.juspoliticum.com/2018/12/20/les-gilets-jaunes-sont-ils-constitutionnels-par-jean-marie-denquin/) et Rousseau (Dominique), « Sans la vertu politique, la démocratie s'effondre et les populismes s'épanouissent, *Le Monde*, 20 juillet 2018.

[46] Sur la subjectivisation du droit administratif, voir notamment Plessix (Benoît), *Droit administratif général*, LexisNexis, 2e éd., 2018, p. 551-553 et Foulquier

l'intérêt général, celui-ci « [a changé] de nature en intégrant de plus en plus les intérêts particuliers »[47]. Les dispositifs de confiance apparaissent dès lors comme autant de mécanismes régulateurs censés garantir un nouvel équilibre entre, d'un côté, les prérogatives de l'administration et, de l'autre, les droits des administrés. Le droit de la responsabilité administrative en constitue un parfait exemple[48].

B) Le droit est-il un bon outil pour renforcer la confiance ?

Pour tenter de répondre à cette question d'ampleur, on peut adopter le point de vue de la légistique, laquelle se définit comme la « science appliquée ayant pour objet de déterminer les meilleures modalités d'élaboration, de rédaction, d'édiction et d'application des normes »[49]. Plus précisément, on peut distinguer la légistique formelle et la légistique matérielle.

La légistique formelle[50] est relative à la mise en forme de la norme et, plus particulièrement, à l'amélioration des conditions de son édiction et de sa rédaction. Envisagée de ce point de vue, il est permis de se demander si en matière de confiance, on ne soigne pas le mal par le mal. Le recours au droit pour renforcer la confiance semble en effet paradoxal dans la mesure où, d'une certaine manière, il renforce la sécurité juridique par de l'instabilité normative[51] : tous les dispositifs de confiance imaginés par les pouvoirs publics à l'époque contemporaine se traduisent par de nouvelles normes, qui viennent s'ajouter au droit existant. Force est de constater que ce foisonnement

---

(Norbert), *Les droits publics subjectifs des administrés. Emergence d'un concept en droit administratif français au XIXe et au XXe siècle*, Dalloz, 2003.

[47] Fraisseix (Patrick), « La subjectivisation du droit administratif », *Les Petites Affiches*, 15 octobre 2004, p. 12.

[48] Voir en ce sens la contribution de Laetitia Janicot, qui figure dans le présent ouvrage.

[49] Chevallier (Jacques), « L'évaluation législative : un enjeu politique » *in* Delcamp (Alain), Bergel (Jean-Louis) et Dupas (Alain), dir., *Contrôle parlementaire et évaluation*, La Documentation française, 1995, p. 15.

[50] Sur la légistique, voir Duprat (Jean-Pierre), « Genèse et développement de la légistique » *in* Drago (Roland), dir., *La confection de la loi*, PUF, p. 11-49.

[51] Sur l'instabilité normative, voir Conseil d'Etat, *Mesurer l'instabilité normative*, Etude, 3 mai 2018 (http://www.conseil-etat.fr/Decisions-Avis-Publications/Etudes-Publications/Rapports-Etudes/Mesurer-l-inflation-normative).

de normes ne contribue, ni à la stabilité du droit, ni à sa simplicité. Il est plutôt source de complexité et ce, d'autant plus que ces nouvelles normes engendrent du contentieux[52]. Comment dès lors considérer que de tels dispositifs sont susceptibles de favoriser la confiance ?

De son côté, la légistique matérielle[53] porte sur l'amélioration de la capacité de la norme à agir sur la réalité sociale. Sous cet angle, il est permis d'exprimer quelques doutes sur la capacité du droit à renforcer la confiance. Deux raisons peuvent être rapidement avancées. La première raison tient au fait que la confiance ne se prescrit pas[54]. Comme dit le proverbe, « qui mérite la confiance, n'a pas besoin de la demander ». La seconde raison tient à ce que le droit, entendu comme un ensemble d'énoncés prescriptifs, n'est pas fait pour donner son confiance : cela n'est pas son objet[55]. Le contrat de mariage contribue-t-il à renforcer la confiance entre époux ? Cela n'est pas certain. En revanche, il prépare parfaitement la séparation.

Tout comme la loyauté, avec laquelle elle entretient des relations, la confiance fait l'objet d'un renouveau dans le champ du droit public. Pour autant, la confiance semble se différencier de la loyauté sur trois points. D'abord, elle a moins retenu l'attention de la doctrine[56]. Ensuite, elle n'apparaît pas à proprement parler comme une notion juridique. Enfin, c'est au fond de manière relativement discrète, soit indirectement, soit implicitement, que la confiance irrigue les différentes branches du droit public et constitue le soutien de certains outils ou raisonnements. C'est l'un des mérites de cet ouvrage, que d'avoir défriché le terrain et mis au jour ces différents éléments. Nul

---

[52] Le droit des collectivités territoriales en constitue malheureusement un exemple topique. Voir en ce sens la contribution d'Antonin Gras, qui figure dans le présent ouvrage. Voir également Faure (Bertrand), « Le droit des collectivités territoriales devenu monstre disciplinaire », *Pouvoirs Locaux*, 2015, n° 106, p. 45-52.

[53] Sur la légistique matérielle, voir Gilberg (Karine), *La légistique au concret. Les processus de rationalisation de la loi*, Thèse, Université Panthéon-Assas, 2007.

[54] A propos de la déontologie des agents publics, voir en ce sens la contribution de Christian Vigouroux, qui figure dans le présent ouvrage.

[55] Sur ce point, voir Magnon (Xavier), *Théorie du droit*, Ellipses, 2008, p. 38-40.

[56] Voir Ferrari (Sébastien) et Hourson (Sébastien), dir., *La loyauté en droit public*, Institut universitaire Varenne, 2018 et Niquège (Sylvain), dir., *Les figures de la loyauté en droit public*, Mare et Martin, 2017.

doute que d'autres travaux sur le sujet suivront et contribueront à enrichir l'analyse.

TABLE DES MATIERES

DROIT
AUX ÉDITIONS L'HARMATTAN

Dernières parutions

DROIT DES RESSOURCES NATURELLES
Éléments d'élaboration, d'analyse et d'évaluation des lois
Mukendi Mukendi Ntantamika
Préface de Maître Emery Mukendi Wafwana
Cet ouvrage tente de répondre à la problématique induite par la quête scientifique et politique d'un meilleur système d'appropriation des ressources naturelles, d'un meilleur dispositif de contrôle d'accès à leurs gisements et de redistribution des revenus de leur exploitation. C'est par la construction d'archétypes de régimes juridiques déduits des critères institutionnels, écologiques, sociaux et économiques du principe de développement durable que ce livre procède.
(Coll. Harmattan RDC, 612 p., 49 euros)
ISBN : 978-2-343-15169-4, EAN EBOOK : 9782140122569

LES PROCÉDURES DE CONTRÔLE A POSTERIORI EN RD CONGO
Mise en oeuvre de contrôles douaniers et accisiens modernes et efficaces
Alain Tenday Lupumba
Préface d'Albert Yuma Mulimbi - Postface de Gabriel Mwepu Numbi
"Les objectifs de cet ouvrage sont de sensibiliser les professionnels et les autres acteurs du commerce international aux spécificités du contrôle douanier a posteriori et d'offrir une approche pratique et spécifique des rôles et responsabilités des uns et des autres. En l'intitulant Les procédures de contrôle a posteriori en RD Congo, mise en oeuvre de contrôles douaniers et accisiens modernes et efficaces, l'auteur a volontairement pris le parti de questionner l'ensemble des composantes susceptibles d'influencer la performance de l'administration douanière, y compris les aspects humains" (extrait de la préface de Albert Yuma Mulimbi)
(Coll. Comptes Rendus, 270 p., 28 euros)
ISBN : 978-2-343-17235-4, EAN EBOOK : 9782140122149

AN OUTILINE OF CUSTOMS POLICY OF THE DEMOCRATIC REPUBLIC OF CONGO
2003-2010
Jean-Paul Esamba Bokel'Ipoka
Foreword by Déo Rugwiza Magera
An Outline of Customs Policy of the Democratic Republic of Congo presents in the easiest way what is meant by customs policy in general, its basics namely: objects, elements, sources, instruments, functions (...), regional and international frameworks. The author stresses on the customs policy progress from 2003 to 2010, which is a decisive period in the DRC customs management, through the implementation of 2003 customs reform and modernization programme.
(Coll. Harmattan Cameroun, 156 p., 17 euros)
ISBN : 978-2-343-17710-6, EAN EBOOK : 9782140122040

LA GOUVERNANCE FORESTIÈRE EN RÉPUBLIQUE DU CONGO
1899-2017
André Ondele-Kanga
Ce livre a été rédigé pour documenter et archiver, au profit des générations futures, l'historique de la gouvernance forestière en République du Congo de 1899 à 2018. Il dénonce un paradoxe de la

gouvernance forestière actuelle qui, renonçant à la croissance économique du secteur, fonde son satisfécit sur le succès diplomatique retentissant qui fait jouer au pays un rôle honorifique de leadership des forêts du bassin du Congo.

(Coll. Harmattan Congo-Brazzaville, 376 p., 37,5 euros)

ISBN : 978-2-343-15305-6, EAN EBOOK : 9782140121845

LES CHEFFERIES TRADITIONNELLES AFRICAINES FACE À LA DYNAMIQUE DES RÉFORMES TERRITORIALES

Contribution à l'étude des processus de décentralisation

Koko Adiki Tovenim

Cette étude, au-delà d'un bilan sur les processus de décentralisation en Afrique, se veut aussi prospective en offrant une mise à jour des institutions locales en Afrique subsaharienne dans le cadre des réformes territoriales entreprises ces dernières années.

(Coll. Études africaines, 228 p., 24,5 euros)

ISBN : 978-2-343-17045-9, EAN EBOOK : 9782140121371

LES MUTATIONS RÉCENTES DE LA JUSTICE ADMINISTRATIVE EN AFRIQUE FRANCOPHONE

Etude critique à partir du modèle camerounais

Olivier Fandjip

En Afrique francophone, on observe ces dernières années des réformes qui tendent, d'une part, à consolider les différents modèles de justice administrative en vigueur et, d'autre part, à améliorer la qualité de la justice. Ces évolutions renouvellent les interrogations sur la déconcentration et l'autonomie des juridictions administratives. À travers une analyse critique et prospective, cet ouvrage montre que, malgré l'importance de ces mutations, les problématiques de l'accès et de l'autonomie de la justice administrative se posent encore avec acuité.

(Coll. Études africaines, 254 p., 25 euros)

ISBN : 978-2-343-16510-3, EAN EBOOK : 9782140120657

DROITS DES TÉLÉCOMS ET DU NUMÉRIQUE

Profil africain et congolais, prospective comparée d'Europe et de France

Kodjo Ndukuma Adjayi

Les télécoms, l'Internet et le numérique sont des facteurs techniques de transformation du droit. À l'origine, les télécoms étaient sous le régime des services publics. À partir des États-Unis et de l'Europe, l'OMC (1994-1997) a promu le droit sectoriel de la régulation. Partout, de nouveaux défis sont nés, dans le démantèlement des monopoles vers une totale économie de marché. Pour la République démocratique du Congo, ses lois « dérégulatrices », figées depuis le 16 octobre 2002, contrastent avec les mutations numériques, économiques et sociétales des États postmodernes à l'épreuve d'Internet. L'« Europe des télécoms » réajuste constamment sa politique législative autour d'objectifs structurants : construction du marché, diffusion technologique, protection des données, etc. Si l'Afrique s'adapte à peine et avec peine, la République démocratique du Congo entend bien encadrer télécoms et TIC, renouveau de régulation étatique, échanges et commerce électroniques, à travers trois textes de loi en gestation...

(Coll. Enjeux et droits numériques, 434 p., 39 euros)

ISBN : 978-2-343-15722-1, EAN EBOOK : 9782140119033

DROIT DE L'ÉCONOMIE NUMÉRIQUE

E-commerce et dérégulation européenne, française, internationale, africaine, congolaise des télécoms

Kodjo Ndukuma Adjayi

Télécoms, Internet et numérisation ont donné prise à la révolution numérique. La phénoménologie d'ordre sociétal qui en résulte est une source réelle pour le Droit. Aujourd'hui, l'État fait face à des polycentres du pouvoir normatif et aux géants planétaires du Net. L'indépendance du Net postule la régulation seulement par le code informatique et par le marché. Tourneboulés, les paradigmes du droit offrent deux approches possibles de législation : via le contenu des activités réseautées ou via leur

contenant. Le réseau est, en effet, la voie électronique pour le commerce à distance. Il monétise la valeur du clic ainsi que les intelligences sans cesse inventives. Il faut donc appréhender les enjeux dans le champ d'un Droit de l'économie numérique.
(Coll. Enjeux et droits numériques, 460 p., 42 euros)
ISBN : 978-2-343-15721-4, EAN EBOOK : 9782140119057

ESCULAPE ET MARS
Certificat médical et détention d'armes
Tanguy Kerneïs
Comment rédiger un certificat médical pour "faire du tir" et que faut-il écrire ? Engage-t-on sa responsabilité pour établir un certificat lors d'une demande d'inscription à l'examen du permis de chasser ou pour rédiger un document pour ce patient qui vient d'hériter du fusil du grand-père et qui veut le conserver ? Cet ouvrage explique les arcanes de la législation des armes et détaille les diverses situations pour que ces certificats ne deviennent pas une source d'inquiétude supplémentaire à une époque où la détention et l'usage d'une arme provoquent une angoisse sociétale.
SPM (92 p., 13 euros)
ISBN : 978-2-917232-98-9, EAN EBOOK : 9782140119460

CENTENAIRE DE LA DEUXIÈME RÉVOLUTION RUSSE
Perceptions et représentations contemporaines
David Cumin
2017 fut l'année du centenaire de la Révolution russe. Les contributions regroupées dans cet ouvrage s'intéressent aux perceptions et aux représentations contemporaines de cet événement. Comment perçoit-on le bolchevisme et l'URSS de nos jours, aussi bien en Russie qu'en France ou en Europe occidentale ? Andreï Gratchev (ancien conseiller de Mikhaïl Gorbatchev) fournit une réponse inédite sur ce point.
(Coll. Épistémologie et philosophie des sciences, 182 p., 19 euros)
ISBN : 978-2-343-17482-2, EAN EBOOK : 9782140120411

SÉPARATION DES POUVOIRS ET CONTRE-POUVOIRS
Actes des 1ères journées scientifiques de droit constitutionnel
Palais des Congrès de Niamey, du 10 au 13 octobre 2017
Oumarou Narey
Avec l'Association Nigérienne de Droit Constitutionnel (Andc)
L'ouvrage tente de remettre en lumière l'essence de la séparation des pouvoirs et l'esprit des contre-pouvoirs alors qu'ils ont toujours été au centre des débats doctrinaux. La tombée en désuétude de la théorie ou son inadaptation aux réalités contemporaines fait que l'on assiste aujourd'hui à la construction d'une notion de substitution, celle de contre-pouvoir. Mais le recours presque frénétique à la notion, dans le champ du droit constitutionnel et politique, comporte un risque principal : celui de la perte de toute portée explicative et de son sens critique.
(Coll. Harmattan Sénégal, 518 p., 49 euros)
ISBN : 978-2-343-16827-2, EAN EBOOK : 9782140120237

QUAND SURVEILLER C'EST PUNIR
Vers un au-delà de la justice pénale
Dominique Rivière
Punir semble la réponse naturelle à un acte jugé indésirable. Pourtant, constatant l'impossibilité de définir clairement l'acte délictueux ou criminel, et réalisant que ce sont surtout les pauvres qui sont punis, la question du sens de la peine se pose, et plus encore sa justification. Remplacer le mot crime par situation problème, c'est envisager un au-delà de la justice rétributive. Refuser toute violence, c'est aller vers une société où le paradigme punitif cède la place au soin, à l'éducation, à la médiation, à la protection des personnes. Abolir la prison, et le Code pénal, suppose un changement de regard : l'autre, dans une altérité parfois très difficile, reste un être de parole et ne peut être l'objet de coercition. Puissent ces lignes ouvrir un nouvel horizon qui exclue radicalement la violence.
(Coll. Questions contemporaines, 222 p., 22,5 euros)
ISBN : 978-2-343-17356-6, EAN EBOOK : 9782140120138

POUR UNE CRIMINOLOGIE INTERCULTURELLE
Ethnoprobation
Guillaume Arandel
Préface de Philippe Pottier. Postface de Loïck M. Villerbu
Travailler avec des personnes délinquantes ou victimes suppose une adaptation à la diversité humaine et la singularité des situations. Or, dans un contexte d'interculturalité, les risques d'incompréhensions, de méprises et de maladresses sont démultipliés. L'analyse proposée ici s'appuie sur différentes méthodes et s'inspire de disciplines telles que : l'approche comparée (France, Canada, Mali), la philosophie, l'anthropologie juridique, l'ethnopsychiatrie, la communication interculturelle ou encore des témoignages. Développer ces savoirs revient à se donner l'opportunité de mieux appréhender les différentes cultures pour, in fine, encourager une meilleure prise de conscience de celle dans laquelle nous évoluons. Il s'agit de mieux appréhender les cultures questionnées, en comprendre leurs déviances et de gagner en lucidité sur leurs valeurs.
(Coll. Controverses, 134 p., 15 euros)
ISBN : 978-2-343-17291-0, EAN EBOOK : 9782140120008

LA DOMANIALITÉ DES BIENS DE L'ADMINISTRATION PUBLIQUE À L'ÉPREUVE DES RÉGIMES FONCIERS TRADITIONNELS
Samba Sarr
De nombreuses difficultés demeurent par rapport à la gestion du domaine, qu'il soit public ou privé, qu'il appartienne à l'Etat ou aux collectivités territoriales. Les droits coutumiers désormais reconnus et magnifiés à la faveur de la valorisation des traditions séculaires contestent la primauté du droit écrit. L'auteur présente la photographie des biens de l'administration publique ainsi que leur évolution par rapport aux régimes fonciers coutumiers.
(426 p., 42 euros)
ISBN : 978-2-343-17362-7, EAN EBOOK : 9782140120046

LES SÛRETÉS ET GARANTIES RÉELLES DANS LES PROCÉDURES COLLECTIVES
Yaya Diallo
Préface de Philippe Delebecque
En France et dans l'espace OHADA, le droit des procédures collectives renvoie aux procédures judiciaires spéciales et dérogatoires par rapport au droit commun réservées au traitement curatif des difficultés des entreprises. D'ordre public, ce droit est destiné à l'entreprise débitrice et à ses créanciers. Conformément aux objectifs poursuivis, les droits et sûretés subissent des atteintes et des restrictions. Mais cette emprise naturelle du droit des procédures collectives sur les sûretés des créanciers est remise en cause. Les nouveaux mécanismes de garantie de créance ont été différenciés des sûretés réelles classiques. Il en résulte une incohérence entre le droit des sûretés et le droit des procédures collectives. Pour y remédier, cette thèse propose l'extension de l'emprise du droit des procédures collectives aux propriétés sûretés.
(Coll. Logiques Juridiques, 564 p., 49 euros)
ISBN : 978-2-343-15222-6, EAN EBOOK : 9782140119538

LIRE LES CONSTITUTIONS
Laureline Fontaine
Ouvrage coordonné par
Le phénomène du constitutionnalisme englobe plusieurs événements et appréciations : la philosophie initiale s'appuyant sur la valeur du droit comme « capable » de limiter et de cadrer le pouvoir politique qu'il s'agit effectivement de limiter et de cadrer, relayée par la valeur anthropologique du droit comme « élément traducteur » de la société humaine ; l'élaboration, la pratique, l'interprétation, la pensée et la diffusion des constitutions aussi, au sein des différents espaces géographiques et temporels, qui comptent donc autant d'éléments non juridiques que juridiques.
(Coll. Questions contemporaines, 196 p., 19,5 euros)
ISBN : 978-2-343-16082-5, EAN EBOOK : 9782140119132

Structures éditoriales du groupe L'Harmattan

L'Harmattan Italie
Via degli Artisti, 15
10124 Torino
harmattan.italia@gmail.com

L'Harmattan Hongrie
Kossuth l. u. 14-16.
1053 Budapest
harmattan@harmattan.hu

L'Harmattan Sénégal
10 VDN en face Mermoz
BP 45034 Dakar-Fann
senharmattan@gmail.com

L'Harmattan Cameroun
TSINGA/FECAFOOT
BP 11486 Yaoundé
inkoukam@gmail.com

L'Harmattan Burkina Faso
Achille Somé – tengnule@hotmail.fr

L'Harmattan Guinée
Almamya, rue KA 028 OKB Agency
BP 3470 Conakry
harmattanguinee@yahoo.fr

L'Harmattan RDC
185, avenue Nyangwe
Commune de Lingwala – Kinshasa
matangilamusadila@yahoo.fr

L'Harmattan Congo
67, boulevard Denis-Sassou-N'Guesso
BP 2874 Brazzaville
harmattan.congo@yahoo.fr

L'Harmattan Mali
Sirakoro-Meguetana V31
Bamako
syllaka@yahoo.fr

L'Harmattan Togo
Djidjole – Lomé
Maison Amela
face EPP BATOME
ddamela@aol.com

L'Harmattan Côte d'Ivoire
Résidence Karl – Cité des Arts
Abidjan-Cocody
03 BP 1588 Abidjan
espace_harmattan.ci@hotmail.fr

L'Harmattan Algérie
22, rue Moulay-Mohamed
31000 Oran
info2@harmattan-algerie.com

L'Harmattan Maroc
5, rue Ferrane-Kouicha, Talaâ-Elkbira
Chrableyine, Fès-Médine
30000 Fès
harmattan.maroc@gmail.com

Nos librairies en France

Librairie internationale
16, rue des Écoles – 75005 Paris
librairie.internationale@harmattan.fr
01 40 46 79 11
www.librairieharmattan.com

Lib. sciences humaines & histoire
21, rue des Écoles – 75005 Paris
librairie.sh@harmattan.fr
01 46 34 13 71
www.librairieharmattansh.com

Librairie l'Espace Harmattan
21 bis, rue des Écoles – 75005 Paris
librairie.espace@harmattan.fr
01 43 29 49 42

Lib. Méditerranée & Moyen-Orient
7, rue des Carmes – 75005 Paris
librairie.mediterranee@harmattan.fr
01 43 29 71 15

Librairie Le Lucernaire
53, rue Notre-Dame-des-Champs – 75006 Paris
librairie@lucernaire.fr
01 42 22 67 13

www.ingramcontent.com/pod-product-compliance
Lightning Source LLC
LaVergne TN
LVHW011259061026
849535LV00005B/1321
* 9 7 8 2 3 4 3 1 7 6 6 7 3 *